從通識教育到語文教育

語文教育

周慶華・著

EDUCATION

序

　　從小學到大學，教了三十年書，雖然稱不上歷經什麼驚濤駭浪，但也時時不得安然渡過，因為自己身在教職卻從來沒有教書的感覺！這話對人講過許多次，總無人能信，只有我最清楚；如今我的心還在體制外流浪！

　　這不是我不知道教書也可以「自我尊嚴」，而是這份職業從某個角度看就極為弔詭：我們既不相信誰比自己有本事，卻又要別人相信我們比他有本事；於是教書就成了一種矛盾叢生的舉動！因此，心逸離教書崗位而不再自居權威，也就成了唯一差堪自慰的事。

　　有一回，學校通識教育中心辦活動，要我提供一篇學思分享的短文隨同著作展出。我草了一篇題為〈我的心還在飄泊──也算是另類的學思導覽〉，內文則有幾段話很可以形容我長期以來「心有所繫」的情狀：

> 　　從小我就不是一個喜歡依戀一事一物的人，每次遇到玩伴邀約遊戲，也都是我先告膩而別為變更戲局，以至那些玩伴常禁不住誘惑而一再期待我來出點子；稍長後，學人折節讀書，原以為找到了終身的歸宿了，但不料那一股野性始終存在，不僅跳來繞去，還窮搜冥索古今中外非書本上的東西，幾乎不曾做過一個安分的讀書人。這時候，我才明白自己是這個世界的一縷遊魂，不耐拘束在一個跑不遠的軀殼中。

　　既然不安於當個純粹的讀書人，那就提筆寫作吧！寫作才能成就新的玩手，繼續生生世世未完的遊興。而回顧生平，究竟是什麼時候想變換這一身分，已經不記得了；但那種因為長久受挫而難以翻身的煎熬和苦楚卻還歷歷在目：有時寫在斗室苦慮，有時混在人羣裏愁思，更有時從深夜後就困住枕邊的孤寂而黯然神傷，總沒有一刻鐘肯放過自己而任它漫無目標的遊走。一個備嘗困頓的靈魂還沒有找到出口，就先悒鬱在五丈紅塵裏渴望著呼吸。

　　也許就是向來這一野慣了的韌性支持著，我才沒有退縮到自築的藩籬祈求外緣的憐憫；而原先想藉寫作來改造命運的計劃，也由於有了一次又一次的顛簸經驗而更加知道怎樣去翻新求變。尤其在一些偶然的機遇下，接觸了文化這個深廣的領域以及所屬的哲學、科學、宗教等熱門學科的激盪，終於從比較單純的文學的美感中幡然躍起而懂得如何去盱衡曠觀寰宇。我的生命開始有了新的光點，也逐漸能夠擺脫命限和境限所帶來的淒涼和悲苦。

　　現在有機會在大學殿堂謀生，彷彿先前所遇到的榛莽已經劈開了一大半，實際上卻是依然不改「心懸四方」的舊習。雖然所出版的三十幾本書都能標誌著我的一段段的心跡，但接著「想寫」或「該寫」的書卻一如來時路那樣異景排列，無從耽溺重數；以至持續的面向未來探險也就成了此刻不可迴避要思量的事……

　　　　……

　　如果說一顆「通識」的心靈是從能夠無止盡的自我觀照生命的起伏升跌處去涵養的話，那麼我已經艱苦經歷過一回了，將來還會是一個不怕挑戰的人。雖然每一次走出洞窟後

所迎向的可能是無垠的荒漠，但生命的流轉假使沒有止息，又何必擔心時時刻刻都要去流浪兼植手？

> 才滾過光亮的極地
> 又要翻向黑暗的深淵
> 不知道那一年到得了家
> 著急的人紛紛駕著飛船先行離開
> 還邊走邊抱怨你跑得不夠勤快
> 往前只得再往前
> 召喚回家的手仍然藏在看不見的地方

這是我的一首題為〈地球找家〉的短詩。地球如果有知可能也會找尋它的家，正如我無法忘懷生命的原鄉；但地球的家永遠藏在看不見的地方，而我的心也註定要一輩子又一輩子的煢然飄泊。

正是因為對我自己不暇要求，才知道對別人同樣要求的「奢望過度」；畢竟別人有他自己要走的路，任何施加給他的壓力都可能變成不當的心身宰制。以至長年來，縱是不曾曠職損業，卻也無心別人「尊我為師」。剩下的，就是大家以友朋相待，論學相長罷了。

　　如今又要出版一本新書，所體現的看似依然是我鑽研學問的一項成果，實則這裏面已經隱含了太多上述的際遇；所謂「從通識教育到語文教育」的道路，其實也就是我心靈遊走蛻變的旅程。想得起來的、想不起來的一路共甘苦過的人，都會繼續在扉頁間駐影生津。

周慶華

目次

導論：通識教育在某種程度上就是語文教育

　　儘管通識教育可以任由大家依便作界定，而顯現權力／知識這一當代新認識論的制約力，但它的「通貫識見」或「宏觀洞見」性卻如何也難以罔顧而還能夠成論。換句話說，通識教育就是一種「通貫識見」或「宏觀洞見」式的教育，它以教人通貫各學問領域而顯獨特見解為使命，希冀受教者都具備全才條件而能為人類社會所用。

　　這種通識教育觀所預設的「博覽殊出」前提，在某種程度上就是語文教育。因為語文教育本應該是全知進趨宗旨的，它的盡括一切學科表徵方式的「總稱」性，可以見著於知識取向、規範取向和審美取向等我們所能設想的認知／經驗範圍（周慶華，2007a）；甚至連跨域到超越界而可以語文表出的事物，也無不能「一體適用」（周慶華，2006a：2007b；2008a）。因此，通識教育和語文教育即使不能強為劃上等號（畢竟還有些涉及「悟力」、「想像力」和「毅力」等心理／精神問題，不便全數歸併），但也僅是「些微差距」罷了。

　　把通識教育重新限定在跟語文教育近似或同義的層次後，就可以具體的展開對語文教育／通識教育的進一步「認知」。我們知道，在所有的語文教育中，文學教育是最複雜也是難度特高的一環（相對的列入通識教育課程的比例也較高）。當中文學，是一個多重存有的存在體（也就是它以「思想情感」為源頭是心理存有；所敘事或抒情的對象「人事物」是社會存有；而以比喻、象徵等手法來縮

合題材和表達該思想情感是藝術存有，合而形成一個可以後設經驗的存在體）（周慶華，2004a：94～98）；而這約可稍微予以「細緻化」且以圖／表陳列方式來看它本身的複雜度及其內在的牽連關涉性：

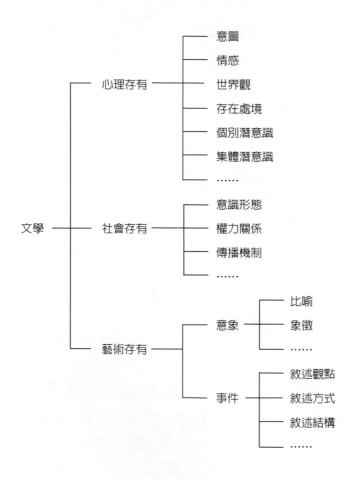

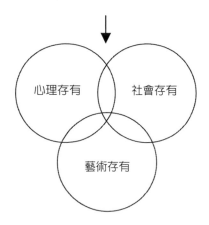

圖中交集的部分，是文學各成分的「理論可分而實際不可分」處，它由語言結構體「統轄」而依賦義面向不同姑且加以區分，彼此都在一個語言結構體裏「相互牽繫」。而這如果要在現代環境進行轉換而改以其他媒體呈現，那麼它的「文學性」就會開始起變化。好比將文學作品改編成電影／電視劇後，因受制於該媒體的「資訊化」、「圖像化」、「有時間性」、「演員代言」、「快節奏」、「特寫鏡頭」、「布景或外景多」等特性，觀眾無法像閱讀文學作品那樣去玩味並「填補空白，參與創作」，以至不免大為減低文學性。而在這種情況下，有關文學的「未來見奇」的期望視野伸展，就會出現新的挑戰：

> 從資訊被框限具有「一定的內容」、「要藉助載體」、「是動態傳遞的」、「可利用的」和「為未來服務的」等特徵來看，它的不得不講究「精確性」和「易懂性」（避免歧義以方便於傳播和接受），跟文學一向所專擅的「模糊性」和「難解性」（刻意製造歧義以方便於玩味審美）明顯大不相同。在這種情況下，文學被「強迫」和資訊結合（將文學資訊化而成為可以立即傳播和接受的對象）就會有些不協調：首先，從接

受的角度看，原來人在面對文學透過意象或事件來比喻／象徵思想情感時，經常要去填補許多空白、參與創作；而參與創作本身自然就會有心智上的成長。但人在面對毋須重組也不必強解的資訊時，只要被動接受就行了；最後個個都變成不會思考的動物。其次，從本體論的角度看，資訊的生產是為了給人「消費」的（包括電影、電視和廣播等所提供的資訊在內）；而文學的生產除了給人「消費」，還可以帶動「生產」（接受者參與創作及再轉實際別為創作），彼此的功能有廣狹的差異。而根據上述，文學資訊化就難有「遠景」可以期待。換句話說，文學資訊化是在為文學「降格」（一邊淺易化，一邊弱化創造力），基本上不能作為文學的前途所繫。如果要有遠景可以期待，那麼就得將「文學資訊化」轉成「資訊文學化」。所謂「資訊文學化」，是指先守住「文學」的優質審美性，然後結合興起於西方的人文學科／社會學科／自然學科等各領域的資訊來豐富文學的形式和意義。而這所可以「以《紅樓夢》為典範再啟新猷」的，就是從將文學本身的各個階段演變（包括前現代／現代／後現代等等）融合而出新意以及援引其他學科的資源更擴大文學的體製等兩方面「綜合」來進行突破；這時它就真正的進入了「後紅樓夢時代」而可以有效的再創新典範。（周慶華，2007c：293～294）

這是針對當前一切都要資訊化所被強調的「資訊是知識」、「語言、符號是資訊存在的形式」、「資訊是動態性的」、「資訊是具有利用價值的知識」和「資訊的反饋性質」等特徵（王治河主編，2004：673）而說的；裏頭隱含的「尋找文學出路」的焦慮，不啻是新一波的文

學教育所得面對的「真實」的處境。這麼一來，通識教育要由語文教育中的文學教育來「深沉見義」的宿命，就真的可以好好的探它一探了。

現在通識教育雖然早已在大學教育著為「改革大業」的一項指標，但從整體上還在「左支右絀」的難堪情境來看，卻依然是成效未彰。也就是說，依理通識教育不應是大學教育的「拼盤」或「甜點」，而應是大學教育的「主菜」。至於要把「主菜」做得美味可口，又能滋補養身，則又成了一種理想。因此，通識教育的規劃，無形中又可以使各大學在它可能有的專業特色（不妨稱為「副菜」）外，別為樹立一種淵泉風格；因為受制於規劃人才、教學人才和受學者素質。各大學所辦成的通識教育一定互有差異，而各大學就以該差異來凸顯各自的長處。基於這個前提，我個人認為今後很可以朝「由一般教育到博雅教育」的方向來規劃通識教育，以「整體性」、「全程性」和「精緻化」為指導原則，也許才能端出可供人品嚐羨慕且亟欲仿效的「主菜」來。

由通識教育觀念而來的實際的教育，還關聯著如何安頓人生和發展人生的生命教育，二者為「外揚」和「內斂」合而朗現整幅生命形態的關係，卻很少被特別重視。於今為彌補這個缺漏，則得在相關的通識教育課程中把它「召喚」回來或別作「強化」打算。而在實質上，生命教育是一種生存欲力的完成和發揚，且兼有自我教育和教育他人等兩面性。凡是體現在自我的覺醒中的生命教育，都得對生命的「來龍去脈」有所了解，並深切的意識到自己在塵世中所可以「安身立命」的途徑；而凡是體現在對他人的啟發中的生命教育，也都得對「生命」的方向有所掌握，以便能夠發揮應有的「教育」的效應。這在當今能源枯竭、生態破壞、環境惡化和核武恐怖等「危機時代」的氛圍中，特別需要從講求全面性去執的佛教處汲

取資源來規劃「益生淑世」的方案，並以向新佛教過渡以擺脫魅惑的輪迴圈而嚮往因應能趨疲時代的新人生作為核心價值來展開生命教育的旅程。

至於受學科分工影響而被區隔化的語文教育，自然也要重新調整方向而以開啟參與文化創新來昇華一切庸常浮生的境界為旨趣。換句話說，語文教育除了同樣銜著通識教育的使命，它還得以有助於人類文化向前推展的創新工作為職志，在課程設計和實踐上力求成效。而這透過語文教育研究所的「研發領航」，則無異最稱便利。畢竟語文教育為大學教育的一環，而大學的設立得有精神理念作為先導，以至語文教育也得有相應的精神理念來貫串全程，由這一點推到語文教育研究所的成立，所有的教學和研究工作也一樣離不開相關的精神理念的召喚。而為了有效實踐發揚該精神理念，必須組成一個堅強的研究團隊；這個研究團隊以教師為核心，而以研究生為延續學術生命的保障。因此，栽培研究生使其足以擔負發揚相關的精神理念的重任，也就成了經營語文教育研究所的人所不可或忘的功課。有了這樣的見識，就可以回過頭來彌補設所時所不曾置入的精神理念：它以開發新的理論類型或採行基進的作為為前提，而關係到國家文化命脈的興衰存亡。一個語文教育研究所的遠景和進程的規模，就盡在這裏了。

此外，對於現行統整課程下貫的觀念更新和由「思維與寫作」課程率先出擊的美意落實等，也得有所進展。前者，緣於九年一貫課程的統整概念，固然能迎合時代的潮流，但也成了一頭拼裝且笨拙的怪獸，發揮不了什麼特殊的功能。改善之道，在於去除它的虛矯性，而朝比較務實的方向努力。就以語文課程為例，擬議審美的、知識的和規範的經驗統整模式，冀能化解原課程設計裏「似統整而實未統整」的迷思。最後引證混沌理論和複雜理論，為該構想添一

助力，並期其他領域也不妨比照辦理，一起展望九年一貫課程的遠景。後者，則因我個人的實際參與所見，「思維與寫作」課程在我所服務學校為共同必選修，但因教學者認知的不同，不免會有不同的授課方式和授課內容，以至受學者在比較學習後，會困惑於為何有這般的差異，又將如何自我調適？為了化解受學者可能的疑惑，以及免除教學者因認知差距過大而永無調整的機會，有必要改採協同教學的方式，讓教學者可藉機相互觀摩，也讓受學者可接受更多的信息及理解到「一元化教學」的不合理性。至於協同教學的方案，不妨採階段性大班授課，由各教學者依其「專長」輪流授課，而前後連貫成一個大單元。如果必要，還可以商討相關的教材教法。這樣理當會提升教學的水準和受學的成效。

　　能如上「條件齊備」，再來就是實質創新寫作的教學強化了。而它不論是研究課程還是實務課程，都得有整體通透的規劃和踐行效率。就以詩的寫作教學為例，大家知道詩為文學所「總出」，它以鍛鑄意象來比喻或象徵情意，並返身自我強烈標誌出專屬於人的「實踐理性」或「本體真理性」特徵；以至透過教學而許以高標的要求，也就有昇華生命和發展文化上的意義。而這在踐行上，則有同一系統累增的基進表現和跨系統交互的基進表現的強為提點以及採取科際整合和多媒體運用等方式來活絡提升教學效果。此外，如能以融會眾體而出一殊異的文本或別為造出嶄新的體裁為教學的終極目標，那就更見徹底的「創意跨領域」意識，而可以著為新典範。其他的文體教學，則可以依此類推而務期能「呼應前論」或「另啟新猷」。

　　嚴格的說，從通識教育到語文教育的道路不可能這麼順遂的（幾乎沒有考慮到阻礙性的變數介入問題）；尤其是當受學者根本不理會

這一套教育的「用心良苦」或「良法美制」，則不啻要前功盡棄！好比一個心理治療故事所暗示的：

> 一個絕望的年輕人帶著滿臉病容走進治療師的辦公室，反覆說自己死了。治療師試圖使病人冷靜下來，並保證說他確實還活著。後來顯然尋常辦法已經無法奏效，於是治療師說保證拿出「證據」來，就用針扎了他一下。「看，」治療師說：「你當然還活著，你在流血呢！」「不！」他說：「這只能證明屍體在流血。」〔坎納沃（S. Cannavo），2003：243〕

倘若受學者也像故事中的年輕人那樣完全不受啟導，那麼再好的通識教育／語文教育都要流於白費！這時只好看淡另待有緣人；不然也要回過頭來省察是否「那個環節出了問題」，而及時尋求補救，一切才可望可以「永續經營」。

通識教育篇

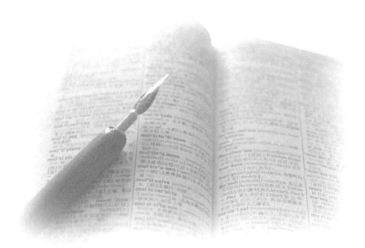

第一章　從一般教育到博雅教育：

通識教育的規劃方向

一、從幾個故事談起

大學是一個「成人」養成教育的場所，它究竟該提供什麼樣的菜色膳方以及該營造什麼樣的氣氛理想，也就成了所有直接間接辦學者所得念茲在茲且須妥善予以規劃的。而就所謂「成人」來說，不僅要有生活經驗的累積，還要有學識經驗的累積，否則就無從期待文化的持續創發由他們接棒完成。那麼如何來判定一個成人所以夠得上成人的條件？這不妨從底下幾個故事說起：

首先是一個哲學家說過的故事：「一位學識良好的醫生，他發表了一項舉世聞名的宣言說，人不可能有『意識』這種東西，因為他已經解剖了許多人體，而從來沒有發現過人有意識〔波謙斯基（J. M. Bocheński），1987：57〕。這位深具科學知識的醫生，有文學家的幽默，卻傷了哲學家和宗教學家的心。哲學家在建構知識論的過程中，一定會先肯定意識的存在；而宗教學家在思考人所以能仰體上帝的旨意時，也得先聯想到上帝造人也一併把意識賦給了他。但這一切卻被一個「科學至上」的信徒弄擰了，也為人間增添一樁「無知而強以為知」的遺憾事。

其次是一個曾駐尚比亞負責改革計劃的聯合國官員衛爾（H. Weyers）說過的故事：「當訪問團到『貝尼市』南方的部落參觀時，

對於當地人能擁有乾淨、現代化的茅坑廁所，印象深刻。那些廁所都是因改革計劃而增建。大家趨前近瞧，原來只有酋長的廁所曾依照『規定的用途』方便過，其他人的廁所統統變更用途，成為雞圈。畢竟農人最需要的是防止蛇、鼠侵襲家禽的地方，這遠比擁有美觀的衛生設備重要多了」（黃漢耀，1991：11）。聯合國為尚比亞部落增建現代化廁所的「善心」表現的背後，隱藏著外界對當地風俗民情的高度陌生和策劃整個行動的先進國家的支配企圖。前者，緣於不知科學信念有地域的限制；後者，緣於科技強國的普同幻想和對弱國的宰制潛質（以現代化廁所的增建來說，如果它真的「普遍化」了，那麼接著而來的就是所在國必須長期依賴先進國家的原料供應、技術輸入和維修服務等）。因此，強力支配者和甘願被支配者，在這裏都顯現了某種程度的無知。而這種無知，可能就是許多（人為）災難的根源。

　　再次是一個日本經濟學者說過的故事：「1975 年，世界重量級拳擊冠軍阿里把轉播他拳擊賽的阿依達霍爾劇場的門票提高一美元作為捐款，將這些捐款獻給了在非洲的鑽井工程。因為當時非洲的中西部連年乾旱，許多遊牧民都為飢餓和乾渴而困擾。在西非獅子山中部挖掘的一口井，的確為保護迫於乾旱南下而來的幾千名牧民和他們的家畜發揮了很大的作用。當然，阿里的善意也受到了人們的讚揚。但幾年以後卻發生了意想不到的問題，很多遊牧民定居在水井周圍，並飼養家畜，所以水井方圓三十公里內的草木都被吃得精光。因此，在被綠蔭覆蓋的獅子山中部出現了一塊圓圓光禿禿的地方，形成了來自撒哈拉大沙漠的熱風吹向大海的通道。通道兩側原本濕潤茂密的樹林也變得乾枯稀疏，北部本來就稀疏的樹林地帶竟成了沙漠。阿里本想拯救為飢餓、乾渴而痛苦的人們，結果卻事與願違，造成了更為嚴重的自然破壞」（堺屋太一，1996：200）。拳

王阿里和鑽井工程隊充分發揮了類似社會學家的人道關懷和宗教家的愛心，解決了非洲中西部遊牧民飢饉的困擾，但因為沒有能耐作好科學式的生態環境的評估，導至美意大打折扣，甚至反成了破壞生態環境的「幫兇」。像這種無可彌補的「錯誤」的發生，就是源自當事人缺乏應有的識見以及不知浮濫施捨可能引發不良的後果。

透過以上幾個故事，是不是可以啟發我們聯想到一個將要有所作為的「成人」所得具備的條件？換句話說，在這個世界上成人居於主導的地位，他究竟有什麼才德足以服人以及有什麼遠見可以把世界帶到某一理想境地，也就是大家無時無刻都要思考的問題。大學教育如果不是以培養這種「全能」的人才自期，那麼又何必有大學教育而我們又可以在那裏找到良善的培訓管道？

二、通識教育在大學教育中的定位

在一般制式的大學教育裏，通常都有所謂通識教育的規劃和實踐。而通識教育相對的是專精教育；前者以培養通才為主，後者以培養專才為主。雖然如此，兩種不同取向的教育課程，在大學裏並不成比例；不但研究院完全沒有通識課程，連大學部的通識課程也僅佔全部課程的五分之一左右。這樣的大學教育能否培養出專才已是個問題，更遑論是所謂的通才呢！

大學教育所以會走到重視專精教育勝過通識教育的地步，全是緣於西方文化強調細分的傳統。因為要細分而建構起各種學科的知識體系（以模仿或媲美上帝創造萬物有條不紊的風采），所以在大學這種高等學堂裏就以追求專精的學問為目標。至於通識教育部分，那是根源於要補救因專精教育所導至人心偏執而設的，目的無非是要重立全才的典範（以便向上帝這種萬能者看齊）。但因為人畢竟是

有限的存在者（無法全能）而專精教育也已「騎虎難下」，以至通識教育的呼籲和踐履，就往往成了高音獨唱和聊勝於無的自誑點綴！國內從民初以來，仿效西方的辦學方式，對於別人的文化背景不甚了了，還動輒盛稱他們如何的重視通識教育（全然不顧自己真正羨慕的是人家的專精教育）。這不但忽略了對方所以興起通識教育不可或缺的念頭只為彌補專精教育的不足而實際上效果有限，還遺忘了自己向來就在勤學對方的專精教育卻要奢談通識教育而最後只能流於「鸚鵡學舌」的下場。

反觀我們自己的傳統，固然有課以一經一藝而設科取士也多德能分列的現象（陳東原，1980；毛禮銳等，1994；沈兼士，1986），但大體上還是重視全才教育的。所謂「子路問成人。子曰：『若臧武仲之知，公綽之不欲，卞莊子之勇，冉求之藝；文之以禮樂，亦可以為成人矣！』（又）曰：『今之成人者何必然！見利思義，見危授命，久要不忘平生之言，亦可以為成人矣！』」（邢昺，1982：125）、「君子知夫不全不粹之不足以為美也，故誦數（禮樂詩書之數）以貫之，思索以通之，為其人以處之，除其害者以持養之。使目非是無欲見也，使耳非是無欲聞也，使口非是無欲言也，使心非是無欲慮也。及至其致好之也，目好之五色，耳好之五聲，口好之五味，心利之有天下。是故權利不能傾也，羣眾不能移也，天下不能蕩也。生乎由是，死乎由是，夫是之謂德操。德操然後能定，能定然後能應；能定能應，夫是之謂成人。天見其明，地見其光，君子貴其全也」（王先謙，1978a：11～12）、「古之教者，家有塾，黨有庠，術（鄉遂）有序，國有學。比年入學，中年考校。一年視離經辨志，三年視敬業樂羣，五年視博習親師，七年視論學取友，謂之小成。九年知類通達，強立而不反，謂之大成。夫然後足以化民易俗，近者說服而遠者懷之，此大學之道也」（孔穎達，1982a：649）等，正

是這一觀念的具體宣示。換句話說，教育要以使人德能兼備為最終目標；而實際上有以一經一藝為課或取士也依德能分科，那只是為考慮人有心智性向的差異和自勉學習的勤惰而權為設定的。《禮記・大學》所說的「格物」「致知」「誠意」「正心」「修身」「齊家」「治國」「平天下」等八個條目（孔穎達，1982a：983～988），長期以來就是教育成人的典範格局。這全是緣於中國文化所繫的氣化觀（宇宙萬物都是陰陽二氣的化生），以至人在別無關注（像西方人凡事都要對上帝負責那樣）的情況下就會全力於經營人間樂土（張灝，1989；周慶華，1997a），要求大家都有同樣的蘄向（但不強求德能不足的人膺此重任）。今天我們的教育所以辦得不夠出色，就是因為「內質」難變，學不來西方人要以學術成就去榮耀上帝而勤於著述立說，又沒有多餘的時間好好延續自己的傳統並加以發揚光大。試問當國人還普遍沈醉在「長治久安」的夢想中時，我們的大學教育卻要學人家朝專精技藝的方向邁進，兩頭落空（既技藝不精又博聞全無）顯然是不可避免的了。

　　從這一點來看，我們的大學教育在專精教育方面除非能辦得像西方那麼厚實有效，否則它還是得回歸以通識教育為主的傳統。也就是說，在此時此地，通識教育不應被看成是大學教育的「拼盤」或「甜點」，而應被看成是大學教育的「主菜」。至於要把「主菜」做得美味可口，又能滋補養身，則又可以成為一種理想。倘若不從這個角度來思考通識教育，我就不知道相關的談論還會有什麼新意。

三、一般通識教育構想所存在的問題

　　現有的通識課程只佔全部課程的少數（在國內一般僅有二十八學分），在這個範圍內再怎麼窮作規劃，都無濟於使通識教育「起死

回生」。因此，所有相關的討論凡是冀望通識教育如何如何規劃的，毋寧當它是一種可能的構想。即使如此，那也不能沒有問題。

首先，大家普遍意識到通識教育是要補救「學理工的不懂人文，學人文的不懂經貿，學經貿的不懂農礦，學農礦的不懂醫藥，學醫藥的不懂航空……」這種因專精教育過分分割所導至人才日漸「偏執」的弊病（清華大學人文社會學院編，1987；臺灣大學文學院編，1994；中央大學文學院暨共同學科編，1995；淡江大學通識與核心課程組編，1996）。這原是一個可稱道的思考方向；但進一步考察它「落實」在具體的課程編組中的卻千篇一律是「概論性」的課程，顯然離它原初要受學者「通貫識見」或「通達博識」的構想甚遠。這也難怪我們的通識教育一向成效不彰，而受學者也僅以「營養學分」看待；因為它只能「泛談」，根本無法滿足受學者廣博而深入求知（足以培養對世事的洞見）的欲望。

其次，所有的通識教育在被構設時，幾乎都是從通識教育本位出發，不太理會它跟專精教育或其他教育的聯繫或銜接，以至在實施的過程中常會使通識教育陷於「困獸之鬥」的情境。這跟所謂課程設計的理念強調「統整性」的作法（歐用生，1985；王文科，1991；黃政傑，1993）大為扞格，也跟相關教學必須引導受學者有效學習的精神（黃光雄，1996；李錫津，1997；黃政傑主編，1997）背道而馳。通識教育的設計者和執行者也許會說「我只負責通識教育本身，受學者要自己設法去跟專精教育或其他教育聯繫或銜接」；倘若是這樣，那麼我們的教育就註定永遠要「支離破碎」，而受學者也終將無法改變對學校的「離心離德」，因為辦學者的卸責是不能轉為期待受學者來遞補的（否則就不必有學校教育的存在）。

再次，有關通識教育的內容或目標方面，可說言人人殊，同時也缺乏有效的後設反省。前者（指言人人殊）是難免會有的現象而

可以諒解；後者（指缺乏有效的後設反省）很可能有礙通識教育的發展而必須小心因應。姑且以底下幾種說法為例：「大學通識教育可以是大學、社羣、國家以至一個文化的教育理想；可以是一種教學措施，提供相關課程和學術活動以擴闊學生的視野；可以是一個以培育大學生的心靈或人格為目標的文化取向；可以是一種對於大學教育的哲學構想；可以是一項提倡某些理想甚或抗衡現行教育系統的社會運動；也可以是一個具有特定內容和目標的課程；甚或可以是一系列以通識教育為名而推行的課程組合等等」（何秀煌，1998：45）、「通識教育不是把多一些有關『人文』和『科學』的課程拿來併讀，而主要是如何培育學生的洞識、分析和貫串能力，也藉此薰陶學生，培養高尚人格、氣質和欣賞品味」（葉啟政，1995：181）、「所謂『通識教育』就是一種建立人的主體性並跟客觀情境建立互為主體關係的教育，也就是說是一種完成『人之解放』的教育」（黃俊傑，1995）。這不論是「實說」還是「虛說」，一旦落實在具體的教學情境中，一定會形塑出一種特殊取向的話語（言說），並藉以影響受學者成為該話語的踐履者。殊不知這種話語同樣是權力意志發用下的產物，不具有絕對性，也難以期待能普遍被接受。我們知道，話語的基本單位是陳述；而陳述方式的構成影響著話語的整體表現，「其中的關鍵環節是：（一）誰在說話，他憑什麼權力說話？（二）說話者所憑藉的制度地點，也就是使他的話語獲得合法性和應用對象的來源。（三）說話者和各種對象領域的關係。在這些環節中，話語並非是我們所能看到的純淨狀態的思想或經驗；在它的背後，是一個緊密的多重關係的網絡」（張文軍，1998：71）。用傅柯（M. Foucault）的話來說，話語是一個社會團體根據某些成規，將它的意義傳播確立於社會中並為其他團體所認識交會的過程。因此，我們所接觸的各種政教文化、醫農理工的制度和機構以及思維行動的準

則，都可以說是形形色色的「話語運作」的表徵（傅柯，1993：93
～131）。而它的實質性結構，就是權力：「『話語』是現代和後現代
社會將人作為『主體』來進行組構和規定的一條最具特權的途徑。
用當今流行的話來說，『權力』透過它分散的制度化中介使我們『主
體化』：此即，它使我們成為『主體』，並使我們服從於控制性法則
的統治。此法則為我們社會所授權，並給人類自由劃定了可能的、
允許的範疇（這就是說，它『擺布』著我們）。實際上，我們甚至可
以假定，權力影響著我們反抗它所採取的形式」〔蘭特利奇（F.
Lentricchia）等編，1994：77〕。根據這個觀念，權力之外並不存在
本質的自我；同樣的，對權力任何特定形式的反抗（也就是對任何
散布的「真理」的反抗），也是依賴於權力，而不是某些有關自由或
自我的抽象範疇。換句話說，我們所生存的世界，就是一個話語運
作的場域，而權力則為該場域終極的主體（周慶華，1999a：227～
228）。因此，當論者說通識教育該如何如何時，並不代表「該如何
如何」是一種絕對的真理，而是代表論者的宰制潛質在「蠢蠢欲動」。
以至它還有待別人的對諍來確立存在的合理性，以及不斷自我檢視
前提的高度可被接受性，才算是進入了有效的後設反省的範圍。

　　依照上面所述，現有的通識教育的構想，仍然突不破先前實際
的通識教育的框框；有關它空泛的概論性課程的規劃和本位主義的
自我削弱影響力，以及想要以汰換教學內容來爭取支配的機會等
等，都不過是一種「翻版」的行為，實在不好冀望從此能給通識教
育帶來革命性的改變。如果說我們這十幾年來有關通識教育的實施
和革新一直在「委屈求全」，那麼這些「言論領袖」（包括參與決策
的官員和專家學者）老是以炒冷飯姿態左右時局可能要負最大的
責任。

四、已經面臨後現代思維的挑戰

　　就整體情況來說，人類的教育，已經從傳統（以教人讀書識字為主）走向現代化（以傳授知識、培養人才為主）、甚至後現代化（在現代化基礎上要求多元）。而就在現代化和後現代化的轉接時刻，有人倡議要努力追求後現代化：「從現代主義到後現代主義的觀點來看，強調國家化的很可能陷入柏林所說的單元主義的危險。而強調極端個人自由者，又容易進入無政府的狀態。後現代主義反對這兩種極端，而持多元主義的看法。這可說是上述現代主義兩種極端的折衷，只是要如何落實，仍有待努力；因為多元主義也可被用來為自己利益辯護，如廣設貴族式的私立學校，而不管弱勢團體的死活，因為這也是『多元』。事實上，多元應該是要以『有差異但平等』為理想。就如有男女、種族的差別，但如何在維持這個差異的同時，也顧及教育機會的均等，這恐怕是後現代主義的主要課題，也是努力的方向。國家在這方面，仍舊可以扮演相當重要的角色，只是不再像以往的獨攬大權。而任何要完全消除國家的教育權限的主張，也是不切實際的」（中華民國比較教育學會主編，1996：61）、「綜合後現代的比較教育學的特色有四：第一，代表一種新典範的轉移，重視少數民族、女性主義、生態保護教育學等他人的觀點；第二，重視關係的描述，尤其重視空間在研究多元社會意識形態中的影響；第三，重視微觀敘事，在研究方法上採用民族誌學、人類學方法及參與觀察等質的方法；第四，追求多元化的論點，主張多數並不代表多元。儘管後現代主義有限制，然而後現代主義鼓勵我們從不同的、多元的角度去看事物，使我們更能去解釋一些傳統邏輯多元論所無法了解的事物，也使我們的教育更能適應複雜多變的社會需求」（同上，141～142）。

　　當然，問題並不止於上述這麼「單純」（只提出一個「多元化」觀點就要概括其餘）。在後現代社會中，有兩股主要的思想勢力：一為批判理論；一為解構理論。前者的啟蒙／解放訴求，使得一種「新」的教育社會學快速的浮現。而在這種新的發展中，有人從學校制度和組織層面批判學校是現存社會體制和文化系統「合理化」的工具，學校活動中充滿著權威、約束、強制等外在規範性的要求，而它的組織和結構正是社會文化權力結構的反映；也有人則分析傳統學校的課程，經由學校權力的控制（反映出社會的需求）使知識的選擇、分類、分配、傳遞和評鑑充滿階級、性別、種族、年齡等種種的意識形態；還有人從教學的歷程裏來檢討學習活動中，教學者如何在學校的「儀式化」規範下，將現存社會規範和價值內化給受學者，而使受學者成為意識形態的負載者，同時也根據社會分工的需求，如何將不同種類和層次的知識分配給受學者，並完成「社會和文化的再生」〔吉普森（R. Gibson），1988；陳伯璋，1987〕。所謂教育鬆綁或自由化的籲請和促其實現，就是在這一波批判運動介入教育思維的結果。而後者對等級／對立概念的解構，也給教育帶來相當大的衝擊；舉凡教育向來所設定的「理性中心」（人是理性的）、「人文／科技」的層級觀（人文必須抵抗科技的宰制）、「大學／社會」的等級觀（大學是社會風尚的定力）、「西方／非西方」的對立觀（西方文化中心論）等等，都得遭受解構的命運（孟樊等編，1997；張文軍，1998）。以上的批判理論和解構理論，彼此又可以相互批判和解構。也就是批判理論和被批判對象又成為一種需要被解構的等級或對立現象；而解構理論在解構別人後自己卻又躍居一種新的意識形態（而有待自我解構）。後現代社會所以會「亂」，原因就在每一種講法都只是相對有效，而彼此又可以「誰也不服誰」。難怪在教育方面，有人會以「教育理念上統合連續斷層」、「跨時代的國際化教

育觀」、「兼顧智育和德育——批判性思考的教育觀」和「多元化的
教育理想和措施」為綱目，力陳要一併超越後現代：「後現代的興起
並不表示現代的一無可取；反之，正顯示現代性的不完足，並為現
代性的不完足提供補罅之道。因此，在現代和後現代的辯證關係下，
教育也應有回顧傳統、站穩現在、展望未來的胸襟和智慧。無論智
育或德育上，教育均應顯現省思、解放和重建的自主性」（中華民國
比較教育學會主編，1996：110～120）。所謂「重建」云云，就是一
種厭倦後現代主義的話語，它跟從九〇年代以來「蓬勃」興起的反
後現代主義的呼聲有著同構性。而這種反後現代主義的呼聲的「具
體」顯現，如：

> 今天，在理論上有所發現的英雄時代已經結束了，後結構主
> 義的顛覆和遊戲已出現衰頹跡象，西方馬克思主義（指批判
> 理論）的自由解放的許諾也遠未兌現。因此，有跡象表明，
> 將會在文化和批評界出現一種反擊解構主義理論的潮流，就
> 是出現一種新形式的文化保守主義……那就是倡導返回歷
> 史的新歷史主義。這是一種走出價值「平面」，重獲精神「深
> 度」的努力，一種告別解構走向歷史意識的新的復歸。新歷
> 史主義將重新呼喚新的歷史意識，它的旗幟上寫著「文化」
> 和「意識形態」。（王岳川，1993：249）

這暗示了「舊帝國」（文化保守主義）的反撲，將是後現代之後的一
種狀況。而既然是舊帝國反撲，那麼它就不會只限於某一舊帝國：「傅
柯去世（1984）前不久，曾籲求重新思考『啟蒙時代』。似乎已出局
的那些『壯觀大敘事』哲學家，突然又都回來了……另一個『幽靈』
正等著再度出場：浪漫主義。也許此一幽靈將帶來我們正在尋求的
治療法。後現代主義的唯一治療法，就是無法治癒的浪漫主義病」

〔阿皮格納內西（R. Appignanesi），1996：174～175〕、「後現代理論發展迄今，已經出現了一些根本的缺陷。大多數的後現代理論傾向於化約、對競爭觀點的獨斷排他、過度狹窄。大多數的後現代理論忽略了政治經濟學並且未能闡明社會的經濟、政治、社會以及文化層次之間的適當關聯。為了對抗後現代理論的這些缺點，我們將要尋求重建一種多向度和多觀點的社會理論」〔貝斯特（S. Best）等，1994：319〕。所謂「啟蒙時代哲學」、「浪漫主義」、「批判社會理論」（有別於後現代中偏重在文化批判的批判理論）等等，都是舊有的勢力，它們都將重新復出歷史舞臺。從這個角度來看，許多人所期待於多元文化並存在當今社會中實現，就太過樂觀了。我們知道所謂多元文化並存，是指「在一個國家內，存在有多數的政治、社會團體，這些團體是由文化的差異（如語言、宗教、性別、種姓階級、種族、地域等）所分殊化而成」（葛永光，1993：34～35）；但在這種社會中，各文化卻未必能脫離相互隸屬的命運而真正獨立自主，它經常形成一個階層化的體系，「在此體系中，某一團體居支配性的地位，其他團體則居於附屬的地位」（同上，7引庫帕等說）。因此，所謂的「多元文化」，實際上是一個「大一元文化」和幾個「小一元文化」的合體，彼此並不是享有同等的地位。而從「認同」的角度來看，大家也很難在認同某一文化傳統時，能夠相對（同樣）的肯定其他的文化傳統。因為這種「相對主義」，即使在後現代社會裏也無法徹底實現。它正如一位論者所評述的：

> 如羅蒂在《後哲學文化》一書中所說那樣，後現代主義不可能真正走向相對主義，甚至可以說，無論任何一種哲學思想或文化理論，都不可能真正走向相對主義。在羅蒂看來，這是因為在各種理論之間總有一個相互比較的問題；透過比

較，人們畢竟可以制定那種理論好些，那種理論差一些。如果有人能以相對主義的觀點來評價不同的理論，那他就只能得出結論：他評價的那些理論在價值上沒有什麼不同。但「認為每一個傳統跟任何別的傳統一樣理性或一樣好的觀點，只能為神所具有。神不需要使用『理性的』或『道德的』概念，因為祂不需要研究或思考」。這也就是說，只要對人類、地球、宇宙、世界等問題進行的抽象思考，無論那一種「主義」的理論都不可能徹底相對主義的。（蕭燁，1996：12）

可見絕對的多元教育是不可能的。這不只如上述會導至價值的崩潰，還牽涉一個「權益衝突」的問題。也就是說，在沒有權益衝突時，彼此可以包容異己；但一旦發生了權益衝突，大家立刻會退回自己原先所信守的一元文化裏（周慶華，1998；1999b）。而試問我們這個社會什麼時候沒有權益衝突？因此，完全包容異己的說法，不啻是一種神話的再現。雖然如此，一個經過後現代社會「洗禮」的人，多少都會凜然於曉悟多元文化於「理」必須共存的道理（不能強以權威讓他所信守的一元文化「絕對化」），而反過來調整自己的策略：宣稱所信守的一元文化的權宜性，並且容許別人跟他對諍權力意志的合理性（詳前節），以便緩和或降低可能的衝突。這才有助於大家看清（省察）什麼是合理的權力宰制、什麼是不合理的權力宰制，而進一步有效的來經營和諧的人間社會。

繞了一圈，似乎又回到開頭所點出的多元文化籲求的狀況。但又不然，所謂多元文化，是有條件限制的（如上述）；而最後大家還是不免要各執一元文化，而就以相互尊重和（基於合作共事）必要的妥協承諾來展現「另一種」多元文化的氣派。我們的教育如果要向前展望「美景」，恐怕得把這一點納入思考的範圍才有可能。而通

識教育既然是教育（重要）的一環，理當也無法規避這一連串後現代思維（包括我所構設的部分）的考驗。所有通識教育的設計者和執行者，不僅需要重新調整前進的步伐，還得練就更有效的後設反省的能力。

五、重新規劃通識教育課程的方向

很明顯，我們的通識教育「真的」該大刀闊斧的加以改革了。首先，它應有「整體性」的考量。所謂整體性的考量，包括三層意思：第一，一個和諧社會的建立和發展深繫於具備多方知識和經驗的人才，而大學教育應當以培養這種人才自期，終究得一改過去重視專精教育勝過通識教育的差序格局。第二，通識教育不是自外於專精教育，它必要也能夠提供專精教育（以便受學者也有機會在各行各業「一領風騷」）的「背景」資源或「著力點」，使得專精教育不至於盲目發展或白費力氣（如國內一些宗教團體所辦的大學，紛紛在成立宗教學系所，它們所要培養的宗教學專才，無不寄望他們能參與推動宗教現代化的工作，這就頗昧於地球即將面臨能趨疲（entropy）臨界點的危機而使得宗教現代化作為流於沒有遠景可以期待的慘淡下場。這就有待通識教育的「成功」來予以扭轉。其餘，可以依此類推）〔雷夫金（J. Rifkin），1988；周慶華，1997b〕。第三，基於上述兩點，通識教育的課程勢必得超過專精教育的課程；即使不是三比一，也不能少於二分之一。畢竟人才的專業知識可以在進入社會後繼續充實，而通博知識卻無法不期待在大學階段奠立好根基。

其次，它應有「全程性」的規劃。所謂全程性的規劃，是指大學的任何一個階段（包括研究所）都得安排通識課程。因為受學者

有接受能力的差異，而通識教材也有深淺難易的不同，必須妥為分別安置，才能達到最好的效果。如果以現有人類理智所能窮盡的知識領域而區分成人文學科、社會學科和自然學科等三大範疇（周慶華，1999c）來說，就可以逐步的從各學科的概論性課程到後設性課程到方法論課程或科技整合課程去開設實施。而它有所區別於專精教育的地方，是它的通貫性和指導性。前者（指通貫性）可以讓受學者知曉領會人間事物的複雜深奧；後者（指指導性）可以讓受學者更有效的進入專業領域的學習。至於專精教育涉及實務的部分（如教育學系中的測驗統計課程、社會學系中的社會福利課程、數學系中的微積分課程、哲學系中的分析哲學課程、文學系中的欣賞和習作課程等等），通識教育就不必代勞也無從代勞。

再次，它應有「精緻化」的努力。所謂精緻化的努力，是說通識教育的進境不妨朝向「博雅」的途徑去思考。這種博雅教育不只是西方傳統為使人進入上流社會而設的（人文學）經典教育或智性教育那一意涵而已（臺灣省立臺北師範學院編，1991；金耀基，1989），它更重要的是宏觀洞見能力的培養。也就是說，一個人的存在，究竟要跟他人、社會、自然和神（或某一冥冥中的主宰）取得什麼有利的關係，則有賴博雅教育給予精細的引導或提供豐富的信息。因此，通識教育就有了由「一般教育」（傳授各學科的知識）到「博雅教育」（啟發受學者對人生世事的洞識）的階次性發展的機會。以至人類文化的持續創發就可以在這裏埋下種子（而等待開花結果），而各大學也可以在這方面「各憑本事」把學校辦得獨具特色（以吸引更多人才前來「投效」或成為發展精深文化的重鎮）。

上述這種構想，已經不是「後現代式」的了。在沒有更貼切的稱名前，我姑且自命為「後後現代式」。它有後現代的精神（容許對諍），也有現代的理想（大敘事），更有前現代或無以名之時代的性

格（保守性）。總說一句，這是我的通識教育觀；雖然我也不免會奢望它有實現的一天，但不致要強迫別人來接受。這是我所能表白的極限了。

第二章　走出魅惑的輪迴圈：

以新佛教為基底的生命教育途徑

一、生命教育是什麼

　　儘管有人可以因論述的需要以及自我的價值取向等背景而將生命教育定性在一種「實用」的層次〔戴司帕德（L. A. DeSpleder）等，2006；陳佳禧，2001；黃培鈺，2002；楊慕慈編著，2003；吳靖國，2006〕，相關的討論還是得有一個「形上」的前提，才足以聯繫「兩端」而構成具邏輯性的理論形態。換句話說，生命教育基本上是一種生存欲力的完成和發揚，目的在於怎樣讓生命脫離素樸的苟活階段而向精緻或有意義有價值的存在階段發展；它所要關注的重點是生命的定位和展衍方向及其相涉的後設反省。這樣生存欲力的完成和發揚就成了生命教育所以可能的依據；而所有相牽繫的課題也就可以從這裏開始談論。

　　再從另一個角度看，現存所有生命的「互聯互動」情狀的不可避免，以至還可以發展出一套批判或規諫的策略來「共存共榮」，才能保證生命存在的高度價值性；而這自然也是生命教育所得著眼或所得使力的。在這種情況下，生命教育就不離「自我教育」和「教育他人」等範圍。前者（指自我教育）是體現在自我的覺醒中；後者（指教育他人）是體現在對他人的啟發中。而凡是體現在自我的覺醒中的生命教育，都得對生命的「來龍去脈」有所了解並深切的

意識到自己在塵世中所可以「安身立命」的途徑；而凡是體現在對他人的啟發中的生命教育，也都得對「生命」的方向有所掌握，以便能夠發揮應有的「教育」的效應，這是生命教育所以為生命教育的「不得不爾」的一體兩面的使命（否則就不必談什麼生命教育）。

所謂「生命教育是什麼」的優先性課題縱然可以這樣自我交代，但對於「為什麼要探討生命教育」這一隱藏著的問題，卻也不好不一併自我揭露就含混過去。換句話說，思考「生命教育是什麼」的課題，連帶的也要後設反省「為什麼要探討生命教育」的問題，才有一個「承上啟下」的環節作為接續論述的依憑。而關於這一點，則可以從幾方面來考慮：第一，我們有當一個「活著的活人」的基本的覺悟；第二，我們有形塑「獨特生命」或「基進生命」的終極歸趨上的欲望；第三，我們有跟他人／萬物共存亡的需求，而使得由一己的生命出發到普世整體的關懷探索成為可能；第四，從學科上來說，生命教育可以涉及生死教育、倫理教育和宗教教育等領域（傅偉勳，1993；周慶華，2002a；林綺雲主編，2006），而這些領域都不是不經一番研究就可以熟悉，以至探討生命教育也就有「求知益生」和「轉創造文化」的意義和價值。這限於體例（篇幅）雖然不便對它們「多所發揮」，但大體上有關此地為什麼要探討生命教育這個問題已經有所點到（並且呼應了上述「自我教育」和「教育他人」的兩面性）而毋須懷疑它的「可能」性了。

二、我們需要怎樣的生命教育

其實，從「生命教育是什麼」到「為什麼要探討生命教育」的發微，都是「過場」性的（或順著上述的「形上」前提說而稱為「發端」），它真正要逼出的是另一個課題：就是「我們需要怎樣的生命

教育」。「我們需要怎樣的生命教育」，原則上得先看「生命」本身是
怎麼被看待的才能決定。而這可就要折煞人了！理由是從來就沒有
一定對「生命」本身的看法，如生理學家可以說生命是具有進食、
代謝、排泄、呼吸、運動、生長、生殖和應激性等功能的系統；生
物化學家可以說生命是包含儲存遺傳信息的核酸和調節代謝的酶及
蛋白質的系統；遺傳學家可以說生命是透過基因複製、突變和自然
選擇的系統；生物熱力學家可以說生命是透過能量流動和物質循環
而不斷增加它內部有序性的開放系統（王谷岩，2002：99）；此外還
有哲學家、心理學家、社會學家、宗教學家和美學家等等，也都可
以從後設思維能力、情意備具、集體意識、靈體獨立和感興反應等
不同層面來說生命（周慶華，2002a），而造成生命眾說紛紜而無從
「定格以觀」或「停駐議論」的現象。

　　如果再透過「比較」，那麼相關生命的關懷就更加難以「對應」
進行了。所謂「過去三、四十年來，有個非常矛盾的現象：世人投
注了大量思想、情感和資產，拋頭顱灑熱血，追求所謂的人類價值
和人權，捍衛人性尊嚴和人類生命。但同時，科學和哲學卻在不知
不覺間，以驚人的破壞力，動搖了我們對『人』的傳統觀念。於是
人所以為人的道理何在，開始出現矛盾不一的見解。如果連『人』
這個概念都莫衷一是，那『人類價值』又該從何說起？人類陷入了
困境，但威脅並非來自眾所周知的大規模毀滅和生態浩劫，而是人
的『概念』層次出現了危機」〔費南德茲—阿梅斯托（F. Fernández—
Armesto），2007：10〕，這個「事實」在論者的說法裏是以「靈長類
動物學者收集了許多實例，顯示猿猴和人類非常相似」、「動物權運
動興起，讓我們不得不努力尋找各種理由，說明人類跟他物種到底
有什麼不同而必須另眼相待」、「其他物種也有跟人類似的心靈、情
感和道德抉擇能力」、「我們現在所以屬於人類，不是因為我們具備

什麼特質，而是我們認定人是自成一類」、「人工智慧研究則讓我們不由得猜想其他人造事物也可能擁有『人』的特質」和「基因研究讓人類有方法判定誰是同類，同時測量人和其他物種的差距。結果卻出乎意料，人類頭一回發現自己和禽獸原來這麼相似」等六個危機來源予以框限的（同上，10～14），它不啻在告訴我們：你想知道的生命已經出現了另一種「認同」危機。

上述這種認同危機，再加上「教育」範式的轉變因素（從前現代的「讀書識字」到現代的「傳授知識／培養人才」再到後現代的「多元均等」理想的過渡變化）（中華民國比較教育學會主編，1996；中國教育學會主編，2000；鄭燕祥，2006；黃乃熒主編，2007），會讓「我們需要怎樣的生命教育」更難以著眼出議。到頭來只能約略以自己所「估量」的為準的（其實上述各種不同生命／教育的看法本身也無法避開這一認知「理則」），暫且將生命教育限定在是對具有「現實感」和「發展性」的生命性的自我覺醒和啟發他人的層面上。而「我們需要怎樣的生命教育」也就從這裏切入來試為鋪展。

所謂「現實感」和「發展性」的生命性，是指人的感知能力可以察覺到自己在現實中的處境以及能夠有效的預期朝向一個有遠景的途徑邁進，而我們就可以這一點作為生命性的標誌（並且暫時排除不在範圍內的其他認定的干擾）。它的可感性或可重視性，在西方原有從「存有學」到「存在主義」一系的彰顯踐履：存有學把存有（存在）視為「任何事物賴以成為存有者或存有物的完滿」〔布魯格（W. Brugger），1989：82〕。換句話說，存有者或存有物所進行的存在活動（如「賽跑者」進行「跑」的活動），是帶有「創造性」的（所謂的完滿，就存在該創造性的活動中）（沈清松，1987：13～14；周慶華，2002a：29～30）。而這到了二十世紀初，轉為存在主義所看重而別為界定，開始有了語意的「轉向」。這種轉向，主要是要剝除

它跟造物主以及觀念論傳統的「形上」關聯（也就是該創造力來自造物主的賦予以及先天的存在），而跟西方的「人文主義」支流（由古希臘哲人所「隱微」開啟，後經文藝復興、啟蒙運動而光大於世）接軌，從此展開了所謂存在主義的世紀（周慶華，2002a：30）。存在主義強調「存在先於本質」；也就是人從一個不可知的地方被拋棄而來到這個世界，這命定不可能是一種人生的意義，被拋棄的那種迷離感，意味著我們要自己照顧自己，這命定不給予任何意義，表示我們自己要給它一個意義〔噶林（M. Grene），1991；鄔昆如，1981〕。

　　從上述這點來看，存在主義的說法有兩面性：一面是在「揭發」人的存在的弔詭（人莫名其妙的被拋擲到塵世間，卻要自己決定自己的未來）；一面是在「重塑」人對存在的自由抉擇。後者不是說人可以抉擇要不要來到塵世，而是說人可以抉擇自己在塵世的存在方式。而這種抉擇，又以能不能面對死亡為最大考驗。也就是說，人對存在方式的抉擇，是要把死亡包括在一起考慮的；否則死亡一旦倉促來臨，連細審自己存在的機會都沒有，更別說還能計劃生涯了（周慶華，2002a：31～32）。因此，新興的死亡學（傅偉勳，1993；尉遲淦主編，2000；林綺雲主編，2006）也就這樣跟存在主義「掛鉤」了：

　　　　我的責任，意指他人的命運，繫於我的所作所為。我的存在
　　　　大有關係，大有意義。我的存在會發生影響，而不只是物種
　　　　（成員）生生滅滅、單一旋律裏的一段插曲。海勒以康德式
　　　　的範疇（無上）命喻論述道，我當行如「人類苦難的減輕，
　　　　繫乎我的行為」。唯有如是的生存行動，我的生命才算是生
　　　　命。唯有如此，生命的終結、不復存有、死亡，才不會是無

意義、荒謬、不可知解的事件：死亡不再沈淪至非存在的空
虛之中；不再是未曾改變世界一毫的消逝。如果我的生命是
為他人而活的生命，我也就是為自己而活，我此世的存有因
而有了意義。我拒絕讓這世界認為，我的存有可有可無、沒
有意義。我強迫這世界事先注意到我的死亡、憂慮我的死
亡；我強迫這世界為我的死亡感到哀傷。〔包曼（Z.
Bauman），1997：337~338〕

死亡學者所說的這種倫理的自我完成和絕對意義，就是在存在主義
者繼「人是向死的存在」的發掘後進一步呼籲大家要「正視死亡」
〔海德格（M. Heidegger），1993〕的基礎上而發揮的。而它又衍生
出究竟要如何正視死亡的問題。這就有附和而倡導一般性的「克服
死亡恐懼」或「認真過生活」以及更勝一籌而提議以創造意義來「繞
過死亡」或「超越死亡」等說法〔辛格（I. Singer），1996；夏普（J.
Sharp），1997；拉維（S. Levine），1999；翁澤（M. de. Hennezel），
2000〕。此外，沿著存在主義原先所揭發存在的荒謬性而宣告「以荒
謬對治荒謬」一個理路〔沙特（J. P. Sartre），1990〕，而改向朝比較
積極的「意義治療」途徑建構的複合式死亡學（偏重在對「生命」
的思考）（傅偉勳），1993），也有前後「邏輯一致」的不可分割性（周
慶華，2002a：32～33）。

　　雖然如此，存在主義所條理或所框限生命的這種現實感兼發展
性，在現在看來還不夠「現實」所需！它還得有一些「前瞻」，才能
看出生命必要連上實存體驗的時代新意。理由是西方的人文主義在
風行幾個世紀後，已經大為顯露疲態，而直接威脅到人的存在（非
西方社會的人既然沾染了該習氣，就得面對相同處境）。這可以約略
概括為：西方社會從現代（由文藝復興、啟蒙運動、工業革命和政

治革命等綜合開啟）起放逐造物主而追求自主性，所藉來代替失落
的終極關懷的是哲學和科學；而哲學和科學到了為追求更大自由的
後現代（以電腦發明而進入資訊社會為分界線）也一併被放逐了，
人們從此生活在一個沒有深度且支離破碎的平面的世界中（這在進
入後現代之後的網路社會而達到極致）。為了避免繼續「迷失」，許
多人已經看出必須「超越後現代心靈」，重返對造物主的信仰，才能
挽回嚴重扭曲的人性和化解塵世快速沈淪的危機〔阿姆斯壯（K.
Armstrong），1999；布洛克（A. Bullock），2000；史密士（H. Smith），
2000；威爾伯（K. Wilber），2000〕。再說因為科技理性當道（這點
可沒被西方人徹底的解消，反而是不斷地變形在突越躍進；只是在
後現代社會中，批判它的聲音多了一點而已），所帶動的物質文明的
發達，經由「全球化」後，也已經造成資源短缺、環境惡化、生態
危機和核武恐怖等無可緩和的後遺症，要不重新思索人的存在意
義，恐怕就得眼睜睜看著大禍臨頭了。因此，如果有關生命的關懷
還是「奠基」在存在主義上，那麼這種存在主義在現實中就必須是
因應人類的絕滅問題（而不只是個別的存在問題）而稱義的，它的
「實在感」將要被加倍的看重（周慶華，2002a：34〜35；2007b：
224〜225）。至於「發展性」部分，則得別為尋找可資助或可憑藉的
資源來輾轉促成（詳後）。

　　前面所說的自我覺醒和啟發他人的具有「現實感」和「發展性」
的生命性，也就因為有上述這種新存在主義式的匱缺有待填補和另
寄未來的急切成行等而可以著為「進取式」的典範。換句話說，不
是每一個人都有「即時性」因應人類的絕滅問題和再求出路的識見
（雖然每一個人都有這方面的「潛能」），以至相關的生命教育也就
可以緣於這一點而被「喚起」或被「激勵」；而「我們需要怎樣的生
命教育」這個課題的解答從此就有了一個高「符應性」的據點。

三、佛教可以給生命教育資源的優著處

現實的生命所以演變到如今必須共同面對人類的絕滅問題，顯然是西方創造觀型文化所逼出的。在世界現存的創造觀型文化、氣化觀型文化（中國傳統所形塑的）和緣起觀型文化（印度佛教所開發的）等三大文化系統中，後二者所信守的「氣化」和「緣起」觀念只著重在「諧和自然，縮結人情」和「自證涅槃，解脫痛苦」，根本不可能走上耗用資源和破壞環境生態的末路；只有前者所信守的「創造」觀念以「挑戰自然，媲美上帝」自居，才會無止盡的消耗塵世的一切東西而造成地球日漸加深的浩劫。它們的差異，可以一個表解來窺出端倪：

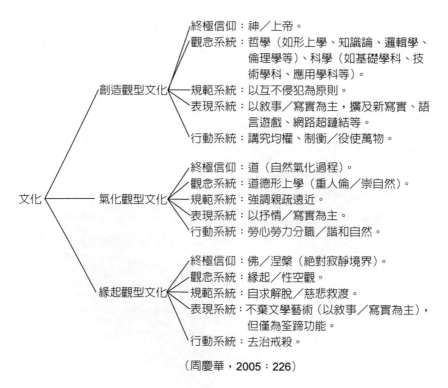

創造觀型文化
終極信仰：神／上帝。
觀念系統：哲學（如形上學、知識論、邏輯學、倫理學等）、科學（如基礎學科、技術學科、應用學科等）。
規範系統：以互不侵犯為原則。
表現系統：以敘事／寫實為主，擴及新寫實、語言遊戲、網路超鏈結等。
行動系統：講究均權、制衡／役使萬物。

氣化觀型文化
終極信仰：道（自然氣化過程）。
觀念系統：道德形上學（重人倫／崇自然）。
規範系統：強調親疏遠近。
表現系統：以抒情／寫實為主。
行動系統：勞心勞力分職／諧和自然。

緣起觀型文化
終極信仰：佛／涅槃（絕對寂靜境界）。
觀念系統：緣起／性空觀。
規範系統：自求解脫／慈悲救渡。
表現系統：不棄文學藝術（以敘事／寫實為主），但僅為荃蹄功能。
行動系統：去治戒殺。

（周慶華，2005：226）

　　創造觀型文化中人由於有「塵世急迫感」（從天國來最終又要返回天國），對於能不能重返天國總是「念茲在茲」；以至藉由累積財富以及從事科學發明、學術建構和文學藝術的創作等途徑在高度支取地球有限資源的行徑，也就累世不絕。而這在原不時興這種取向的另外兩種文化傳統裏（因為沒有造物主信仰的緣故），透過仁愛／自求逍遙或自了／慈悲救渡而保存一個相當諧美的自然空間；但從近代以來，迫於創造觀型文化的強力傾銷和征服，早已挺不住而紛紛妥協屈服（周慶華，2001a；2005；2007b）。如今還以「飢餓大國」或「匱乏大國」的崛起姿態(如中國和印度)，在窮為追逐創造觀型文化中所見的科技／經濟成就〔伊茲拉萊維奇（E. Izraelewicz），2006；肯吉（J. Kynge），2007；塞斯（A. Chaze），2007〕；殊不知舉世都在同蹈一條自我毀滅的不歸路，前景如何也光明不起來。這時如果沒有「拯救良方」，那麼這種「垂死掙扎」勢必會繼續下去！而前面所說的生命教育要從因應人類的絕滅問題著眼來彰顯特能自我覺醒和啟發他人的深具「現實感」和「發展性」的生命性，也就是基於這件「坎陷」或「墮落」事後有一個「共命」在等著我們去承負。

　　縱是如此，此刻倘若冀望創造觀型文化來「自我拯救」，則不啻是以水濟水、以火救火，終究無助於現況的改善（也就是要創造觀型文化中人「懸崖勒馬」或「消無退卻」而自動喪失目前的優勢，幾乎是不可能的），那麼只好重新召喚妥協屈服前的另外兩種文化了。這兩種文化所有的「博施濟眾」（儒家崇尚的）和「慈善事業」（佛教的俗諦）性格，都很容易被誘引去跟創造觀型文化中的「功利思想」(自利利人)接軌而誤蹈廁入「締造高度物質文明」的耗用資源的行列；但因為它們還是有「節制利用」和「少量輕取」的本質在，所以期待它們的復振來穩住大局，也就有「無可取代」的優

著性和迫切性。而比較這兩種觀念的濟世的「應急性」，緣起觀型文化中的全面性去執的高標要求理當最可以有效的援引來診治沈痾而懸為典範。

我們知道，緣起觀型文化以「佛」（涅槃）這一絕對寂靜境界為終極信仰，然後繁衍出「因緣和合」的緣起觀式的世界觀及其相應的逆緣起「脫苦」的倫理道德規範、文學藝術表現和政治管理行動等等（見前表解），它一定是最少耗用資源的；而整個世界已經顯見的千瘡百孔所最急切需要的「休養生息」就非它來領銜踐履莫辦。換句話說，將佛教的義理內化於觀念以及外塑為行動綱領，是保障世界免於快速沉淪的不二法門；而比起同樣有「濟世」性格的儒／道義理（見前表解），佛教可以給深為「現實」所需的生命教育的資源，它的這種「捨我難有其他」的更為優著處就顯現出來了。

四、向新佛教過渡以擺脫魅惑的輪迴圈

雖然佛教有極強的「應世」救渡能耐及其施行優勢，但從來佛教本身所內蘊的空苦解脫觀念卻盲點「所在多有」，導至由它所摶成的緣起觀型文化得有一番的改造才能無礙的「為世所用」。而這一改造行程，所體現的是向一個「新佛教」召喚的懷想，為的是更有助於眼前的生命教育而都能聚焦於前面所說的人類的絕滅問題。

大體上，佛教的義理如果從存有學的角度看，那麼它所展露的殊異存有學的性格，很可以作為世俗存有學擴大論域的一個刺激項。理由是佛教議設了空、般若和佛等為向佛者所必須去體證的存在活動（創造性的活動）；它以「反向操作」的方法運用般若智去創造一個符合空義的佛境界。換句話說，空性存有物（緣起所致）只能以反實有的作為來襯托；而反實有所需的智慧以及所趨入的絕對

寂靜的境界，就是一種另類的創造活動（以不創造為創造）的顯現。然而，佛教這種殊異存有學還是不免觸處罅隙而難以善後。因為世俗存有學有假定存有的「源頭」為一抽象理念世界的，而所謂抽象理念世界這種不變的事物其實只是一種戲設（假設）。也就是說，所有可思及見及的事物都不斷在變動中，並且變動前不知為何（不知起源）而變動後也不知為何（不知終極），主體我的推知，僅僅是一種片面之詞。由於主體我先預設了目的（理念世界），所以會把相關性的事物選出、串聯，依循一些主觀的情見，作序次性的由此端推向彼端或由下層（直觀現象）推向上層（理念本體）的辯證活動。殊不知物物之間、人人之間、人物之間不僅互涉重重，而且當中並置未涉的同時仍然互為指證，這又不是序次性秩序所能表詮的（葉維廉，1988：118～123）。綜觀佛教所設定的實相世界（空），也就是近似這種狀況；以至由它所衍生的般若智和佛境界等等，同樣都「不能無疑」（周慶華，2004d：62）。

說實在的，佛教在累世傳習的過程中，又添加了許多枝節，而讓原本就不穩定的理論體系更為紛雜難理。好比緣空性觀而來的，就有小乘的「我空法有」和大乘中觀派的「諸法皆空」以及大乘瑜伽派的「萬法唯識」（故萬法空）等諸多派別的「治絲益棼」（周慶華，2004d：61～78）。又好比緣般若說而來的，也有大乘真常系以「真如心」在試為提住般若的「淨智」性；但它原跟「染識」相互依倚的又如何能夠撇得開來，該系也一樣無力圓說（同上，78～83），馴至所要臻至的佛境界更不好想像。此外，即使是佛這種解脫後的狀態，也被推上了「紛紜其說」卻又「不得要領」的行程（也就是倘若真有所謂「絕對寂靜」性的佛境界的存在，那麼人也無從以透視緣起法而知道或判斷自己趨入該境界；因為「知道」或「判斷」的當體都不是完全寂靜，如何自我宣稱正在該境界中呢！向來佛教

只要有所說這一部分道理的，不是「含混不清」，就是「無處掛搭」）
（同上，62）。因此，佛教如果不自我調整義理的「方向」，那麼它
的隨處扞格以及冀人信服乏據的窘境將會一直存在而不斷減低應世
的功能。

　　這一經改造後的佛教，可以稱為「新佛教」。新佛教主要是先把
空性存有物虛級或淡化掉（不再特別強調它）；而後再將佛境界的非
實在性重新定位（也就是無法再賦予佛境界什麼實在性）；最後則是
讓般若智回歸已經足具判定逆緣起能耐的意識或意志（周慶華，
2004d：83～87）。這樣任何一個人只要能「不隨境轉」或「轉念化
境」或「變境境除」，他就算廁入了解脫的國度（同上，116～121）。
這麼一來，人就可以靠著不斷在具體的情境中逆緣起以達解脫的目
的；而不預設解脫的極境，也一併解決了佛境界無妨換裝新義的問
題（同上，116～121）。

　　有了新義的佛境界（也就是只要在具體情境中逆緣起以達解脫
目的就算數），就可以用來對諍佛教舊有的過於「耽弱」想像或「空
逞」意見的輪迴觀。佛教舊有的輪迴觀並不以描述生命的流轉現象
為已足，最終還是要引人擺脫輪迴而證入佛境界；不然也得為善以
避墮入惡道（如畜生、地獄、惡鬼等）。但問題是活著擺脫輪迴「仍
然不免一死」，這時靈體（業識）已經在輪迴的「路上」，如何讓人
相信終止生命流轉說是可靠的？還有為善以避墮入惡道，也隱含著
背後另有趨力，不全由「己力」所致，這不但違背業因自招（緣起）
說的「原義」，也跟擺脫輪迴可憑己意說相矛盾。再說它另有慈航倒
駕的濟渡勝義（周慶華，2004d：47～49），如果真能實現，那麼該
行為本身在當下所顯示的執著（於渡人）相，又如何避免再墮入輪
迴圈？上述兩種為善說（平常的善行要求和修成正果後的濟渡期
待），落實後都會導至更激烈的生命流轉（當今一般受感化的在家

眾，常常「督促」自己做善事；而出家眾也自比活菩薩「努力」在慈悲救渡，讓人間充滿著另一種紛亂，就可以想見一斑）；殊不知「不善不惡」才是終止生命流轉的上策（周慶華，2001a：37～38）。既然佛教舊有的輪迴觀帶有這種「魅惑」性，而它在解決生命的流轉問題上有其他宗教所不及處（周慶華，2004d：153～162），那麼重構一套專屬於新佛教的輪迴觀以備「不時之需」，也就有如箭在弦上「不得不發」。

它在理論上必須確立輪迴概念也跟其他概念一樣，是人的意識或意志緣起和逆緣起的對象；此外要把它推到人的意識或意志所不及的地方，都不能說得「理從義順」。還有輪迴概念的逆緣起情況，依然是非一次性的；只要有輪迴概念的緣起現象，就得逆緣起（或不斷以逆緣起來阻絕輪迴概念的孳生蔓延），以體證解脫真義。另外，倘若不得已要再「混跡」俗流而說出一套生命的流轉情況，那麼這就可以生命的流轉「永無止息」來定位以及重劃區域。前者能使它在生命只有異動而無流轉的說法外別立一種說法；後者則不取業識居間牽引說所賦予的過多道德的意涵〔它由人極力推行後，勢必會出現某些負影響：如人為了造善業而勤於放生、布施等等，卻忘了背後有他人更勤於捉生（來賣給別人放生）；而在甲地所布施的財物，也得拚命從乙地賺來或詐來，形成一個「惡性循環」〕，而僅以生命的存在取決眾因緣（而眾因緣之前又有眾因緣，以至於無窮盡）為範圍，而不必一定要強調果報。假使基於教化人心而一定要強調善惡果報，也當以行善可以獲得喜樂或可以深感安慰為「現時果報」義為重；而有餘力還可以聯合各宗教、各社羣、各企業齊造「共善業」，以確保大家有一個比較好的生活環境和合理的生活空間。但這終究是劣義；只有不善不惡才能躋升聖地（周慶華，2004d：169～171）。所謂向新佛教過渡以擺脫魅惑的輪迴圈，大抵上就是從

這些論點出發，然後跟現實的人類的絕滅問題作聯結，以為有效的
生命教育重樹典範。

五、一個因應新能趨疲時代的新人生

　　以目前的情況來看，從個人言行的自我調適／節制到整體社會
環境的力求諧和／安定，都離不開佛教的義理來「參與運作」（周慶
華，2001a；2002a；2004d；2005；2006a；2007b）。所謂「我們堅
信佛教必定會持續有力的號召建設一個較為溫和的世界」〔赫基斯
（B．K．Hawkins），1999：117〕、「佛陀的教法已經傳布到世界各
大洲，今天各地都有人修學佛法」〔賈許（G. Gach），2006：41〕等
等，就多少都有在「同一立場」發言的意思；甚至有人所預測的未
來企業將會特別尋求靜坐和瑜伽等精神層面上的慰藉〔奧伯汀（P.
Aburdene），2005：338～345〕，也一樣「可以引為同道」。但這一切
如果不是小我／大我的不斷折衝偕進，解脫路也未必能夠走得長遠
（周慶華，2006a）。因此，上面所說的「向新佛教過渡以擺脫魅惑
的輪迴圈」，也就在那逆緣起的意識或意志的無盡的精粹／昇華中成
就了（也就是要秉持不停地精粹／昇華那能逆緣起的意識或意念的
信念，該擺脫說的正當性就可以深為期待）。屆時解脫所要「完成」
的生命教育，就只是一個「個人適得其所」和「社會環境足夠祥和」
的境地罷了。

　　在現時全球資源行將枯竭、環境日漸惡化和掠奪爭戰風氣益熾
的情況下，所有的警訊周知〔喬姆斯基（N. Chomsky），2003；高德
里耶（S. Cordellier），2004；貝爾（W. Bell），2004；戴蒙（J．Diamond），
2006；克里斯欽森（G. E. Christianson），2006；巴克（J. A. Barker）
等，2006；聖吉（P. Senge）等，2006；奈思比（J. Naisbitt），2006；

康斯勒（J. H. Kunstler），2007；萊特（R. Wright），2007〕都成了彈性疲乏的緊箍咒；只要有如創造觀型文化中人「不肯退卻」的心（見前），它的嚇阻力量就僅僅是一個「搔癢」或「輕刺」的程度，終究喚不醒內在昏瞶的心靈！因此，「個人適得其所」和「社會環境足夠祥和」的新的解脫規劃，就勢必要跟該昏瞶的心靈決裂，以因應新能趨疲時代延緩不可再生能量趨於飽和的洞見和踐行願力來自覺覺他。這也許要再有根本上的全面性去執的打算（不然到了資源即將耗盡時，豈不是得再增加另一種爭奪殺戮以圖自我倖存緩死的惡業呢），但對於在整個過程中「不能如是者」也得勇於批判，而一切都回歸到「不願看到人類就要絕滅了」的起點上。在這種情況下，「個人適得其所」和「社會環境足夠祥和」就是由能因應時代危機的策略所保障的；它的無盡精粹／昇華逆緣起的意識或意志的新「正見」（也就是不再被物質的誘惑所困以及勉為普遍推廣見效），依然要著為這一波形塑新人生的核心價值。

語文教育篇

第三章　語文教育帶領風潮的新思維：

更新文化的基進性力量發微

一、為渾沌鑿竅

「語文」看似一個很普通的日常用語，而「教育」更常掛在人的嘴邊不時展現它的親和力；但仔細分辨，它們卻可以複雜難纏到無以復加的地步。如「語文」，它是語言和文章的簡稱。而語言是指口說語和書面語，但結構主義另指口說語和書面語（合稱為言語）相對的抽象的存在體；文章是指書寫的語言成品，包括文學作品和非文學作品。二者的關係，在一般的認知上僅為書面語的重疊（也就是語言涵蓋書面語，而文章本身就是書面語）；但文章所以不為語言所涵蓋，是因為組構成文章的書面語是一完整的作品（有特定的思想觀念和表達的技巧在裏頭運作），而一般所說的書面語僅是一可供分析的字詞或語句單位。如果不這樣區分，那麼文章就當為語言所涵蓋，彼此轉為相包蘊或相隸屬的關係。而不論如何，語言和文章都已經發展出許多類型特徵而有相關的學科在進行討論。像語言就有傳統的語音學、語法學、語義學、詞彙學等等在討論它的物質成分以及當代的心理語言學、社會語言學、文化語言學等等在討論它的發用背景和文化差異（周慶華，1997a）；而文章也有文學理論和各學科理論分別在討論它的抒情、敘事和說理等技巧特徵以及前現代、現代、後現代和後設、後後設等風格特徵（周慶華，1999c；

2001b；2002b），這都會讓人窮一生力氣也探究或繹解不盡。又如「教育」，也從教人以讀書識字為主的前現代，演變到以傳授知識、培養人才為主的現代和在現代化基礎上要求多元的後現代以及迫使參與知識經濟運作的網路時代〔中華民國比較教育學會主編，1996；中國教育學會主編，2000；湯林森（J. Tomlinson），2003〕，這也會讓人大為困折於選擇符應追趕或超越創新的鑽研路徑。

　　如果再回到「語文教育」這個渾然天成且稀鬆平常的複合概念，那麼我們會發現上述的「分解」就像在為渾沌鑿竅一樣：「南海之帝為儵，北海之帝為忽，中央之帝為渾沌。儵與忽時相與遇於渾沌之地，渾沌待之甚善。儵與忽謀報渾沌之德，曰：『人皆有七竅以視聽食息，此獨無有，嘗試鑿之。』日鑿一竅，七日而渾沌死」（王先謙，1978b：51～52）。被鑿了竅的渾沌是死了，但語文教育被分解後卻如「百足之蟲，死而不僵」、甚至還不斷地借屍還魂來向我們討一個繼續為它「講清楚，說明白」的公道。這從另一個角度看，是教人「好生為難」的一件事。因為越分解就越使語文教育複雜化；而越複雜化的語文教育就越讓人煩心生厭，到頭來變成「說也不是，不說也不是」。但這裏既然已經開說了，就得抱著使語文教育「絕處逢生」的決心來一博那或許可能的「未定之數」。

二、輪扁語斤與寓言故事

　　大體上，語文教育的分解都是為了因應相關的施行，它不會僅止於「自我圓足」就滿足了。但縱使如此，語文教育從論說它到具體實踐，也還有一些環節有待打通。首先，語文教育如果有所定位後要去實施，那麼這就會遇到一個經驗傳承上的「輪扁」式的難題：「桓公讀書於堂上，輪扁斲輪於堂下，釋椎鑿而上，問桓公曰：『敢

問公之所讀者何言邪？』公曰：『聖人之言也。』曰：『聖人在乎？』
公曰：『已死矣。』曰：『然則君之所讀者，古人之糟粕已夫！』桓
公曰：『寡人讀書，輪人安得議乎！有說則可，無說則死。』輪扁曰：
『臣也以臣之事觀之：斲輪，徐則甘而不固，疾則苦而不入號。不
徐不疾，得之於手而應於心，口不能言，有數存焉於其間。臣不能
以喻臣之子，臣之子亦不能受之於臣，是以行年七十而老斲輪。古
之人與其不可傳也死矣，然則君之所讀者，古人之糟粕已夫！』」（郭
慶藩，1978：217～218）除非從事語文教育的人本身沒有什麼經驗
可以傳授，不然他就只能像輪扁斲輪那樣但將糟粕授子而心裏有數
卻「口不能言其精髓」。

其次，在不確定學習者能否自立的情況下，所有相關的語文教
育都不免要暴露在一個「索（審）問不得」的情境。正如有個蜈蚣
和螞蟻的寓言故事所說的：「夏日清晨，一隻蜈蚣正愉快的在原野上
漫步，划動著牠那無以計數的『百足』，輕快地走著。『對不起，能
否請教您件事。』小螞蟻好奇的攔住了牠。『真羨慕您能走得那麼快；
不過啊！蜈蚣先生，能否請問您走路時是從那隻腳開始的？』面對
著這個從未思索過的問題，蜈蚣不禁愣住了，偏著頭想了會，很歉
然的答道：『真對不住，我還沒想過這個問題，等那天弄清楚了，我
會再告訴您的。』可惜的是小螞蟻再怎麼等也得不到答案，因為從
那天起蜈蚣就癱瘓了。癱瘓的原因是每當牠要開步走路時，就不禁
思索道：到底是從那隻腳先走？愈是這麼想，牠就愈是搞不清楚，
結果是牠再也不會走路了」（康樂等主編，1981：15引）。這種索問
不得的情況，不只指「經驗的異己重現」是一個未知數，它還指「經
驗的異己重現」必然是片面的要求受學者以索得回饋的承諾，而這
一強加性只會擾亂受學者原有的經驗而落得一如寓言故事中蜈蚣那
樣的「自我癱瘓」的下場！

　　再次，從學習者的立場來說，有關語文教育的接收，不但有可能「歧出」，還有可能「誤用」或「濫用」，而致使語文教育的成效遠不如所預期的。前者（指歧出部分），好比一個有關「模子」的寓言故事所說的：「從前在水底裏住著一隻青蛙和一條魚，牠們常常一起泳耍，成為好友。有一天，青蛙無意中跳出水面，在陸地上遊了一整天，看到了許多新鮮的事物，如人啦，鳥啦，車啦，不一而足。牠看得開心死了，就決意返回水裏，向牠的好友魚報告一切。牠看見了魚就說，陸地的世界精采極了，有人，身穿衣服，頭戴帽子，手握柺杖，足履鞋子；這時在魚的腦中就出現了一條魚，身穿衣服，頭戴帽子，翅挾手杖，鞋子則吊在下身的尾翅上。青蛙又說，有鳥，可展翼在空中飛翔；這時在魚的腦中就出現了一條騰空展翼而飛的魚。青蛙又說，有車，帶著四個輪子滾動前進；這時在魚的腦中就出現了一條帶著四個輪子的魚……」（葉維廉，1983：1～2 引）。後者（指誤用或濫用部分），也好比一個有關魔術師徒弟的寓言故事所說的：「魔術師徒弟從師傅那裏學來了某些咒語，他命令一把掃帚來代替他挑水。但他並沒有真正理解那些咒語，結果無法使掃帚停下來，掃帚不斷挑水，水溢出水缸，差一點把這位徒弟淹死」（金觀濤，1988：95 引）。類似這種以自己的「成見」來接受語文教育以及偶爾從語文教育得到一點皮毛就妄想「張揚使弄」的案例想必不少；這也使得語文教育的「必要性」大打折扣。

　　由於經驗的傳承困難以及學習成效的評估徒然和受學者接受的不確定性等等，造成語文教育的倡導和實踐只是「熱心有餘」而「實效不足」。這種情況不是以「補苴罅漏」或「亡羊補牢」的心情來面對就可以了，它還得從根本上檢討語文教育的策略，才可望突破眼前的困境而得有一點重新予以「展望」的餘地。

三、給瞎子動手術的後遺症

　　從語文教育本身的不好定位以及語文教育在具體實施的過程中所見的成效不彰等層面（見前兩節）來看，所有的強為抉擇實踐的語文教育都只是一個不甚高明的策略罷了。換句話說，不論是基於教育政策還是個人發心或是其他緣故，在有所選擇採行的語文教育途徑時，基本上是沒有所謂的「偉大理想」或「不朽盛事」可以用來支撐前引的，它都要被現實的意識形態、權力利益等所糾葛而無從大力施展，最後只能以「隨機應變」或「草草了事」收場。

　　倘若有見到「熱心」在從事語文教育的人，那也不過是像在為瞎子動手術一般，終究無助於該語文教育本身「起死回生」問題的解決：「一名四十二歲男子自幼失明，有機會在新式手術中重見光明。他從來沒有看過清楚的世界，卻在中年時乍見花花世界⋯⋯說來可能讓人無法相信，他非常困惑於視覺上的單調乏味、了無生趣！原來的他是個很活躍的盲人，以觸覺來感知這個世界，經常東摸摸西摸摸，跟一般快樂的常人無異。但在撥開手術紗布的那一刻，他不再快樂了；因為眼前的世界非常凌亂，像是一般人從毛玻璃看世界（一團瑣碎的光影線條在掉動）。原本他熟悉的許多東西，譬如杯子，也必須先以手去觸摸，才能恍然大悟地看著它說是杯子。更嚴重的是，他不敢過罵路；因為光影掉動太厲害（其實是車子和行人），常嚇得必須有人攙扶著才能過馬路。他常盯著鏡子，因為鏡中的影像是以前憑觸覺所無法得知的。天上的月亮也成了他好奇注視的對象，理由也一樣。唯一例外的是，他曾摸過的大象，在親眼看見的那一刻，居然毫不吃驚地說：就是那個樣子！結局是他選擇自殺來逃避這令人心煩的世界」〔撮自格列高里（R. L. Gregory），1987：178～83〕。一個自居明眼人的語文教育工作者，先假定受學者一如瞎子

不辨前路而想為他開眼新生，那裏知道對方即使是一個瞎子，也自有他摸索習就的一套生活方式，強為操刀改造則不啻是在陷他於「重困絕境」；更何況對方根本就不是語文教育工作者所假定的瞎子呢！

　　類似上述這種徒勞無功的語文教育策略及其實踐，所徵候的是大家對語文教育的「盲目自信」和「別有用心」。前者（指盲目自信），緣於大家在還沒有搞清楚語文的「生產」背景，就自以為是的要「教」起人來；後者（指別有用心），緣於大家在從事語文教育的過程中，真正關心的不是「語文的前景」而是自己的「權力意志是否能夠遂行」（不然他在從事語文教育的過程中又圖到了什麼呢）。因此，被折騰犧牲的是那些被人假定為瞎子的受學者；他們如果不能自我掙脫開來另尋出路，那麼就只好繼續受人宰制而削志以終了。

四、我們要成為下一個神

　　所有的語文生產本身，都以競奇鬥艷而展現「創新」本事為終極目的（雖然就語文生產者來說仍不脫權力意志發用的範圍）（周慶華，2001b；2002b；2003），而語文教育的「後出隨機性」，卻總是一路在「苦苦追趕」而續效薄見。這即使還不到要宣布語文教育的死刑，但也相去不遠了。因此，前面所作的種種判別批謬工作，也就有「再啟生路」的後設期待的空間。換句話說，判別批謬只是論述本身的手段，目的還在判別批謬後的規模新路的嘗試。

　　這總說是語文教育的「職業」性的轉換；分說則是淡化「教育」的虛矯性和強化「自主創新」的基進性。一般認為教育不可或缺，只因為文化需要傳承、各行各業等待人才以及可以成為國家意識形態機器等等。這樣教育的存在只是一種「職業」而不是一種「志業」。志業是在創造文化和帶領風潮，而職業則是在複製文化或加工文化

和追逐風潮，彼此的著重點不同而成效也會有巨大的差距。但擬定教育政策和實際從事教育的人，卻經常要把它矯說成是一種志業而自我加冕神聖性。關於這一點的轉換是：將來我們還是可以繼續強調它的神聖性，只是它的前提必須把志業帶進職業、甚至以志業取代職業（而以此來彰顯它非虛矯的神聖性）；如果不是這樣，那麼整體教育的體質仍舊未變，而語文教育自然也難有「枯木逢春」的機會了。

　　雖然如此，所謂的志業／創造文化，並不是一種強使且預期成效的半新手段（這就不免又跟舊教育方式近似），而是一種鼓舞且不定進程的全新策略。它由從事語文教育的人帶頭示範，跟受學者相互勉勵以不斷創新語文為標的。最後受學者能領悟而自力創新的，就一起蔚為更新文化的基進力量；而不能領悟而自力創新的，則繼續等待時機或凡庸終老。基督教《聖經‧創世紀》記載萬能神耶和華的創造本事說：「起初，神創造天地……神說：『要有光。』就有了光……神說：『諸水之間要有空氣，將水分為上下。』神就造出空氣，將空氣以下的水、空氣以上的水分開了……神說：『天下的水要聚在一處，使旱地露出來。』事就這樣成了……神說：『天上要有光體，可以分晝夜，作記號，定節令、日子、年歲，並要發光在天空，普照在地上。』事就這樣成了……神說：『水要多多滋生有生命的物；要有雀鳥飛在地面以上，天空之中。』神就造出大魚和水中所滋生各樣有生命的動物，各從其類；又造出各樣飛鳥，各從其類……神說：『地要生出活物來，各從其類；牲畜、昆蟲、野獸，各從其類。』事就這樣成了……神說：『我們要照著我們的形象、按著我們的樣式造人，使他們管理海裏的魚、空中的鳥、地上的牲畜和全地，並地上所爬的一切昆蟲。』神就照著自己的形象造人，乃是照著祂的形象造男造女……」（香港聖經公會，1996：1～2）。這無非就是我們

的榜樣；從此得試著尋隙、突圍和開新，掌控新語文的創造權，努力使我們自己成為下一個神。至於能夠成為神後，是否要自我封閉以阻絕權力的流動，那就得另加期約節制並留予人商量的餘地，這就不必多說了。

第四章　語文教育研究所研究團隊的形塑方向：

開啓基進創新的研究局面

一、所謂大學精神下的研究所

　　近年來，國內興起一波又一波的教育改革熱潮，希望能改善各級學校教育的體質；但因為所有教改的理念倉促形塑以及受到經濟不景氣的拖累難能全面性的進行試驗，以至改革路上還荊棘滿布！當中有關高等教育部分，由於長期以來都停留在「專精」（分科）教育的層次，無法跟現有的中小學「統整」教育的提倡作一有效的銜接（包括受學者的「跨越」學習難度和師資培育過程的有欠「通博」缺憾等等），最讓人憂心整個教改會流於「支離破碎」或「徒然慘敗」的下場。因此，現在僅見的大學多元入學方案、教授治校以及未來的大學行政法人化等等正在實施或即將實施的改革，都只是避重就輕的作為，真正需要「徹底翻新」的改革倡議卻遲遲未能推出（或者根本就無法推出）。這無形中也影響到大學研究所的經營始終走不出一條「帶領大學走向」的道路。換句話說，大家都在和稀泥，而大學裏有沒有研究所也都不關大學教育的成敗。這樣一來，一些揚湯止沸或蜻蜓點水式的改革行動，只好淪為新世紀知識經濟體制中被「炒作」或被「販售」的對象，從此不再跟「拯救教育」有什麼深厚的關係。

　　大學教育如果真的要改革，也應該是由「內蘊」相關的資源來推動，才能凝聚力量高擎改革的大業（此外，任何外界所施加的壓

力都難以促使它變更行程）。這時擔負著高等教育內部研發知識或技藝使命的大學研究所，就得扛起大學「自我改造」的重責大任。只是從有大學設立以來，就沒有一致的理念在實踐，導至相關的研究所在研擬規模前景上也無所適從。在這種情況下，要寄望研究所擔負起大學自我改造的使命，就有得「等待」了。我們知道當今國人所辦的大學，全從西方習取精神和形式，對於自己傳統有的「全才」式的大學教學理念早已棄如敝屣（詳見第一章）。這種寧願喪失自家面目的作法，終究得付出「變成西方附庸」的代價，是否有前途還需要觀察；而眼前的事實是大家對於西方的大學也在頻頻變動中卻不甚明了而疏於趕上步伐，這樣恐怕連「尾隨」的機會都沒有，更別說什麼跟人家「競爭」了。

且看西方的大學，從古至今約略經歷了四次精神理念上的大變動：第一是起源於古希臘時代的博雅教育和學術研究，以追尋教育的內在自為目的和內在價值性以及探索真理為主；第二是起源於十七世紀啟蒙運動的實用效益教育，以尋求教育的表現性和知識效益為主；第三是起源於二十世紀五、六〇年代的博雅的職業教育，以發展通才的全人博雅教育和專門的技職教育為主（目的在協調先前的知識本質論和效益論）；第四是起源於二十世紀八〇年代的反大學運動，著重在揭露和批判西方資本主義中（特別是美國）大學如何的透過跟企業建立的「知識工業」和「學科制度」的劃分來再製和符應資本主義社會中的勞力資本、生產關係和生產線等（金耀基，1983；黃俊傑主編，1997；戴曉霞，2000；中正大學教育學院主編，2000；陳伯璋等，2002）。而國內的每一次的教育改革的呼聲，就是以西化為標準（中國教育學會主編，1985；淡江大學教育研究中心等主編，1990；黃政傑等主編，1994a；教育部編，1999；中國教育學會主編，1999；中國教育學會主編，2000）；問題是西方的大學時

而以基進取向，時而又要回歸傳統，至今四種精神理念依然參錯並存於社會，試問國人到底要吸取那一種或者乾脆就統統接受？可見大家奢言國際化（也就是西化）的多，真能洞見此中難處的少；到頭來還是得回返制高點式的後設思維情境，對大學所「理」當前進的方向再下一針砭。

倘若大家肯仔細考索，應該會發現一個現象，就是西方人辦大學向來不滿足於一定的制式理念，而每一次的革新或變動也都要由大學內部作最後的統匯擬議進程。這樣他們的尋求「進步」或「發展」，就是因著內在驅力（不論它是否也受外在環境的刺激）和自我研發能力的促動。反觀我們自己，從近代以來就一直缺乏主見，亦步亦趨的跟在西方人的後面撿些唾餘而聊以自慰，馴至大學這一社會中的最高學府始終培養不出自主和創新的本事。因此，今後與其再冀望隨人起舞式的教育改革（終而落得不辨自家面目的下場），倒不如重新奮起積極於擘劃未來的道路要來得讓人「感動」！這時身負改造高等教育體質使命的大學研究所，就得特別畀予有效研擬大學出路方案的重擔，才能了結我們一段對研究所「創新」性表現的殷切期待。

二、語文教育研究所的定位問題

在上述這個前提下，一些以培養教學人才自許的大學，也一樣得自我形塑精神理念（不只是其他以培養專技人才自許的大學才有這個需要），才能重新在世界舞臺上立足。而這一點因為近年來語文教育受重視而促成相關的語文教育研究所的紛紛設立（這類研究所，包括「華語文教學研究所」、「臺灣語言與語文教育研究所」、「語

文教育研究所」等等），很可以乘機加重它的使命感，以便能夠及早看到一條康莊大道在眼前伸展。

這總稱為語文教育研究所的定位問題，而實際上則是要規模語文教育研究所所能創新的向度。一般人可能會想到：各語文教育研究所在籌設時所立的宗旨和發展方向，不就是給各語文教育研究所作了清楚的定位了嗎？這不能說沒有道理，但仍嫌不夠「深透」；它還得別作思慮才行。就以我所服務的臺東大學語文教育研究所為例，當初（2000 年）在申請設所時就有「配合國家語文教育的政策」、「提升語文教育的研究水準」和「提供語教專業人才的進修管道」等宗旨的設定以及「語文學覃專業」（著重在培育能以認知科學等較現代化的學習理論研究語文學習各領域的專業人才）和「語文教學專業」（著重在培育具有廣闊視野的語文教學專業研究人才）等發展重點的規劃；這所能發揮的只是這個研究所在實際開展上的一點「奠基」功能，至於究竟要走到那個地步或究竟能走到那個境地（也就是每一個學覃專業的終極向度），卻還狀況不明而有待後續的「努力充實」。其他學校類似的研究所，所需要繼續再自我定位的情況應該也差不多；以至所謂的「還得別作思慮才行」，在這個層次上也就有它的深刻啟示作用。

可以再白一點的說，各語文教育研究所要研究什麼樣的語文學或研究什麼樣的語文教育，基本上可以各崇所好，不必強求一致；但對於各自所好的領域卻得自我形塑進程和遠景。這種進程和遠景不是以「想望」的方式來因應就可以規模出來，它必須有具體的對策才可望逐步去落實。還是以臺東大學語文教育研究所為例，在設所宗旨的第一點「配合國家語文教育的政策」方面，有這樣的說明：「87（1998）年 9 月 30 日，中華民國政府公布『國民教育階段九年一貫課程總綱綱要』，89（2000）年 3 月 30 日公布『國民中小學九

年一貫課程（第一學習階段）暫行綱要』，宣布自 90（2001）學年開始實施。在此綱領中，宣布國民教育階段的課程共分七大學習領域，語文是排名第一的學習領域，佔教學節數的百分之二十至三十，由此可見語文學習的重要。面對二十一世紀的資訊爆炸，電腦及通信科技快速發展，國際關係日益密切，語文的研究面臨三大課題：傳統語文的延續、雙語學習以及跟電腦科技的結合應用問題。傳統語文的延續、雙語學習的問題，在面對西方以認知心理學所發展出來的新理論挑戰下，有關語文學習及教學，包括教學目標、方法、策略、教材編選、活動設計、評量，均需以新的思考方向認真加以研究。而電腦科技則影響到語文的傳播、學習、教學和研究等各方面。在當今已逐步邁入數位資訊時代的大環境下，具有工具性質的語文教育如何跟電腦結合，更是關係到整體教育品質的提升；也就是如何跟認知科學研究接軌、如何跟電腦科技結合，實是國內語文教育新世紀亟須努力的方向」；在設所宗旨的第二點「提升語文教育的研究水準」方面，有這樣的預期：「臺灣地區關於語文教育的研究人才和研究成果相當貧乏，主要原因是學術界尚未把『語文教育』當作一個獨立的研究領域。『中國文學（或國文）研究所』及『教育研究所』的數量相當多，但很少見到是『語文』結合『教育』或『教育』進入『語文』的『語文教育』研究。九所師院的『語文教育學系』大抵不脫『中國文學系』的窠臼。跟『語文教育』直接相關的研究所，目前僅有二所：臺灣師範大學『華語文教學研究所』、新竹教育大學『臺灣語言與語文教育研究所』。前者以『華語』及以『華語』為外語的教學為主；後者仍以『臺灣語言』的學習為主，忽略文學的閱讀。國內語文教育成效不彰，有一個重要的原因，就是未把它當作獨立的領域而認真仔細的加以探究。即將進入二十一世紀的此時，唯有成立以『本國語文』的學習和教學為主的研究所，培

養『語文教學』的高級研究人才，才能提升語文教育的品質，解決
語文教育的諸多問題」；在設所宗旨的第三點「提供語教專業人才的
進修管道」方面，有這樣的強調：「目前國內語文教育的進修管道雖
然很多，但進入『國文研究所』、『教育研究所』、『國民教育研究所』，
都不能得到想要的答案；畢竟這些都不是針對本國語文的學習和教
學而設立的研究所。因此，只有真正以『本國語文』的識、寫、讀、
口頭表達（說）、書面表達（作）為研究範圍的研究所設立，才能真
正滿足語教專業人才的需求。『語文教育研究所』的成立，一方面培
養高級的研究人才，在學術上促進語文教育的研究發展；一方面滿
足國中小教師進修語文專業的需求，對於整個語文教育的改革和提
升，將有很大的幫助」。這所要面對的不是「自我獨特性」如何在往
後的研究所經營中持續凸顯的問題（因為別校的研究所也可以說它
們才具有特色，彼此容易流於意氣之爭），而是相關精神理念的形塑
和實踐的問題。換句話說，「跟認知科學研究接軌」、「跟電腦科技結
合」、「滿足語教專業人才的需求」等等，都是一種語文研究或語文
教育研究理念下的「配備」和「產值」，而該理念得先形塑卻未見踪
影，這才是辦本研究所所面臨的最大考驗。其他學校的相關的研究
所也一樣形塑不出什麼理念（或者根本沒有想到要形塑什麼理念），
以至也跟本研究所類似無法進一步詳訂進程和遠景。

　　其實，順著上面的語脈，已經可以預見或導出語文教育研究所
所該努力的方向。也就是說，語文教育研究所所從事的研究和教學，
都要有足以作為前導的相關語文研究和語文教育研究的精神理念，
而這個精神理念究竟是西式的還是中式的；而西式的又究竟是那一
階段或那一形態的西式（詳見第一節），而中式的又何所據或如何依
憑（近百年來國人已遺忘自己傳統到底有什麼樣子的語文研究和語
文教育研究）？這都必須妥為計慮謀劃，才有可能辦出「真正」有

可看性的語文教育研究所來。而這一部分，最重要的「配套」措施就是聚集出一個可以長久來落實和發揚該理念的研究團隊。這個團隊的成員不只是研究所的師資，它更需要研究所的研究生的加入；藉由一批又一批研究生「前仆後繼」的努力和尋求開展，相關的精神理念才有機會廣為傳揚，而所辦的語文教育研究所也才得以「自標新意」或「自鑄偉貌」。

三、研究團隊的整合及其發展重點

　　辦一個研究所，本就應該將研究所的師資和研究生凝聚成一個可以發揮作用的研究團隊（不然又何必辦研究所呢）；但現在的情況卻是這樣的研究團隊幾乎不見形成。為什麼這麼「淺顯」的道理會那樣難以實現，當中的障礙又是什麼？這歸結起來，不外是研究所的開辦多半出於「一時興起」以及缺乏研究熱忱和創新衝勁。由於國人辦研究所多出於一時興起，所以無暇去深為計慮謀劃相關的精神理念；而缺乏研究熱忱和創新衝勁，更不可能辦出「像樣」的研究所來。後面這一點（指缺乏研究熱忱和創新衝勁）的改善，原可以期待它來扭轉研究的方向（包括補形塑相關的精神理念和整合現有的資源而重開新局）；但總因辦研究所的人「識見」不到家而徒讓人空等待。因此，重新整合研究團隊以及研擬相關的發展重點，也就成了研究所在後續的改進或尋求突破中最為迫切的使命。

　　語文教育研究所的開辦既然以「後起之秀」自期，那麼它的「帶領風潮」角色的扮演要更為看重。這一點或許還沒有什麼前例能藉為說明，但因為我個人有一些相關的經驗可以提供對諍，不妨就以它作為討論的基礎：首先，研究團隊的整合，一方面要靠研究所師資的橫向綰結；一方面要靠研究所研究生的縱向聯繫（包括師資和

研究生的聯繫以及研究生一屆一屆的聯繫)。但前者卻涉及研究所師資專業的差異而不易協商形成一種「合作」的局面；而後者也涉及研究所研究生橫跨修習不同專業課程而難以將它們約束在某一特定領域的研究上（在相當程度上是受到前者的「連帶」影響），以至橫向縱向的整合雙雙落空。這是我個人過去在淡江大學中國文學研究所碩士班和中國文化大學中國文學研究所博士班當研究生時所見到的現象，也是我個人現在在參與臺東大學語文教育研究所的經營中所感受的實況。前兩個研究所固然也有一些較新穎的課題在醞釀發展（如淡江大學中國文學研究所的文學美學研究和文學文化研究在開辦初期就試圖超越同類研究所的格局），但限於研究所師資的相互奧援的乏力以及所裏無法有效的凝聚研究生的意志，導至還不見可以用來印證研究所特色的研究成果，就先渙散成一副「模糊」的面貌。就以研究生為例，有人研究讖緯、有人研究版畫、有人研究書法、有人研究音樂、有人研究儒家的革命思想、有人研究道家的服食風氣、有人研究佛教的叢林制度、有人研究新儒家的教育觀……琳瑯滿目，好不「熱鬧」！除了給人感覺這不怎麼像中國文學研究所（倒是像宗教研究所或藝術研究所或政治研究所或教育研究所），還令人納悶這到底要整合出什麼樣的研究團隊！至於臺東大學語文教育研究所方面，我個人雖然無緣參與當初設所計劃書的撰寫，但在籌備期間卻不斷地釋出整合研究團隊的信息；只是整個過程所遇到的難度也跟自己當研究生時所看見的情況不相上下，如今只好自我期勉「再接再勵」了。

其次，研究團隊的整合，必須有一些可以作為整合依據的發展重點的明列；而這些發展重點直接承自研究所所形塑的精神理念。但各研究所既然未能先行形塑相關的精神理念，自然也就無由據為規劃一些發展重點。所有有心要經營研究所的人，實在不能不在這

個關鍵點上深自反省，以便有機會重新調整前進的步伐，而依我個人的看法，不論該精神理念要怎麼形塑，它在形塑後緊接著就是相關理論的建構（這才能確立該精神理念的存在價值及其所能落實發揮作用的場域）。因此，相關理論的建構也就成了任何一個研究所的首要課題（其他才是一些「應用性」的實證研究）。這樣有特定的精神理念來總攝，才能預期遠景；而有相應的理論建構作為發揮該精神理念的憑藉，也才能規劃進程。很明顯的，當今還沒有一個研究所能夠提出這樣的「方案」供人觀摩；而我所在的臺東大學語文教育研究所也一樣仍有待努力。

　　雖然如此，這還是可以透過個別人的「孤明先發」來作一點改善（至少不會讓一個研究所始終停留在欠人「激勵」的階段）。這種改善也許是「逆向操作」式；也就是先由理論建構的多方開發，來「逼出」一個研究所所需要且有遠景可以期待的精神理念。目前我個人就是採取這樣的策略在「諫諍」著我所無力影響全面改觀的臺東大學語文教育研究所。以研究所成立以來我所開過的「語文研究法」、「閱讀社會學」和「寫作教學專題」等三門課為例，分別構設了底下這樣的理論規模：

語文研究法

△教學目標：

　　從「語文」到「語文研究」到「語文研究法」的線性演變，所徵候的是人對語文認知的需求日益在提高中，也代表了相關的經驗累積已經足以提供給人「精密化」思維所需的資源。因此，開設「語

文研究法」這一課程，就有統整這類經驗的用意；也期待藉由這一
課程的開設，結合更多人力一起來探討「新的開展」的可能性。

△課程大綱：

一、緒論

　(一) 語文／語文研究／語文研究法的概念辨析

　(二) 為什麼要研究「語文研究法」

　(三) 怎樣研究「語文研究法」

二、語文研究法的性質

　(一)「性質」的意涵

　(二)「語文」研究與「語文研究」方法的包蘊關係

　(三)「語文研究法」探討的獨自開展

三、語文研究法的範圍

　(一)「範圍」的意涵

　(二) 對象語文研究法

　(三) 後設語文研究法

　(四) 後後設語文研究法

四、對象語文研究法

　(一) 概說

　(二) 描述性的語文研究法

　　　1. 發生學方法

　　　2. 結構主義方法

　　　3. 符號學方法

　　　4. 系譜學方法

　　　5. 其他

(三) 詮釋性的語文研究法

    1. 心理學方法

    2. 社會學方法

    3. 現象學方法

    4. 詮釋學方法

    5. 其他

(四) 評價性的語文研究法

    1. 文化學方法

    2. 美學方法

    3. 比較文學方法

    4. 其他

五、後設語文研究法

(一) 概說

(二) 後描述性的語文研究法

    1. 統計法

    2. 分析法

    3. 系統法

    4. 其他

(三) 後詮釋性的語文研究法

    1. 質性研究法

    2. 行動研究法

    3. 解構主義研究法

    4. 新歷史主義研究法

    5. 其他

(四) 後評價性的語文研究法

    1. 女性主義研究法

　　　2. 後殖民主義研究法

　　　3. 網路主義研究法

　　　4. 問題研究法

　　　5. 其他

六、後後設語文研究法

　(一) 概說

　(二) 後後描述性的語文研究法

　　　1.「知識方法論」方法

　　　2.「科學方法論」方法

　　　3.「研究方法論」方法

　　　4.「理論方法論」方法

　　　5. 其他

　(三) 後後詮釋性的語文研究法

　　　1.「後方法論」考掘法

　　　2.「後方法論」解釋法

　　　3. 其他

　(四)後後評價性的語文研究法

　　　1.「後方法論」批評法

　　　2.「後方法論」未來法

　　　3. 其他

七、結論

　(一) 主要內容的回顧

　(二) 未來的展望

閱讀社會學

△教學目標：

　　閱讀主體存在的非個別化、閱讀行為的非自主性以及閱讀活動的非單線性等等現象，造成閱讀一事的「社會化」特徵，也使得一門「閱讀社會學」的學問可以被期待建構完成。這在當今泛談閱讀心理學，閱讀教學等現實情境中，很少被觸及。以至藉著這門課程的開設，可以為閱讀領域開闢新的屬地，同時也將協助研習者拓展新的視野。

△課程大綱：

一、緒論
　　(一) 什麼是「閱讀社會學」
　　(二) 「閱讀社會學」的緣起及其重要性
　　(三) 「閱讀社會學」的建構方向
二、閱讀社會學的範圍
　　(一) 解釋閱讀行為的社會性
　　(二) 探討閱讀活動的社會化現象
　　(三) 強化閱讀主體的社會性認知
　　(四) 展望閱讀課題的社會化創新途徑
三、閱讀的相關課題及其社會性特徵
　　(一) 閱讀的「性質」及其解釋的「普遍效應」
　　(二) 閱讀的「對象」及其確立過程的「互動關係」
　　(三) 閱讀的「目的」及其前提的「對話徵象」
　　(四) 閱讀的「方法」及其甄辨選定的「羣落性格」

四、閱讀行為的社會性

　　(一) 概說

　　(二) 閱讀行為的「前結構」制約

　　(三) 閱讀行為的「意識形態」徵候

　　(四) 閱讀行為的「權力關係」預設

　　(五) 閱讀行為的「傳播」欲求

五、閱讀活動的社會化現象

　　(一) 概說

　　(二) 閱讀活動「選材」的典式約定

　　(三) 閱讀活動「理解」的求售心理

　　(四) 閱讀活動「評估」的環狀方法意識

　　(五) 閱讀活動「推廣」的教化取向

六、閱讀主體的社會性認知

　　(一) 概說

　　(二) 閱讀主體存在的非個別化

　　(三) 閱讀主體活動的非單線性

　　(四) 閱讀主體發展的非自屬主義

七、閱讀客體的社會化創新途徑

　　(一) 概說

　　(二) 閱讀客體的後現代解構拾遺

　　(三) 閱讀客體的網路超鏈結續曲

　　(四) 閱讀客體的基進突躍全試

八、結論

　　(一) 主要內容的回顧

　　(二) 未來的展望

寫作教學專題

△教學目標：

　　寫作是個人在世成就的一大憑藉，也是轉益文化前景最有效的途徑；而這對一個初學者來說很難「速臻上境」，以至由有寫作經驗的人來從事寫作教學的工作，也就可以提供紓困的方案以及使得一種創新性生命的傳承和開展成為可能。如果有人從後設的角度來研究這類教學的相關問題，一定可以更加開闊議題，而有助於寫作效應的實質性進展。本課程以專題研究的方式來進行講授、討論，希望有機會為寫作教學的研究投入一點變數以及能夠為寫作教學的研究開啟一些新的面相。

△課程大綱：

一、緒論
　(一) 寫作的界定
　(二) 寫作教學的課題是怎麼發生的
　(三) 寫作教學可以研究些什麼
二、寫作教學的理論基礎
　(一) 從寫作到教學的認知發展
　(二) 寫作教學的現實與理想需求
　(三) 一種志業與權力欲的交鋒
三、寫作教學研究的專題化取向
　(一) 寫作教學研究的實際與侷限
　(二) 寫作教學研究的專題化傾向
　(三) 寫作教學研究的專題化模式

四、寫作教學研究的專題設定

　(一) 專題設定的範圍

　(二) 形式類型教學專題

　　　1. 抒情性文章寫作教學

　　　2. 敘事性文章寫作教學

　　　3. 說理性文章寫作教學

　(三) 技巧類型教學專題

　　　1. 前現代技巧教學

　　　2. 現代技巧教學

　　　3. 後現代技巧教學

　　　4. 網路文學技巧教學

　(四) 風格類型教學專題

　　　1. 前現代／現代風格教學

　　　2. 後現代風格教學

　　　3. 網路文學風格教學

五、結論

　(一) 主要內容的回顧

　(二) 未來的展望

　　當中「語文研究法」部分，我已經有一些相關的著作可以「充數」(周慶華，1994；1996a；1996b；1997a；1998；1999a；2000a；2001b；2002b)，所以就沒有再別為寫出 (按：已於 2004 年寫竣出版)；而「閱讀社會學」部分，則是一邊講授一邊撰寫，現在已經完稿交由揚智出版公司出版；至於「寫作教學專題」部分，則正在跟研究生互勉合作撰寫〔我負責導論，他們負責一些特殊類型 (如新潮童謠、兒童圖象詩、諧擬童話、創造性兒童戲劇、少年極短篇小

說、前衛詩、網路文學等）寫作教學研究〕，希望到期末能有成果出來。而在這一番「波動」中雖然還不確定整個研究所會接受什麼樣的精神理念，但既然已經由理論建構先行開拔了〔在我來說，這些理論建構都有精神理念在前導著（詳後），只是整個研究所不一定能接受〕，往後研究所就不乏「刺激」源了。

四、提升研究能力的輔助性作為

　　一個研究團隊的可長可久，在相當程度上要寄望在研究生身上；因為師資本身容或有部分流動或自我鬆懈（荒怠於作研究）的情況，而研究生一屆接著一屆卻都身繫著光大研究所理念的命運。因此，如何提升研究生的研究能力，也就在在考驗著整個研究團隊的「超常」識見和「衝刺」本事。換句話說，如果整個研究團隊有超常的識見和衝刺本事，那麼研究生的研究能力自然也就會隨著而提升了；反過來如果研究生的研究能力沒有提升，那麼整個研究團隊大概也沒有什麼超常的識見和衝刺的本事。向來在探討語文教育如何如何的人，幾乎都不關心誰來奠定相關的理論基礎（國立臺灣師範大學國文系等主編，1997；國立高雄師範大學國文系主編，1997；謝錫金主編，1998；王麗編，1998）；而一些呼籲重視研究倫理的人，也未嘗對如何栽培研究生的倫理課題感興趣〔頂多有「某些教授單獨具名發表跟學生合作的作品，或者將同儕討論得來的點子據為己有，雖然是首次發表，但是否也算剽竊原創……某些學者專家每年申請研究補助，但計劃書以及研究成果的品質不穩，寫作風格也不一定，細究其因，竟然跟他們當時所聘研究助理的功力有關。雖然說助理受薪所完成的工作自當視為公物，但如果不僅於單純的資料蒐集、登錄，還涉及原創性，那麼研究該算是誰的作品」

（嚴祥鸞主編，1998：3）這類的憂慮，卻無助於為研究生找到加入研究團隊陣容的途徑〕。到頭來還是得重新把這一點列入經營研究所的行程，才能保證整個研究團隊可以形塑完成。

如果說一個研究團隊可以整合起來，而本身也知道怎麼明列發展重點，那麼接下來就是如何提升團隊成員的研究能力問題了（即使是「逆向操作」，也得一併解決這個問題）。當中研究生尤其迫切需要帶領和激勵（因為他們「任重道遠」），以至又有所謂「提升（研究生）研究能力的輔助性作為」的必要性。這不敢總稱是栽培研究生的策略或方案，但至少也算是一種促使絕大部分團隊成員「成長」的觸媒或催化劑。這一點，仍然有我個人的經驗可以藉來擬議：雖然我當研究生時無緣目睹一個有效率的研究團隊的形成，但在淡江大學中國文學研究所念書期間的經歷卻讓我深深體會到團隊成員的成長是如何可能的。當時研究所剛創辦，也正逢國內政治解嚴、開放中國大陸旅遊探親，所裏的老師不斷地藉機深入中國大陸進行學術交流，帶回許多海峽彼岸的見聞；同時所裏每年都有好幾場大型學術會議的舉辦。我們這些研究生乍見如此粲然美盛的學術活力，無不被震懾感動得想要「急起直追」；於是頻密自辦論文發表會嫌不足，還跟中央大學中國文學研究所（比淡江大學中國文學研究所早半年成立）的研究生聯誼合辦論文發表會。而這項跨校論文發表會的「創舉」，不久就發生了「連鎖」的效應：先是中央研究院文哲研究所籌備處舉辦了第一屆全國文哲研究所研究生論文發表會；接著是古典文學會（當時理事長是所裏的老師）跟著舉辦全國中國文學研究所研究生論文發表會；後來上述兩個單位停辦這類活動後，「轉」由各校自行比照辦理，至今還偶爾可以看到它的踪影。我們無法確定這樣的舉動到底回饋了多少東西給學術界，但以我一次又一次實際的參與（中央研究院文哲研究所籌備處和古典文學會所辦的研究

生論文發表會，我都參加過）卻感受到研究欲力被勾動迸發的悸動和快悅！除了這一點，我們還受到所裏老師勤於出版著作的感染，自己編了一份題名為《問學集》的學術刊物，刊載同學的研究成果；此外，有些老師在出版社承攬了一些編撰性的工作，也會分配給我們幫忙完成、甚至有人還在老師的引薦下進入出版社或雜誌社當起編輯。這些「磨鍊」，無不強化了我們自我治學的能力以及熟悉出版界和傳播界的運作情況（至少所累積的「人脈」也有助於自己往後尋求跟出版界合作出書的機會）。因此，如果說沒有更好用來提升研究生研究能力的辦法，那麼類似上述的激勵研究生自辦密集式的論文發表會並多方的跨校聯誼（以收跟他人廣泛切磋學問的功效）以及幫助他們尋找發表出版著作的管道等等，就是可以優先考慮採納的對策。這是研究團隊在確立研究方向後，所不能缺少的輔助性作為（至於找個別的研究生來當教師所申請國科會的研究計劃或公私機構的委託案的助理，則是「餘事」；畢竟它對整個研究團隊來說還是不及上述的作為那樣可以引發比較廣被且恆久的效應）。

　　現在在臺東大學語文教育研究所當研究生的人，就沒有我們當初當研究生時那麼「幸運」。除了學校僻處臺灣一隅，資源缺乏，更沒有熱絡的學術活動的刺激，他們想要在短時間內有大幅度的研究能力的成長，就得相當的拚命。而我個人所能做的，就是以「過來人」的身分和經驗，盡量的協助他們披荊斬棘、摸索出路。不知道這種力求「成效」的思維，還可以獲得多久的迴響，我都沒有理由不把這個研究所經營的成敗當作也是我自己所該負的責任。

五、重開創新性研究局面的幾點建議

從整個情況來看，語文教育研究所還是要形塑有遠景可以期待的精神理念及其相關的理論體系，才能在現實環境中取得發言的位置和權力。因此，過去未能有可稱道的表現，今後就得及時奮起而亟思改善的途徑。而這不妨有底下幾個前提作為重開新局的依據：首先，當今我們仍在追隨的西方文化腳步（包括什麼認知科學、電腦科技一類新潮的玩意兒），並非是唯一的選擇；而在「不辨西東」的情況下就貿然的仿效別人，後果正如前面所說的只能臣屬於人，別妄想有自主一方的機會。於是「知己知彼」的省悟需求，在當前必須重新抉擇的關卡也就有它的迫切性。我們知道人類緣於各自的終極信仰及其所形塑的世界觀而繁衍出了三大文化系統：他們分別是「創造觀」式的文化系統、「氣化觀」式的文化系統和「緣起觀」式的文化系統。而從知識的角度來看，它們各自所展現的特色是：創造觀式的文化系統中的相關知識的建構（及器物的發明），都源於建構者相信宇宙萬物受造於某一主宰（造物主）；如一神教教義的構設和古希臘時代的形上學的推演以及近幾世紀西方擅長的科學研究等等，都是同一範疇。氣化觀式的文化系統中的相關知識的建構，都根源於建構者相信宇宙萬物為自然氣化而成；如中國傳統儒道義理的構設和演化（儒家／儒教著重在集體秩序的經營，道家／道教著重在個體生命的安頓，彼此略有進路的差別），正是如此。緣起觀式的文化系統中的相關知識的建構，都根源於建構者相信宇宙萬物為因緣和合所致（而洞悉因緣和合的道理而不為所縛，就是佛）；如古印度佛教（甚至婆羅門教／印度教）教義的構設和增飾（如今已經傳布至世界五大洲），就是這樣。這當中還得分辨的是後來西方為何發展出民主政治而科學技術也特別發達，相對的非西方就「遠瞠

乎其後」。關於這一點，不妨這樣來思考：西方國家，長久以來就混合古希臘哲學傳統和基督宗教信仰（源於希伯來宗教，又分化出天主教、東正教和新教），這二者都預設（相信）著宇宙萬物受造於一個至高無上的主宰，彼此激盪後難免會讓人（特指西方人）聯想到在塵世創造器物和發明學說以媲美造物主的風采，科學就這樣在該構想被「勉為實踐」的情況下誕生了（同為希伯來宗教後裔的猶太教和伊斯蘭教，在它們所存在的地區，因為缺乏古希臘哲學傳統的「相輔相成」，就不及西方那樣成就耀眼）。至於民主政治方面，那又是根源於基督教徒深信人類的始祖亞當和夏娃因為背叛造物主的旨意而被貶謫到塵世（形諸他們所信奉的舊約《聖經》），以至後世子孫代代背負著罪惡而來（形諸他們所信奉的新約《聖經》）。而為了防止該罪惡的孳生蔓延，他們設計了一個「相互牽制」或「相互監視」的人為環境，也就是所謂的民主政治（一樣的，信奉猶太教和伊斯蘭教的國家並沒有強烈的「原罪」觀念或根本沒有「原罪」的觀念，所以就不時興基督教徒所崇尚的那種制度，而終於也沒有開展出民主政治來）。反觀信守氣化觀或緣起觀的東方國家，它們內部層級人事的規劃安排或淡化欲求的脫苦作為，都不容易走上民主政治的道路。因為人既然被認定是偶然氣化而成，自然就會有「資質」的差異，接著必須想到得規避「齊頭式平等」的策略以朝向「勞心」「勞力」或「賢能」「凡庸」分治或殊職的方向去籌劃，而一旦正視起因緣對所有事物的決定性力量，就不致會耽戀塵世的福分和費心經營人間的網絡。同樣的，科學發明沒有可以榮耀（媲美）的對象，而「萬物一體」（都是氣化或緣起）或「生死與共」的信念既然已經深著人心，又如何會去「戡天役物」而窮為發展科學？由此也可見，各文化系統所以形態互異，全是源於彼此都隱含著「不可共量」的世界觀。這到底有沒有辦法相融通或相改造，還有待深入

考察（以目前彼此互取對方的東西而盡是「邯鄲學步」的情況來看，基本上是沒有什麼好樂觀的）（周慶華，2001b：75～81；2001a：21～24）。

　　其次，順著前一點來說，我們的語文研究或語文教育研究倘若非得跟西方人併比的話（以此來凸顯自己也有能耐「創新」），那麼也得了解西方人所崇尚的是什麼。大體上，西方人是以「類型」（genre）作為標榜的對象：在語言學上，諸如「語音學」、「語義學」、「語法學」、「心理語言學」、「結構語言學」、「社會語言學」、「文化語言學」等學科類型，已經是眾所皆知；而在文學上，諸如「古典主義」、「寫實主義」、「浪漫主義」、「現代主義」、「後現代主義」等書寫類型以及「新批評」、「形式主義」、「結構主義」、「現象學批評」、「詮釋學批評」、「社會學批評」、「精神分析學批評」、「後結構主義」、「解構主義」、「讀者反應理論」、「接受美學」、「新歷史主義」、「女性主義」、「後殖民主義」等批評方法類型，也幾乎是一種常識了。反觀我們自己，根本沒有可以跟人家相比的「學」、「主義」一類東西，那麼我們究竟能拿出什麼「看家本領」來讓西方人刮目相看？就以文學為例，我們源遠流長的古典文學傳統，原本有它的特色：如格律化的詩詞歌賦，所顯現的精美別緻，舉世無雙；為佛教（講唱文學）所浸染的小說戲曲，韻散夾雜及宿命色彩，古來也「僅此一家，別無分號」；甚至各種詩話、詞話、賦話、文話、評點等論評，依然散采動人，在西方有體系的文學批評外自成一格（周慶華，2000b：15）。但這些對西方人來說並不看重，而對國人來說也早不知珍惜並已逐漸將它棄如敝屣。在這種情況下，未來的道路就得謹慎因應這一兩難困境了（也就是不甘臣服於西方的霸權，就得回返自己的傳統而再鎔鑄新裁）。

　　再次，如果我們不在乎是否能端出自家面目給人家看（包括強化自己傳統所有的知識建構和開發可以跟西方並比的新理論類型等），也還有一個「基進」（radical）的作為可以考慮：基進是一種空間和時間中的關係，是一種特殊的相對關係。它在被運用時，有衝破一切藩籬的效力和不拘格套的自主性。如呈現在空間關係上，它就反對一切傳統霸權式的空間佔領策略（由侷限在山頭的堡壘逐漸蠶食鯨吞到控制廣幅空間流動的一方霸主）；而呈現在時間關係上，它也反對一切傳統霸權式的時間佔領策略（一方面它透過歷史的造廟運動不斷地「塑造」悠久連續的歷史傳統；一方面它以「負責的」社會工程師自居不斷地預言未來秩序，建構未來的新社會）（傅大為，1991：代序4）。從性質上來說，基進可以收編「前衛」（現代主義）、「超前衛」（後現代主義）這些文學藝術上的利器，形成一個龐大的陣容。也就是說，前衛和超前衛中有的「搶先機」性（不管二者表現在形式和意義追求上的相互對立），正是經常伺機出擊的基進所「肯認」的或所「合味」的。雖然如此，基進卻有別於「極端」或「偏激」；同時基進者在尋求所要的自主性空間或採取有利的戰略位置後，多少也有向人暗示這是一個可行的策略或合理的途徑（否則他的「苦心積慮」就只合自己賞玩而無法與人分享）（傅大為，1994：3～4；周慶華，1998：3～5）。而我們把基進這種觀念運用在創作或批評上，大略可以激發出底下這樣的想法：首先是以基進的作為掃除創作或批評的內在可能有的疆界（如「某一特定類型的創作或批評」之類），然後再回頭權宜的守住創作的外在可以有的疆界（如基於權力意志或文化理想對於具有創新性或啟發性的創作或批評的召喚）。以上二者，可以成為一體的兩面或互相的解構對辯，讓它在隨機的帶出或雙接中靈活自己的應變能力，也讓周遭的環境常存活潑和新生的氣息。其次是這種基進觀念

所以要「落實」，不是因為它在理論上有什麼必然性，而是它在實際上相對的可以帶出或刺激另一階段的基進的作為，使人類的文化永遠得以保持「活力」。再次是基進既然是在挑戰傳統或突破規範，那麼它就無法預設止境（也就是基進之後如果又形成了另一種規範，那麼它就需要再基進。依此類推，可以無窮盡的「基進」下去），也無法限定所要基進的文化領域（也就是它可以不加限制的在各文化領域之間「遊走」）。在這種情況下，也就不能期待「終程」；它毋寧要讓結局開放，以便有再啟另一波基進創新的機會（周慶華，2002b：391～393）。

以上的思路，顯然比現有任何一種「向西」或「執中」的論調寬廣可觀；它除了可以藉來定位西方大學的精神理念（也就是它不論是本質論還是效益論或是調和論和批判論，都根源於西方人所信守世界觀對「創造」知識的欲力，終而使得每一次的「超越」成為可能），還可以藉來分辨國人的西方熱潮終將徒有形式而難得實質（因為要變成西方人得先徹底改造國人的世界觀，而這簡直是不可思議的事），更可以藉來預示國人返求諸己所能前進的道路（也就是儘可能從傳統中汲取經驗來開發新的理論類型）或開啟國人在觀念和實踐上突刺躍進的向度（也就是不斷以基進的作為突破既有任何一種已成保守規範的理論格局）。這是我一向建構學科知識所遵守的準則，也是我試圖走出一條新路的信念表白。語文教育研究所如果不能比照這樣的模式而來形塑超常的精神理念（也就是追求新理論或採基進作為之類），我就不知道它還有什麼遠景可以期待。

眼看著一個仿似「全開放」或「超國家」而實際上則是依賴政治、經濟、科技、軍事、文化等優勢的西方強權所操縱的全球化社會的形成〔索羅斯（G. Soros），2001；湯林森，2003；貝克（U. Beck），1999；林信華，2003；李英明，2003〕，我們的「自保之道」，豈能

只是一味的「趨炎附勢」而不思「自立自強」？語文教育研究所雖然很「小」，還不足以扯上國家的興衰存亡；但連能「做一點」而都不去做的話，這個國家恐怕也不會有什麼希望了。此外，上面沒有提到的西方語文教育研究所，情況會更嚴重；它究竟是要教導國人成為西方人抑或抵禦西方人？而在這一迎拒的過程中又如何能保證所堅守的立場有足夠的理由支持？這裏不談它，正好給大家留下一個可以繼續思考辯難的空間。

第五章 統整性語文課程的新思維：

突破既有觀念與作法的盲點

一、新教改的一些迷思

國內最近幾年，因為教改問題，又大為牽動人心；舉凡官員、民意代表、專家、學者、教師、學生、家長、傳播業者、補教業者等等，無不紛紛在立言騰說，一起粧點成世紀末特大號的擾嚷畫面。尤其是由教育部於 1998 年 9 月公布而通令全面實施的「國民教育階段九年一貫課程總綱綱要」，所受矚目和疑慮程度還在與日俱增；忝為教師一員的我，自然也無法自外於這一波興革浪潮的議論聲中。

在該綱要裏，明白揭示了九年一貫課程是為因應「二十一世紀將是一個資訊爆炸、科技發達、社會快速變遷、國際關係日益密切的新時代」所做的課程變革，目的在培養學生成為「具備人本情懷、統整能力、民主素養、鄉土與國際意識，以及能進行終身學習的健全國民」（教育部，1998）。而從它所擬定的課程目標以及所規劃的課程領域和實施要點來看，約略有幾處可以跟舊課程作些區隔：第一，採取統整課程，而將學習內涵區別為七大領域，不再像舊課程那樣細分學科；第二，以學力指標為主，課程綱要為輔，不再像舊課程那樣強調課程標準；第三，鼓勵發展學校本位課程，彈性教學，不再像舊課程那樣一致化。據了解，這是根據行政院教育改革審議委員會的建議而訂定的（中華民國課程與教學學會主編，1999：8）。

在該建議中，對於革新課程和教學的意見，約有底下四點：第一，國民中小學課程，應以生活為中心；第二，建立基本學力指標，為建立課程綱要的最低規範，以取代現行課程標準，使地方、學校及教師能保有彈性的空間，因材施教或發展特色；第三，積極統整課程，減少學科的開設，並避免強調系統嚴謹的知識架構，以落實生活教育和身心發展的整體構想；第四，減少正式上課時數，減輕課業負擔，增加活動課程，將生活上的重要課題整合於各科教學和活動中（行政院教育改革審議委員會，1996：38）。然而，就整個舉措來說，相關的配套辦法以及能否徹底實施，都還沒有完善的考慮評估，各界撻伐的聲音紛沓而至，已經是早在預料中而無人能擋了。

　　考察各界對九年一貫課程的批評，多集中在學校和教師的適應能力以及課程統整的理念和作法。前者，認為九年一貫課程的學校課程自由度加大，而學校能否勝任自行規劃的工作不無疑慮，同時九年一貫課程賦予學校及教師課程自主權不夠明確，也有礙於學校和教師的配合推動（中華民國課程與教學學會主編，1999：83）；後者，認為把相關學科合併為一大學習領域未必合理，而且七大學習領域之間能否統整也是問題，還有統整課程可能傷害基礎教育和教學品質（如把音樂、美術和表演藝術混合教學，結果可能是學生都在「混」，基本的東西一點也沒有學到）以及無從想像它到底會有什麼遠景（黃譯瑩，1999）。當然，也有不少人已經在開立藥方，準備給九年一貫課程的實施「助一臂之力」（中華民國教材研究發展學會編，1999；中華民國課程與教學學會主編，1999）。不論正面意見或反面意見，都顯示了九年一貫課程還有得爭論，不會就在短期內平息下來。

　　其實，九年一貫課程還有一些「嚴重」的問題尚未被重視，導至大家現有的憂心還夠不上「真正」的憂心。我們知道這次教改的

背景是 1987 年臺灣政治解嚴以來，政府迫於民間教改團體的壓力，前後召開多次的全國教育會議，並於 1994 年 9 月 21 日正式成立「行政院教育改革審議委員會」，由中央研究院院長李遠哲擔任召集人，積極進行教改方案的研議，而後逐漸成形的。它被人稱為近代迄今的第四次重要改革；前三次，分別是清光緒 29 年（1903 年）「癸卯學制」的建立、民國 11 年（1922 年）「壬戌學制」的實施和民國 57 年（1968 年）九年國民教育的推行（中國教育學會主編，2000：1～9）。但這不是照搬西方的學制，就是順應或追趕西方的學潮，在先天上連教育本身都已經沒有了主體性，又如何能奢談學校本位或學生的主體性？其次，學校課程的設計，無不受到特定意識形態的浸染，最終是要為特定個人或團體的利益服務（陳伯璋編著，1988；黃政傑，1994b），無從把它膨脹為普遍的想望。大家應當還記得，這次九年一貫課程的訂定，根據的是李遠哲所領導教改會的意見，而該教改會是在幾經折騰而取得主導權後，才影響教育部的決策，當中的權力鬥爭以及教改會總報告中所揭示「人本化、民主化、多元化、科技化、國際化」五個方向明顯附和美國人的價值觀等，都看在明眼人的眼裏（中國教育學會主編，2000：9～16）。往後如果有非留美派或非親美派的人出來主導教育，是不是又要來一番「天搖地動」的大變更（像 1996 年才剛換過而尚未全面實施的課程標準，立刻就要被喊停，豈不是一個警訊）？這樣所耗費的社會資源，要從那裏獲得補償？而一逕在「玩弄」或「犧牲」低階教師的殘酷作為，又如何不問心無愧？再次，九年一貫課程的規劃，不只缺乏相關的配套措施，根本上就沒有考慮到整體教育的需求。先不要說高中階段還有待有機的銜接，就說大學階段仍是專精教育（分科教育）重於通識教育（詳見第一章），所培養出來的中小學師資多非全才，如何能冀望他們做好統整課程的設計和教學？因此，當今教育

真正需要的是「釜底抽薪」，而不是「揚湯止沸」。教育當局凜於「俗見」泛濫而倉促作出更換新課程的決定，豈不成了「遺大務小」？

　　說歸說，九年一貫課程的實施還是勢在必行，沒有人能阻擋得了（據近幾個月報紙的報導，部分教改會人士、學校教師、教科書出版商等已「不畏難」而逐漸形成「聯合出擊」的態勢，即使教育部內部還存有歧見或新教育部長曾志朗想延緩實施，恐怕都左右不了全局）。既然這樣，也就只好幫它想想「亡羊補牢」的辦法，而不再一味的「感慨繫之」！

二、統整性課程理念的怪獸化

　　大體上，九年一貫課程的構想，作為一種意識形態（去疆界觀）的實踐，仍然有它存在的合法性，只是得不斷遭遇類似底下這種抵泛多元思想的抗衡：「九年一貫課程強調的是以『人』為中心，關聯至人和社會及人和環境間的關係，而提出十項目標。只是在此十項目標中，並未見到國家目標的具體敘述，也就是希望國民教育達成何種國家目標並未詳述。此或許是基於以往臺灣教育常因國家政治意識形態介入過深遭致批判所作的修正，希望保持教育中立，不致遭人攻訐為作為國家政策和種族情緒等主流意識形態宰制的工具。但國民教育階段作為國家重要基礎建設之一，不可免的應有一些基本國策、民族情感和社會倫理須藉其加以完成。在後現代主義的狂潮中，九年一貫課程似乎也過度感染了顛覆和反抗主流的意識，走向為反中心而反中心、要全方位而實際上卻沒有任何方位的困窘中」（中華民國課程與教學學會主編，1999：48～49）。如果純粹站在統整課程的立場，我們可以再作思考的是當今所見「統整」

的作法（構想）是否確有道理？這是「退而求其次」，不得不關心的一個課題。

　　一般所說的統整課程，參照的主要是美國的經驗。美國從 1980 年代以來，幾乎每篇教育改革研究報告，都在呼籲以統整的方式來處理現有課程。理由在於「首先，是因為現存太過擁擠而且零碎的課程，所作的一番反省；其次，是受到近來有關人腦及學習歷程的研究結果的啟示；再次，則是對於教育工作者在培養二十一世紀的公民所應擔負的角色所作的預斷，所產生的教育改革思潮」（黃光雄，1996：57～58）。然而，它也牽涉了「要統整些什麼」、「怎樣統整」和「如何保證有效」等棘手問題（同上，87～95）。而當國內九年一貫課程的計劃一旦曝光，同樣的問題自然也要被提出來討論。當中「要統整些什麼」和「怎樣統整」兩個問題，特別受到關注。前者（指「要統整些什麼」），論者大多「停留」在對九年一貫課程綱要的批判上（還不及想出替代的方案），而指出「七大領域的學科統整缺乏合理依據」、「七大領域的設計限制其他變通性」、「學力指標難以引導學校本位的課程統整」、「七大領域的時數分配限制課程統整的彈性」等相連帶的弊病（中華民國課程與教學學會主編，1999：71～75）；後者（指「怎樣統整」），論者則感於九年一貫課程缺乏提供統整途徑而紛紛「東挪西借」大談實用模式，有的泛說「經驗的統整」、「社會的統整」、「知識的統整」和「課程的統整」等廣義課程統整的方向（歐用生，1999），有的細論「學科型統整性課程」、「統整性核心課程」和「活動課程」等實際課程統整的原則（林達森，1999），有的提示「學科統整」、「己課統整」、「己我統整」和「己世統整」等質次課程統整的比例（黃譯瑩，1999），有的預期「網狀式」或「貫串式」或「統合式」（以「主題─概念─活動」為設計範

圍）是未來課程統整的範本（中華民國課程與教學學會主編，1999：
63～71），可說洋洋大觀，菜色齊備！問題是管用嗎？

　　所謂「管用嗎」，這又是什麼問題？我們得知道以上都是屬於「朝
著一定的路線，上上下下，以求前進」的垂直思考。它相對於另一
種「離開固定方向的規範而向別的若干不同的規範去移動探索」的
水平思考來說〔黎波諾（E. de Bono），1989：8～9〕，只會「自我陷
溺」，而不可能「得著解脫」。因為從整體來看，統整課程的構想不
過是一頭怪獸（什麼都要，卻又什麼都裝備不全），而論者再怎麼為
它塗脂抹粉，結果還是一頭怪獸，不可能從此改變讓人看著不順眼
的命運。換句話說，論者只能「接在後面」想（垂直思考），要找出
癥結是很困難的。如果他們也能將「如何保證有效」一個問題攬進
來一起考慮（水平思考），可能就不是盡出上述那樣的（補強的）對
策了。

　　我們不妨這樣看：過去的分科課程是學人家的，現在的統整課
程也是學人家的；倘若分科課程無效，那麼統整課程就一定有效嗎？
將來如果發現統整課程行不通，豈不是又要從頭來過？還有為什麼
要「統整」？人不是常憑「直覺」在行動嗎？這種「直覺」的過程，
往往是零碎經驗的隨機發用或靈感頓生的即刻反應，一切事前的周
詳計劃或費心備課，並不見得派得上用場。這樣我們的教育為何執
意要單取這種吃力未必討好的繁瑣流程？最後統整課程假使在相對
上真有需要，那麼它也不可能像論者（並含設計者）所想像的「只
要有方法就行了」那般單純。因為統整課程的核心問題，不在統整
本身，而在如何統整；而如何統整部分，會因人因事而異。也就是
說，統整的對象、目的、方法等等，都會受制於統整者，而不關統
整本身的客觀性。這樣一定要人朝某一特定方向去統整，豈不是刻
意要製造「災難」？如課程綱要所列的課程目標和學力指標分幾項

幾項，本就是一種霸道作為，完全忽略了實際存在的個別差異和情境差異（而不能如此「一條鞭」化）；而三個面向（人和自己、人和社會環境、人和自然環境）的訂定也頗顯獨斷，不知道人更渴望跟未知世界（宗教所開啟的神祕領域）進行溝通（史密士，2000；傅偉勳，1993；周慶華，1999b）。因此，七大學習領域的劃分（原課程綱要所列「語文」、「健康與體育」、「數學」、「社會」、「藝術與人文」、「自然與科技」、「綜合活動」等七領域中的「自然與科技」，於 2000 年 3 月 27 日教育部所公布的《國民中小學九年一貫課程暫行綱要草案》中已改為「自然與生活科技」）（教育部，2000），也無甚新意；不但舊疆界的痕跡並未盡除，還無視於現代通行的人文、社會和自然等較為「有效」的知識／經驗領域的區隔法（李亦園等，1994；江亮演等，1997；潘永祥等編，1994；周慶華，1999c）。至於還有一些明顯可見的自我矛盾（如一邊規劃七大領域，一邊又說要打破領域；既強調學校本位，又不放棄審定本教科書；已經授予學校自主權，卻又明定層層評鑑門檻之類），就不必一一指出了。

由此也可知論者所極力張羅或開發的種種統整課程的方法，就只能在理論上「聊備一格」，論到實際上恐怕就沒有人會「按部就班」的去執行（因為現實的教學情境充滿著不確定的變數，不是光耍一個統整的花招就能應付得了）。不過，大家既然都已經被逼上來了，不為統整課程想點退路也不行。

三、語文領域統整性課程規劃的盲點

這次的課程改革，雖然重新劃分為七大學習領域，但分量最重的還是語文，佔教學節課時數的 20～30%（其他六領域各佔 10～15%）。這跟舊課程相比，並沒有本質上的不同。現在就針對這一部

分來談論。先（依慣例）作一點必要的檢視，以便後面能順利的發
出諍言。

　　如果撇開教學節課時數不說，就整個語文課程實質的規劃來
看，除了本國語文，還有鄉土語文和外國語文，這牽涉到設計的理
念是否有新意以及所增加的鄉土語文和外國語文是否有道理等問
題，似乎不宜含糊帶過。以設計的理念來說，有關語文的課程目標
和學力指標的訂定，全是「套用」總綱的課程目標和學力指標，幾
乎沒有考慮到實際語文教學、學習和應用的複雜性。姑且以本國語
文和鄉土語文中的閩南語為例，總綱所列的「（一）人和自己：強調
個體身心的發展（包括：1.增進自我了解，發展個人潛能；2.培養欣
賞、表現、審美及創作能力；3.提升生涯規劃和終身學習能力）；（二）
人和社會環境：強調社會和文化的結合（包括：1.培養表達、溝通
和分享的知能；2.發展尊重他人、關懷社會、增進團隊合作；3.促進
文化學習和國際了解；4.增進規劃、組織和實踐的知能）；（三）人
和自然環境：強調自然和環境（包括：1.運用科技和資訊的能力；
2.激發主動探索和研究的精神；3.培養獨立思考和解決問題的能力）」
等課程目標和「（一）了解自我和發展潛能；（二）欣賞、表現和創
新；（三）生涯規劃和終身學習；（四）表達、溝通和分享；（五）尊
重關懷和團隊合作；（六）文化學習和國際了解；（七）規劃、組織
和實踐；（八）運用科技和資訊；（九）主動探索和研究；（十）獨立
思考和解決問題」等學力指標，都照搬過來了：

本國語文

課程目標 基本能力	本國語文
01 了解自我和開發潛能	應用語言文字，激發個人潛能，發展學習空間。
02 欣賞、表現和創新	培養語文創作的興趣，並提昇欣賞評價文學作品的能力。
03 生涯規劃和終身學習	具備語文學習的自學方法，奠定終身學習的基礎。
04 表達溝通和分享	應用語言文字表情達意，分享經驗或見解。
05 尊重關懷和團隊精神	透過語文互動，因應環境，適當應對進退。
06 文化學習和國際了解	透過語文學習，體認中華文化，並認識不同族羣及外國的文化習俗。
07 規劃組織和執行	應用語言文字研擬計劃，及有效執行。
08 運用科技和資訊	結合語文及科技資訊，提昇學習效果，擴充學習領域。
09 主動探索和研究	培養探索語文的興趣，並養成主動學習語文的態度。
10 獨立思考和解決問題	應用語文獨立思考，解決問題。

閩南語

課程目標 基本能力	閩南語文課程
1.了解自我和開發潛能	了解台灣閩南語文內涵建立自信，以為自我發展的基礎。
2.欣賞、表現和創新	培養閩南語創作的興趣並提升欣賞能力。
3.生涯規劃和終身學習	具備閩南語文學習之自學方法，奠定終身學習的基礎。
4.表達溝通和分享	應用閩南語表情達意並能跟人分享。
5.尊重關懷和團隊精神	透過閩南語文互動，因應環境，適當應對進退。
6.文化學習和國際了解	透過閩南語文學習認識文化並認識外國籍不同族羣的文化習俗。
7.規劃組織和執行	應用閩南語言文字研擬計劃及執行。
8.運用科技和資訊	充分運用科技和資訊進行閩南語文形式和內涵的整理保存推動科技的交流，擴充台灣語文的領域。
9.主動探索和研究	培養探索閩南語文的興趣，並且養成主動學習的態度。
10.獨立思考和解決問題	應用閩南語文獨立思考解決問題。

而底下所立聽說讀寫等分段學力指標，也是如法炮製（此略）。這在總綱那邊，已經讓人感覺是為了湊數才硬擠出一些名目，現在又為了符應總綱而強為支裂充填，顯然已經不是純為語文課程設想（被委託設計的人「一圖交差了事」，可能佔更大的比例）；何況分段學力指標的訂定還沒有擺脫「萬金油情結」呢（都是用「能」字開頭）！也就是說，什麼都要受學者能「怎麼樣」，而實際上受學者受限於智力、心理、生理、生活環境和文化涵養等條件，往往不能「怎麼樣」；如果一定要那麼做，豈不是強人所難且有不當支配的嫌疑？而這跟過去的語文課程設計所存在的「普同幻想」有什麼差別？

又以所增加的鄉土語文和外國語文來說，前者（指鄉土語文）進入正規教育本來沒有什麼不可以，但大家似乎忽略了它是一種新「建構」（並不像漢語已經累積足夠的成果可供發掘）；這種新建構究竟如何「完善」得起來以及要藉它來達到什麼「特殊」的目的，大家並未有相當的自覺，只含混的「等同」於本國語文的學習，這無異是盲人騎瞎馬！後者（指外國語文）提早到在小學開課也可以說得過去，但大家得一併了解英語何以如此形態以及它成為霸權的過程〔克里斯托（D. Crystal），2000〕，而不單單約略的知道一點皮毛似的文化風俗或風土民情的東西；否則，將來仍是一無主見且不知如何跟人交往（總會覺得「矮人一截」）。這些都沒有全面的省察，導至兩種課程的成敗還在未定之天！

可見九年一貫課程中語文課程的設計並無新意，而它所加入的鄉土語文課程和外國語文課程也無從保證能帶來正面的功效。這種盲點，遠比一般人所會發覺相關的師資培訓、教材編選、軟硬體建設等問題尚未承諾解決所顯現的盲點還要嚴重。以至為它尋找出路，也就成了有心人責無旁貸的事。

四、突破既有盲點的幾個方向

　　假使沒有別的更好的補救辦法，我想不妨依底下幾個進路來重新考量：首先，語文課程除了強調文學的審美層次而別為考慮以外，應是一種「功能」導向的設計。也就是說，語文跟其他各領域是隨機一體呈現而同時被注意和理解的，我們很難在因應生活問題、知識問題、跟人互動問題和自我安身立命問題等等之外，再去學「純語文」的東西（如果有的話）而還能覺得受用。因此，所謂語文課程的統整，就是審美的（為了發展文學）、知識的（為了開拓生命的深度和廣度）和規範的（為了締造祥和安樂的社會環境）經驗的統整，而不是像九年一貫課程綱要所說的將一些無關緊要的零碎的聽說讀寫知能合併的統整。

　　其次，鄉土語文課程（包括閩南語、客家語和原住民語）和外國語文課程（目前以英語為主），可以列入，但不須強調它的重要性。凡是有急切須要的人，即使不修那些課程，他也會想辦法去弄懂；而沒有急切需要的人，學那些東西，就會變成苦差事。更何況在這個社羣裏，可以使人顯出成就而可以再致力深化的還是本國語文（國語／漢語／中文）；鄉土語文只能是「輔助性」的，而外國語文也只能是「點綴性」的。因此，這類課程的統整就得比照本國語文課程的統整而稍遜。

　　再次，統整要在教學中進行，教材本身則無從統整（教師所面對學生不一樣，教材不可能「預料」每一個學生都有相同的須要而先行設定）。以至有關教材的編纂，最好是「綱要式」的，再搭配以「範文」〔個別統整知識和經驗的案例（可藉來仿效或批判）〕。而就這一點來說，先前或以後所冀望於教材統整化或要求教材統整化的，都不是「明智」之舉。至於如何儲備統整的能耐以及究竟要統

整到什麼地步，這就不是此地所能討論；也許是看機緣，不然就是勤於自我磨鍊本事或勇於找人對諍對策吧！

在這個所謂「後現代」的社會裏談統整，不免有點吊詭。因為「後現代狀況是現代性的發展及其危機所導至的狀況，是現代性與後現代性相互鬥爭的結果。後現代性的特徵表現在：經濟的靈活性、全球化的悖論、確定性的消失、組織方式和管理方式的流動性、無邊際的自我、高科技模擬世界、時空的濃縮等方面。這些特徵成為人們反思現代主義的切合性的基礎，也為教育理論和實踐的變化提供了背景」（張文軍，1998：1），而這裏所形塑的統整觀念，卻「夸夸其談」，儼然要重返「現代」希冀知識體系的建立，安能不透顯怪異而留予人口實？但也不然，後現代的自我解構風潮，造成更多的盲昧和脫序，對於復歸舊時代的呼籲早已時有所聞（貝斯特等，1994；阿皮格納內西，1996；王岳川，1993）；而有關重建新時代教育藍圖的嘗試也日漸在展開（中華民國比較教育學會主編，1996；中國教育學會主編，1999；中國教育學會主編，2000），並不會影響上述條理統整性語文課程的用心。

五、從混沌理論與複雜理論汲取資源

統整課程，基本上是一個美麗而不容易實現的夢想；畢竟沒有人敢肯定他所說的統整不會有「遺漏」，也沒有人敢確信他所作的統整已經完美「無瑕」，一切都有待考驗。而以我個人所關心的語文課程來說，更期待一種宏觀的識見和一顆包容的心參與運作。因為語文實在不宜用「如豆」的目光去看它；而一個人到了大學、甚至七老八十，也還是存在著個別差異，如何能「齊一」要求中小學生學

會課程目標所列那些東西？這樣一來，也就有了比較具體的標的，可以為我們所掌握了。

　　這不妨從當代流行的「混沌理論」和「複雜理論」說起。混沌理論，是一種非線性系統的理論（顏澤賢，1993），它指出整個世界並不像過去科學家所說的那麼井然有序，而是處於變動不定的混沌狀態。這透過對流動的大氣、蕩漾的海洋、裊繞上升的炊煙、浴缸內冷熱水的對流，（擴大開來）以至於野生動物的突兀增減及人體心臟的跳動和腦部的變化等現象的觀察，就可以得到證實。因此，不論以什麼作為介質，所有的行為幾乎都遵循著混沌這條新發現的法則。而這種體會也開始改變企業家對保險的決策、天文學家觀測太陽系及政治學者討論武裝衝突壓力的方式〔葛雷易克（J. Gleick），1991；布瑞格（J. Briggs）等，1994〕。近來有關混沌現象的研究，已經涉及數學、物理、力學、天文、氣象、生態、生理，甚至社會、經濟、政治等多個學科領域，使得混沌一時間成了各種系統的宏觀共相〔普里戈金（I. Prigogine），1990；梁美靈，1996；劉華傑，1996〕。而它最明顯的特徵是「對初始條件的敏感依賴」。論者曾有過這樣的描述和比喻：開始於六〇年代的混沌理論的近時研究逐漸地領悟到，相當簡單的數學方程式可以形容像瀑布一樣粗暴難料的系統，只要在開頭輸入小小差異，很快地就會造成南轅北轍的結果。例如在天氣現象裏，這可以半開玩笑地解釋為眾所皆知的「蝴蝶效應」（如臺灣臺北的一隻蝴蝶撲搧一下翅膀，可能引起遠在美國舊金山的一次大風暴）（周慶華，1999b：16）。

　　至於複雜理論，則是在混沌理論的基礎上或超越混沌理論而發展出來的新興科學，它所彰顯的特點是「走在秩序和混沌的邊緣」。這門新學問，打破了從牛頓以來的科學觀念，也吸引了包括諾貝爾獎物理大師、離經叛道的經濟學家、紮馬尾的電腦天才等在內的許

多人才「盡瘁於斯」的窮為鑽研；他們的革命性作為，預料將改變經濟、生物、數學、認知科學、人類學等各種學門的面貌〔沃德羅普（M. M. Waldrop），1995〕。特別有啟發性的是，複雜理論應用在經濟學上，改變了舊經濟理論一貫主張的「負回饋」或「報酬遞減」觀念，而提出「正回饋」或「報酬遞增」的新說法。論者認為正回饋或報酬遞增「能把一些微不足道的偶發意外，擴大成不可扭轉的歷史命運。年輕的女演員純粹因為天分而成為超級巨星嗎？很少如此，卻往往只是因為演了一部熱門的片子，使她知名度暴漲、事業扶搖直上，而其他才藝相當的女演員卻仍在原地踏步。英國殖民者薈集於寒冷、多風暴且多岩石的麻薩諸塞灣沿岸，是因為新英格蘭的農地最肥沃嗎？不，只不過是因為麻薩諸塞灣是清教徒當初下船的地方，而清教徒選擇在這裏下船是因為五月花號迷路了，找不到維吉尼亞作為落腳處。結果就是如此。而他們一旦建立起殖民地，就不會走回頭路了。沒有人打算把波士頓再搬到其他地方去」；而這顯現在經濟領域的，就是「充滿了演化、動亂和意外的」市場不穩定狀態（周慶華，1999b：16～18）。

藉上述兩種理論來思考統整性語文課程的發展方向，當會刺激我們想到但行植入創發的因子以期待後續的效應（應了混沌理論），而不必定要看到「成果」（應了複雜理論）；同時也得不斷設法為受學者營造有利於他們創發的環境（而不是盡要他們片面被動的學習）。這在其他領域當然也可以比照辦理，只是限於此地只作語文領域的討論，必須就此打住，不再多加研議。

第六章　思維與寫作科協同教學的方案：

一個創新教學的新紀元

一、論題的緣起

　　將「思維與寫作」列為共同必選修課程，可能比其他共同必選修課程多一點麻煩，一方面它是個「新」的科目，教學者未必有把握提供「相應」或「充分」的教材；二方面教學者多人可能因認知不同而有不同的教授法，受學者在「互通信息」後得知所受的東西有差距，難免頓生困惑。以至有進一步考慮調整教學方式的必要性。

　　我個人也是任課者之一，1998 學年度上學期經由臺東大學語文教育學系召開三次座談會後，商定要舉辦一場全校性的研討會來「解決」相關的問題，於是我個人想到以協同教學的策略來因應上述那兩個課題。也就是我們利用協同教學，將該課程「充實」化，以及可藉機宣導教學者認知或觀點不可能一致的理由，期望受學者不妨「兼容並蓄」以便寬闊視野。這種教學法的直接受益者，不只受學者（可多吸收資訊），還包括教學者（有機會交流分享彼此的研究成果）。此外，它也可能因此而樹立起一種「典範」，推廣後可以提升（各科）教學的水準。

二、協同教學的理論基礎

　　根據學者的考察，協同教學是 1956 年左右，才成為新的學校的
一種教學組織。推行這種教學制的，是以美國哈佛大學和麻塞諸塞
州的勒星頓市佛蘭克林小學所訂「學校及大學研究發展計劃」為實
驗中心。該發展計劃委員會，由勒星頓市教育董事會、教育局長、
校長及教師等密切合作，共同計劃（勒星頓協同教學計劃）。協同教
學制，到 1957 年，開始全面實施。1958 年，康乃狄克州的納華克，
也成立「納華克協同教學」制。此外，加利福尼亞州，釐訂大學研
究計劃，參加此一協同教學計劃的，廣及八個學區，包括中學和小
學，共有教師二百五十人，學生七千人。繼勒星頓、納華克及加州
之後，美國各州陸續編製研究計劃，到 1962 年，協同教學的實施已
普及全美二十四州五十個地區，另有三百個地區，正在擬訂試辦計
劃。到 1970 年，美國採取協同教學方式的學校數佔學校總數百分之
二十五以上。這種教學方式，已跟雙軌進度制及無學年制相提並論，
影響於教育「質」的改進，頗有實效。而我國於 1963 年，臺北市福
星國民學校及陽明山管理局陽明山國民學校開始實施協同教學法。
到 1970 年，臺北市首先開辦益智班，教學雖然分科實施，但卻帶有
協同教學的精神（余書麟，1978：109～112）。可見協同教學已有四
十幾年的試驗和實施期；而在我國至今固然還不易全面推廣（也許
只有少數學校會偶爾嘗試一下），但無礙於它「成就」了一種可稱道
的教學模式。

　　這種教學模式，比起傳統的獨立教學模式，要更能適應教學者
和受學者的個別差異。因為它是由數個專長不同的授課者組成教學
團，全程負責共同計劃、教學和評鑑的一種教學方法，表面上它是
一種綜合性的教學，在教學過程中，有大班教學、分組討論及獨立

學習等三種形態，由統整而分化併用社會化和個別化的教學方式，兼顧受學者羣性的陶冶和個性的發展；而實質上卻仍偏重於謀求適應受學者的個性和培養受學者獨立學習的能力。而協同教學的另一種特質，是由於教學者的通力合作，發揮各人的特長，在相互交換教學中更能兼顧到適應教學者的差異，這是傳統教學形態所遠遠趕不及的（高廣孚，1998：328～329）。當然，協同教學也隱含有為解決師資不足或善用社會人力資源的考慮（徐南號，1985：221；余書麟，1978：115）。而不論如何，這種教學模式無不是建立在教學者和受學者都有個別差異及教學方式必須多變化才能提升教學效果等前提上。

三、協同教學的實際與成效問題

　　為了適應教學者和受學者的個別差異及提升教學效果而採用協同教學方式，在具體層面上，它涉及協同教學的組織、計劃和實施條件及可能的成效等。這在學者的論述中，意見並不一致，但大體上都認為它有再形塑的空間和危及成效的變數。這裏就針對相關的議題，略作討論：

　　在有關協同教學的組織方面，有所謂「團」的組合。它包括教學者的團和受學者的團。前者，由少數教學者所組成，負責計劃、教學和評鑑的工作；後者，由數十名或數百名受學者所組成，依其能力和需要（由教學者）編為大班級和中型小組或座談小組或各人等形式而實施教學。雖然如此，前者還有教學者是否要有階次（分主從）和強制分工等不定變數；而後者也有如何有效分組和學習等技術難題。學者並沒有十分肯定究竟該如何（潘宗堯，1970：255～257；余書麟，1978：115～121；方炳林，1984：187～189；黃光

雄主編，1989：157～158；高廣孚，1998；330～331），這是想見得到的；畢竟當事人的智慧及其所在的環境，也會影響相關的認知和決策，學者無法「強」要他們怎麼樣。

　　在有關協同教學的計劃方面，必須由教學團的成員（必要時可邀校長及相關行政人員參加）共同商討決定「教學、討論及獨立學習的內容」、「參加的班級和人數」、「各項教學活動較具體詳細的程序」、「教學團成員工作的分配」、「活動場地的布置及教具的準備」、「教學、學習及協同工作的評鑑方式」等事宜。這各項當然也可以看情況而「可詳可略」（高廣孚，1998：331～335；張霄亭等，1997：226～227；潘宗堯，1970：257～260；余書麟，1978：121～124），也就是因人、因事、因時、因地、因物而「制宜」，不一定要遵循某一特定的模式。

　　在有關協同教學的實施條件方面，一般學者都認為它涉及「教學活動場所要有妥善的規劃」、「課程安排（或取一個學科的協同或取兩個以上學科的協同及是否要打破學年的限制等）要有周詳的設計」、「教學團的組織和工作分配要靈活有效」、「教學活動（包括大班級教學、小組討論和獨立學習）的時間分配要視需要作彈性的調整」等（高廣孚，1998：329～331；張霄亭等，1997：227～228；徐南號，1985：222～224；方炳林，1979：197～199）。這各項雖然「缺一不可」，但也隱含實際內容有可以「伸縮」或「增減」的空間。

　　在有關協同教學可能的成效方面，學者普遍肯定協同教學是一種「正確」的教學方向和趨勢；它可以發揮教學者的專長（且能藉機相互觀摩學習）、可以改進學校的督導工作（新進教師參與協同教學能獲得資深教師的協助）、可以改善教學的方式（而引起受學者的學習興趣）、可以充分利用人力資源和提升受學者的學習能力等（潘宗堯，1970：260～262；方炳林，1984：183～187；高廣孚，1998：

336～337）。但相對的，如果教學者願力不夠、行政系統不能配合、課程設計不盡理想，資源極度匱乏等，協同教學就無法或難以產生功效（徐南號，1985：224～225；方炳林，1984：189～190；張霄亭等，1997：228）。不過，這是屬於「技術」問題，不是協同教學本身的「立意不善」。因此，仍無妨於協同教學可以廣為推行，以改善整體教育的體質。

四、思維與寫作科協同教學的可能的方案

　　「思維與寫作」科在我服務學校如果要採行協同教學，它就是屬於單學科的協同教學，同時它跟別的學校（如中、小學）同類型的協同教學可能也有差別。因為它是本校經過長期的協商、規劃而增設的新課程，師資不是問題（也就是不是師資缺乏的緣故），也不全是為適應教學者和受學者的個別差異（教學者都能發揮各自的專長，而受學者也可以選修不同的科目充實自己），而是為了「充實」本科的教學（可讓受學者多學一點東西），以及讓教學者有機會相互觀摩學習，以提升本科的教學水準。因此，有關本科的協同教學的方案，就得別為斟酌。

　　首先，使得我個人興起建議它改採協同教學的理由是：經過一個學期的個別教學後，大家發現教學者教授的內容差異甚大，而紛紛議論起是否該進行商訂課程內容的工作。對於這種「統一教材」的想法，我個人不認為有實現的可能性（因為教學者還是會受限於各自的專業知識，很難齊一化教學），反而覺得我們可以利用這樣的「優勢」（各人教授的內容不一樣）來個協同教學，讓受學者「大開眼界」，也讓教學者自我「調整思路」，一併有利於別科教學的「改善」，同時還可以刺激其他共同科的教學者「起而效尤」，可說是

一舉數得。這豈不是比停留在爭議「教材是否要統一」的階段要有意義？

　　其次，為了印證本科不妨改採協同教學的論點，最方便的就是將現有教學者所設計的課程綱要提出檢視。這一點，我個人姑且以語文教育學系（負責規劃協調本課程）所召開第一次座談會中所有教學者所提供的課程綱要來作說明。在眾資料中，曾世杰教授（任教班級是特殊教育學系一）所提出的課程綱要是：

1. word 97 的認識
2. 課程說明，上課作業規定，寫作的重要性，討論課本（李雄揮，《思想方法》）第一章
3. 非形式推論謬誤
4. 圖書館及網路的使用
5. 予豈好辯哉？孟子的辯論技巧
6. 認識文章的架構（認識故事、新聞、讀書報告、論說文、學術論文、公文、會議議案的結構）
7. 「抄襲剽竊」及「合法引用」參考書目的寫法
8. 文章的修正（一）
9. 發抒感情的文章
10. 文章的修正（二）
11. 我最愛的文章
12. 文章的修正（三）

　　汪履維教授（任教班級是初等教育學系二乙）所提出的課程綱要是：

1. 本科課程概說：學科地位、課程目標、學習要項、要求標準
2. 值得研究的教育問題從那裏來？
　　資料檢索和引註：理由和方法

整理資料和作筆記的方法

3. 資料檢索和引註實作

上課筆記、閱讀筆記和省思筆記的分享和回饋

4. 閱讀學術著作的有效策略

5. 學術寫作的基本過程和考慮因素、目的和類型、規範和方法

6. 敘事體寫作（教育自傳）初稿分享和回饋

7. 定義概念和確立觀點

8. 文獻評述的原則和方法

9. 演繹、歸納、設證和辯證：邏輯推理的基本概念

10. 立論、檢證和闡述

11. 信念、經驗、證據和謬誤

12. 說明體寫作（文獻評析型專題報告）初稿分享和回饋

13. 分析和綜合、批判和創新

14. 專題報告發表和評論

范春源教授(任教班級是體育教育學系二)所提出的課程綱要是：

1. 課程介紹、基本的科學求知態度

2. 演繹法、歸納法

3. 設證法、邏輯

4. 無顏色的思想

5. 歸納法及其正當性問題

6. 科學方法論

7. 創造想像力的培養

8. 辯證邏輯、想像、科學方法

9. 邁向民主科學藝術和開放信仰之旅

10. 水平思考法及舉例

王萬象教授(任教班級是社會教育學系二)所提出的課程綱要是：

1. 課程說明；思維和寫作概論
2. 語言功能；中國語文能力表達；思想的功夫，
3. 中國文字的特性
4. 文章寫作原理
5. 創作和構思
6. 文章修辭
7. 抒情手法
8. 記敘手法
9. 議論手法
10. 文宣廣告
11. 研究報告
12. 報導文學
13. 公文寫作
14. 自傳寫作
15. 生活和藝術

林芊宏教授(任教班級是美勞教育學系二)所提出的課程綱要是：

1. 老師的個人研究寫作經驗分享——日治時期的臺灣美術及現階段臺灣美術研究的現況。
2. 有關臺灣美術史研究的基本問題：研究方向、主題的擬定及主要的收藏美術館及圖書館。
3. 如何閱讀有關美術方面的書刊——示範教學
   A. 陳植棋：a.生平、個性；b.時代背景；c.藝業風格；畫會及展覽活動
   B. 重要參考文獻及書目——分析和比較
   C. 主要的疑點：文化運動和學潮
   D. 老師的見解：陳植棋的民族和文化認同

4. 學生分組擬定題目、收集相關資料

5. 分組依序發表、討論文章

6. 如何寫作有關美術方面的書刊——示範教學：石川欽一郎

　　A.文章的改寫、文體的模擬和建立

　　B.附註

　　C.附圖

　　D 參考書目

7. 各組依序分組討論如何寫作的問題

8. 各組分別發表文章

洪文瓊教授（任教班級是語文教育學系二甲）所提出的課程綱要是：

1. 課程概說（本課程內涵及和其他課程關係）

2. 思考和認知模式——自我思考和寫作風格認知

3. 思維的內涵——特質和類型

4. 寫作過程思考表白——課堂習作

5. 寫作步驟解析

6. 文章、文類基本認識

7. 傳記寫作——課堂習作

8. 經典叩應——書評寫作要點

9. 文章評選活動——好文章的判準

10. 東師語教人的苦樂——採訪寫作

11. 東師語教人專文欣賞

12. 城市閱讀——報導文學寫作

13. 臺東如是我觀（臺東印象）——課堂習作

14. 活動企劃及廣告文宣寫作

15. 「大家來 XXXX」——課堂習作

我個人（任教班級是語文教育學系二乙）所提出的課程綱要是：

1. 緒論

　　A.思維和寫作論題的緣起

　　B.討論思維和寫作的相關資源

　　C.討論思維和寫作的方向

2. 思維的界定

　　A.思維／思想／思考的關係議題

　　B.思維／語言的關係議題

　　C.思維／智力的關係議題

　　D.思維的操作型定義

3. 思維的類型

　　A.思維的抽象階梯

　　B.高度抽象的思維

　　C.中度抽象的思維

　　D.低度抽象的思維

4. 寫作的心理和社會機制

　　A.寫作／創作／發明的定位

　　B.寫作／詮釋／批評的分辨

　　C.寫作的心理機制

　　D.寫作的社會機制

5. 人文學科的寫作

　　A.人文學科的性質和範疇

　　B.人文學科寫作的對象

　　C.人文學科寫作的目的

　　D.人文學科寫作的方法

6. 社會學科的寫作

　　　　　A.社會學科的性質和範疇

　　　　　B.社會學科寫作的對象

　　　　　C.社會學科寫作的目的

　　　　　D.社會學科寫作的方法

　　　7.自然學科的寫作

　　　　　A.自然學科的性質和範疇

　　　　　B.自然學科寫作的對象

　　　　　C.自然學科寫作的目的

　　　　　D.自然學科寫作的方法

　　　8.結論

　　　　　A.主要內容的回顧

　　　　　B.未來的展望

　　　從上述資料中，可以看出各教學者所教授的內容「五花八門」。如果去除「重複」，還遍及邏輯思考、資料檢索、論文寫作、應用文寫作、各體文學思維和寫作、修辭技巧、藝術思維和寫作、科學方法論、思維和寫作的相關知識及具體的思維和寫作方向等等。這顯示了大家對「思維與寫作」的認知（或設定）不同，也顯示了「思維與寫作」課題本身有可以一再被形塑的餘地。這不只見於本校這個教學圈中，也見於一般相關的著作中（布裕民等，1993；板坂元，1993；王其敏，1997；田運，1985；何秀煌，1987；張永聲主編，1991；饒見維，1994；尤西林，1996；李明燦，1986；劉元亮等，1990）。因此，與其勉強求同而不可得，不如存異且設法讓它們併列在本課程中。

　　　再次，基於協同教學的方便，可以將各人所專擅的部分挑出（如通論思維和寫作的相關知識；分論各種思維的類型，分論各種文體

的寫作，分論各種思維類型和各種文體寫作的「互動」關係等），串連成一個大單元，然後在大班級教學中由大家輪流教學。而受學者除了合班上課，還可以為他們安排小組討論，由教學者個別指導。至於該小組是否要打破系別界線而重新分配，或不打破系別界線而以原班級為小組單位，都可以（視情況）再作協商。其餘像受學者的獨立學習部分，則可「授權」負責小組指導的教學者，依需要指導受學者於課外進行。此外，如果還考慮場地的限制（沒有可以容納太多人的教室），不是請學校增闢大教室，就是彈性採行上下學期開課，而將任課者分成兩組進行教學（即使是這樣，學校也得增闢可容納一、二百人的中型教室）。

　　以上是我個人目前所能想到的「思維與寫作」科改採協同教學的理由及其具體的方案。在具體的方案方面，容許有可以修正或增補的空間，卻幾乎無法想像不採用此一方案而可以教的比它還「精采」的。接下來就等待教學者付諸行動；先形成必要的協同教學的共識，然後安排好課程而各展實力的去教學。至於如果有需要新的人力資源，當然也得一併去爭取，這就不必多說了。

五、思維與寫作科協同教學成效的預期

　　當初課程委員在設計本課程時，也許只是覺得受學者該接受一點「基本」的思維和寫作的訓練，而料想不到實際開設時任課者會把它教的如此「紛繁多姿」，有的明顯在因應受學者的「背景」特性（如洪文瓊教授、林芊宏教授所教的）；有的卻考慮受學者該「知道」什麼（如王萬象教授、范春源教授、汪履維教授、曾世杰教授所教的）；有的甚至認為受學者不論什麼背景都得「全能」（如我個人所教的）。這樣一來，真的需要好好檢討本課程了。而我個人所想到的

協同教學這個對策，理當可以兼顧受學者和教學者的立場，也就是受學者不至於會感到多學一點不同領域的知識是一件遺憾的事（反而會慶幸有這個機會多接觸資訊）；而教學者也不至於會為自己只專擅教某一部分知識而成天疑慮受學者是否有感應（只要參與協同教學，他就可以減輕心理負擔，同時還可以觀摩學習別人的專長）。因此，我個人樂觀的預期這（指協同教學）將比個別教學要容易提升「教」和「學」的水準。

協同教學，基本上是一種「適性」的教學（林生傳，1995：171～205；黃政傑等，1996：93～99；李咏吟，1987：147～156），它以大班級教學、小組討論和獨立學習貫串起一個教和學的歷程，受學者在這樣的環境中不斷要去調適自己的能耐而直接間接的促進了自己的成長；而教學者為了方便指導小組討論，勢必得全程參與大班級教學（包括自己講課和聽別人講課），才有辦法設計「合適」的題綱供小組成員討論，以至教學者除了繼續信守自己的專業知識，還可以吸收別人的專業知識，有另一層次的「教學相長」的效果。在這種情況下，要說這類教學方式改善不了教育的體質，大概是沒有人會相信的。換句話說，我們大可放心的冀望這類教學方式的實現。

當然，協同教學的過程不免會有些技術問題要解決（如教學團的組成方式、課程設計的合理性評估、行政系統的支援程度等等），但只要有心，大抵都可以迎刃而解。有人曾經針對協同教學提出「不是什麼而是什麼」的論點：「（一）協同教學不是三個教師和九十個學生偶爾集合起來進行一次演示教學，然後分別回到原來三十人的班裏去教學。這和傳統教學的效果相差無幾。（二）協同教學不是改變三十人一班為獨立學習和十五人一組或九十人以上的大班，而不改變教師的教導和學生的學習。普通的班級討論固然浪費時間，而

所謂獨立學習，也只是唸書或抄寫作業，缺乏積極的效果。（三）協同教學不是為解決教師不足問題的方法，除非它能作到更為專業化的要求。（四）協同教學不是為改變教師和學生的比率，解決教室空間或財政困難的一種方法。那麼協同教學是什麼？協同教學是一種創新的教學，由兩個或兩個以上的教師和協助人員，利用各人才能，在一個或幾個學科領域中，應用各種教學器材，指導兩個或更多傳統班級的學生，經由不同方式，合作計劃、合作教學和評鑑的新安排」（方炳林，1979：194 引魯姆等說）。這確是可以依據的協同教學的「綱要」，而我們也得真切認識協同教學是一種「創新的教學」，才不會懷疑自己是在作一項沒有意義的舉動。在這個所謂的後現代社會，許多從事教育工作的人已經領悟到必須走上多元智慧的教學的道路（才能促成受學者全面性的發展）〔坎伯（L. Campbell）等，1998；張文軍，1998；中華民國比較教育學會主編，1996〕，我們沒有理由不跟上時代的步伐，而協同教學就是一個「新紀元」的開始，值得我們齊力以赴。

第七章　思維與寫作的基進取向：

從後設到後後設的進路

一、「思維與寫作」的想像

　　「思維與寫作」的名稱，常會引發人望文生義，而忽略了它內涵上可能有的廣度和深度。比如有人會把它想成是一種「調適」或「修正」的過程，讓思維擔負「完善」寫作的助緣，而寫作成了檢驗思維的手段；以至思維被工具化，而寫作也被單純化了。又比如有人會把它想成是一種特定或專門領域由內蘊到外化行動的「祕方」或「進路」，使思維成了探照燈兼催化劑，從此將寫作推上神殿聖堂；以至思維被神祕化，而寫作也被神聖化了。雖然如此，後者仍然不脫「工具」色彩，使得「思維與寫作」終究少了那麼一點「自主性」。

　　其實，上述的情況（實例），只是屬於「我們知道自己在思維或寫作」的範圍；此外，還有「我們實際在思維或寫作」以及「我們知道自己知道自己在思維或寫作」等可能性。其中「我們實際在思維或寫作」是對象性的，存在於具體情境的思維或寫作中；而「我們知道自己在思維或寫作」和「我們知道自己知道自己在思維或寫作」則是後設性的和後後設性的，分別存在於對具體情境的思維或寫作的檢視和再檢視上。後者也可以形諸文字，而成為所謂的「後設寫作」和「後後設寫作」（照理可以無限「後設」下去），以有別於前者的形諸文字過程所得稱的「對象寫作」。而不論如何，只要寫

作一出現，思維就要被「消融」在裏頭；使得所談論的寫作，都有思維「內在其中」（周慶華，1999c：87～113）。至於還要把思維和寫作並列來討論，則純是為了論說上的方便；實際上沒有不經由思維的「自動寫作」（一般靈媒偶見的非自主性寫作，另當別論）。

由此可知，把「思維與寫作」當作討論的對象，或者再將討論的結果形諸文字，這就是一種後設性的思維或寫作。這種後設性的思維或寫作，還得接受考驗（也就是受後後設性的檢視），才能「確保」它的合理地位。這樣說來，前面所舉例（那不純粹是個人的假造，市面所見相關的論著，幾乎都是那個樣子）（布裕民等，1997；淡江大學「中國語文能力表達」研究室編，1999；朱艷英主編，1994；方適，1998；余承濱，1995；林慶彰，1998），也就太過窄化了（至少也得具備一點自我後設反省所論「如何可能」或「如何保證有意義」的成分才行）。即使各種有關「思維與寫作」論域的劃定，都難免不著染想像的色彩（也就是並非所有相關論域的劃定都是由經驗歸納而來的），那麼又何必要那樣「自我侷限」，而不把它想像得「寬廣」一點？現在個人再重拾同樣的話題，自然得力避前人所走的狹路，才能顯現一點「欠此不得」的新論述的意義和價值。

二、「思維與寫作」課程的多重考驗

討論「思維與寫作」的課題，多少有「下指導棋」的意味；以至把「思維與寫作」列入課程，也就是一種順理成章的演變，它最後由教育機制保障了相關權力意志的絕對遂行。問題是人是一種能夠無止盡後設反省的動物，總有幾位會發現在這個支配和被支配的過程中，有些東西是不能被去除掉的：

　　首先，「思維與寫作」的課題究竟是為誰而提出，而對方又為何需要了解這個課題？這是一個內在自我對諍的問題。也就是解決了當中一個層面，還得遭遇另一個層面的抗衡，基本上很不容易消解。好比說我們會設想現在的「大一新生」缺少思維的訓練，也不懂得怎麼寫作，所以得由我們這些比他們有經驗的教師，藉由這類課題的討論來教導他們。但對方為何要被人假定成這副樣子？難道他們先前已經思維／寫作了十幾年（或說受了十幾年思維／寫作的訓練），一點也不可能有超越常人的地方？再說各人腦海中早已形成特定的「模子」（葉維廉，1983：1～25）以及深受詮釋學所謂「前結構」的制約（張汝倫，1988；殷鼎，1990；潘德榮，1999），誰能確定它還有被改造的可能性以及在接受的過程中不會有誤差？諸如此類，設計課程的人（教學者），豈能不加以考慮而一廂情願的「硬塞」？

　　其次，這個課程可以設定的內容，理應廣到無法想像的地步（光前節所分辨的那些條目，納進來就可以繁衍出一大片的理論），大家又要如何取捨？一般的情況，擔任這個課程的人都只是教自己所懂、所會的有限的東西（詳見第六章），其他還有更多自己所不懂、所不會的東西在「挑釁」著；而受學者可能更想學教學者所不擅長的部分，這樣要如何才能取得平衡，甚至更根本的這種課程「這樣」設計還有意義嗎？再說，即使教學者所教的恰巧是受學者所需要的，那也得有所保留，而不能視為「正合初衷」。理由是所謂恰巧為「受學者所需要」，只能是某一特定點的「碰觸」而讓受學者有「深獲我心」的感覺，一旦要論及全盤性的「轉移」（也就是教學效果的全面達成），就不能再過度樂觀了。教學者那一套思維術或寫作術，甚至背後整體的思維或寫作的理念，都不是容易在有限的時段和非純然可由自己掌控的情況下「如其所願」的進入受學者的心裏；最後難免會出現教學者熱度有餘而受學者消受有限的「資源浪費」情

況，使得該課程在設計和實施的過程中，需要一再的面對「如何衡情」和「如何酌量」的雙重困擾！這又豈能不一併計算而胡亂以對的「瞎矇」？

再次，「思維與寫作」課程既然成了事實，並且沒有裁撤或取消的跡象，這在某種程度上還是有肯定它仍有設立的必要性的意味。光就這一點來說（而暫且不管它的設立是否有意義），勢必也要接著思考教學和學習效果的評鑑問題。但它依上述已經隱含有那麼多難題，這種評鑑究竟又要如設定？當教學者所教的東西並非受學者所需要或所感興趣的東西而遭抗拒或漠視時，教學者能因此認為受學者學習不力而不予及格或較高的成績嗎？還有受學者如果以非相關教學者的要求而反應完成的作業或答題，教學者也能因此不予考評或令其重來一遍嗎？答案如果是肯定的話，那麼就要問這樣「片面」的決定公平嗎？反過來，那麼也要問這種「漫無標準」的設計合理嗎？此外，一個更深層次的問題是：思維或寫作本身都有表層結構和深層結構。前者包含思維或寫作可能有的題材對象、形式技巧和風格特徵等等；後者包含思維或寫作所隱藏的旨趣、意圖、情感、世界觀、存在處境、個別潛意識和集體潛意識等等（周慶華，1996a；1996b）。這又如何在教學的過程中一一觸及並追踪評鑑受學者的學習成效？如果在這裏面還要再分輕重緩急（因為實際上有種種條件的限制而無法面面俱到），那麼又有什麼可靠的標準可以作為依據？類似這些問題，又豈是不經一番審慎的考慮和抉擇就能服己服人的摶成「圓滿」的結果？

這樣一來，有誰敢說自己有把握能「順利」的教學「思維與寫作」的課程？最後難道不是都由有權威的一方佔盡了支配的便宜？倘若不那麼快的把上述的細節遮去，那麼這個課程還可以有怎樣的規劃？我想這是教學者最終且迫切要解決的一大問題。

三、邁向「基進之路」的必要性

在這裏，我先以兩段話來帶出底下的一段思路：「當你和我都具有雙唇和聲音，可用來歌唱和接吻，誰還會去關心那個無聊的傢伙發明了度量春天的工具呢」（白秀雄等，1995：23 引康明斯語）、「在這條命途的半路上，我醒轉過來，發現自己身處一座黑森林，正確的路向已經完全消失不見」〔史密斯（H. Smith），2000：2 引但丁《神曲》〕。沒錯，誰都可以自由或恣肆的決定自己的生命向度；但在這種決定的過程中，卻得面臨欲望／厭倦的無盡循環以及是否能如此順遂的不確定變數（也就是選擇生命向度往往不盡如人意；而一旦有所選定，也未必會在生命終結前因自我嫌棄而得有重來或更新的機會），最後豈不是要再接上猶如深陷一片黑森林而不辨方向的命途？我們面對「思維與寫作」課程，也得有包容或正視它在不同受學者的自由向背權利以及自己在設計課程內容上的似備而實未備的弔詭情境。

既然一切都「勉強不得」，那麼我們改走基進的路又如何？所謂基進，是一種空間和時間中的關係，是一種特殊的相對關係。它在被運用時，有衝破一切藩籬的效力和不拘格套的自主性。如呈現在空間關係上，它就反對一切傳統霸權式的空間佔領策略（由侷限在山頭的堡壘逐漸蠶食鯨吞到控制廣幅空間流動的一方霸主）；而呈現在時間關係上，它也反對一切傳統霸權式的時間佔領策略（一方面它透過歷史的造廟運動不斷地「塑造」悠久連續的傳統，一方面它以「負責的」社會工程師自居不斷地預言未來秩序，建構未來的新社會）（詳見第四章第五節）。把這種觀念運用在「思維與寫作」課程的設計和實施上，它可以激發出底下這樣的想法：首先，以基進的作為掃除思維或寫作的內在可能有的疆界（如「某一特定類型的

思維或寫作」之類），然後再回頭權宜的守住思維或寫作的外在可以有的疆界（如基於權力意志或教化理想對於具有創新性或啟發性的思維或寫作的召喚）。以上二者，可以成為一體的兩面或相互的解構對辯，讓它在「隨機」的帶出或雙接中靈活自己的應變能力，也讓周遭的環境常存活潑和新生的氣息。其次，這種基進觀念所以要「落實」，不是因為它在理論上有什麼必然性，而是它在實際上相對的可以帶出或刺激另一階段的基進的作為，使人類的文化永遠得以保持「活力」。再次，基進既然是在挑戰或突破「規範」（傳統），那麼它就無法預設止境（也就是基進之後如果又形成了另一種規範，那麼它就需要再基進。依此類推，可以無窮盡的「基進」下去）。在這種情況下，也就不能限定「終程」；它毋寧要讓結局開放，以便有再啟另一波基進創新的機會。這樣豈不是比其他相關的考慮更具有「開展性」？

　　現在姑且以我在擔任「思維與寫作」課程期間曾經設計來作「明喻暗示」用的一些「小問題」為例，予以印證。這些案例，所期待「隨機」出現的，有的是避開尋常或泛泛的答案（視同既成的規範）而專取一個較為新鮮或較有啟發性的答案（視同挑戰或突破規範），如「如果有上帝的話，那麼蟑螂腦海中的上帝是什麼樣子呢」（預設答案：依黑人神學或女性神學視上帝為黑人或女性的情況類推，蟑螂腦海中的上帝也是蟑螂那個樣子。以此來對諍人世間的「思想殖民」）、「吃軟糖能不能培養出戰勝蒼蠅的喜悅感呢」（如果不能，該當如何？預設答案：改以讚美蒼蠅來轉移對蒼蠅的厭惡，終而滋生戰勝蒼蠅的心情。在這裏軟糖／蒼蠅隱喻關鍵物／仇敵，可以藉此對治人世間「權益衝突」的白熱化）、「葬儀社最不喜歡接那種生意呢」（預設答案：在床上作愛而暴斃者；因為他們要花許多時間才能慢慢撫平死者臉上欲仙欲死的笑容。這頗能隱喻「人倫」的無所不

在而一醒想縱欲的人自我謹慎「別因自己的快樂而遭致別人的痛苦」）等等；有的是捨棄執著或信守單一的答案（視同既成的規範）而嘗試推衍多重答案（視同挑戰或突破規範），如「你喜歡我們班的美美嗎」（有人對你這樣提問，你回答喜歡或不喜歡，就是沒有深度的回答。倘若改以這麼回答：「你所謂的喜歡，如果是指好感的話，那當然我對你們班的美美是有好感的；如果是指想跟她進一步交往的話，我可沒有那個膽量……」，這就有深度多了。藉此可以激勵不善思維的人「脫離困境」）、「美女為什麼少笑或不笑呢」〔美女少笑或不笑，可能是生理因素（美女五官比例恰到好處，笑會牽動嘴角和臉部神經，久了不免變形；所以少笑或不笑，才能持續顯示她是個「美女」）；也可能是心理因素（美女所見人都不如自己，對他笑豈不有失「美女」風格呢）；還可能是社會因素（美女所處環境多會藉她來展現才藝或裝飾，但不需要她以笑來「轉移焦點」，所以她也就少笑或不笑了）；更可能是文化因素（如某些宗教或民俗有以笑為戒或視笑的次數跟智商的高低成反比之類，美女「身在其中」，自然就少笑或不笑了）。如果有人單執其中一項，都難免有「掛一漏萬」或「見樹不見林」的遺憾！而據此也可以牽引思維貧乏的人「廣開蹊徑」〕等等。而不論如何，這都不具有絕對性；目的只在探索各種可能的「新變之路」，為凡庸的人生或僵滯的文化增添色彩或重啟新局。除非大家都安於現狀，不然基進這條路勢必得有人身先士卒的前往一闖！

四、能夠基進之後

　　也許有人會認為基進本身不應該再預設「去向」的立場（略如上述或「避」或「取」那一類思路），所謂「基進者的攻擊和批評，

不是藉著向一反動系統的挑戰，以形成一『進步』的新系統（一個進步的『正常和不正常』的新分類系統）。恰好相反，基進者的傳統革命性較低，他不爭社會或文化霸權，但他的基進革命性卻更高。他所挑戰的，是那個『霸權性』、『系統性』本身。他要打碎的，正是一切『正常和不正常』分類所立足的權威系統……在這樣的意義、策略和要求之下，『基進』和『極端』（或『偏激』）彼此是完全不可比較、無法混淆。它們也無法以在左／右派、進步／反動、理性／蒙昧、真理／虛偽等這些啟蒙式的分類系統來加以了解。基進者固不願成為一被診斷下的極端者，他當然也更無意佔據一『新診斷』者的系統中心的位置。他所要打亂、破碎的正是這個『極端者；溫和者；診斷者』所構成的權威系統本身。無論任何一種形態的文化霸權、社會解釋權、民族診斷權，均可以是企圖吞食一切的權威系統的變相。基進者所要求的是一局部、自己的空間，他珍惜『局部性』、『非系統性』、『相對性』這樣的社會空間位置。在這樣的意義之下，基進性才是權威性和系統性最徹底的挑戰者，基進者的社會位置也才能跳出『進步和反動』互相交替的歷史循環之外，求得一自主而深耕的空間」（傅大為，1994：4～5），就隱含有這個意思。但這也不過是較弱化（或套用論者的「相對性」說詞）的「自我封閉」而已，基進仍然不免要成為一種新的規範（以「基進」為訴求的新規範）（周慶華，1998：3～6）。「脫困」之道，只有不斷地自我超越（也就是基進之後還要自己再度的基進或容許他人基進性的對諍）。此外，恐怕再也找不出更好的辦法了。

　　假使能夠有這樣的自覺，那麼我們還可以設想有一些較為具體的基進向度，如以逆向思維（如顛倒事物或幻化怪誕之類）或反影響思維（如曲解或諧擬或反諷之類）來結構作品，而展現寫作者在對象寫作上的「本事」。至於後設寫作或後後設寫作部分，也不妨以

科際整合的方式來凸顯它的基進性（周慶華，1997a；1998；1999b；1999c；2000a）。而由此可以回頭「解決」前面所提出的一些問題：如在教學者無法廣知思維或寫作的範圍而還要擔任這類課程的教學的前提下，只得權宜的以自己所擅長的領域所可以基進的部分，盡量提供給受學者參考，冀望他們也能在他們所感興趣的領域去「舉一反三」，齊造一個更有朝氣和前景的環境。至於學習成效的考核，則不妨從寬處理，只要能展現基進功力的（不限於那一領域），都得給予高度的肯定；而不能展現基進功力的，只要願意跟著一起思維或寫作，也得包容而無從令其重來或不予及格。這樣依舊難免教學者權威的「不盡合理」行使，但這已是「不得已」情境下的底限了，總有一方要勉為忍受。

由於這門課程的名稱較為「中性」（不像其他專業科目，可以因受學者將來的就業或深造需求而強迫或半強迫他們學習），以至上述的種種考量，就只適用於該課程，而不為其他課程的「共有現象」（但不妨如此看待）。這是現有教育體制下最低的「要求」；否則所有課程都可以在先決條件上予以取消（一如第二節所說的那樣），最後就不僅僅「思維與寫作」課程要這樣費心去斟酌它的勉強「存活」之道了。

第八章　寫作教學研究發凡：

觀念與實踐的辯證

一、引言

（一）寫作的界定

　　寫作，在這裏把它當作書寫的同義詞，為從事組織語言的歷程；它跟文學領域所常稱呼的「創作」略有差異。根據一般的用法，「創作」雖然偶爾也跟「製作」作同義的使用，但它卻頗有別於也同沾「製作」之名的「翻譯」或「模仿」〔謝天振，1994；姜普（J. D. Jump），1986〕；以至為了保留或限定它的特殊意涵，大家已經多將它等同於「獨創」或「創新」（虞君質，1987；孫旗，1987；高瑞卿主編，1995；朱艷英主編，1994）。雖然如此，大家所說的「獨創」或「創新」的標準卻很難找著或根本不存在，而不免使該說法含有「想當然耳」或「一廂情願」期待的成分。因為所謂的「獨創」或「創新」並不像一般人所設想的那樣容易判定。如自然學科中所有「新事實」或「新理論」的出現，即使排除「作偽」的部分〔布羅德（W. Broad）等，1990；拉德納（D. Radner）等，1991〕，也難以指出它完全「前無所承」（國立編譯館主編，1989；郁慕鏞，1994；張巨青等，1994）；又如人文學科或社會學科中所有「新作品」或「新文本」的裁定，也會因為隱藏的「罅隙難彌」（也就是各作品或各文本都處在相互轉

化或相互指涉的情境中）而不得不發生動搖，也同樣暗示著憑空創新或獨立構設的困難（周慶華，1999c）。因此，假使仍要給「創作」保留一個創新的空間，那麼這種創新就只是能顯現「局部差異」的創新（而不是「全部差異」的創新）。這樣依舊無妨它是可以或必要追求的目標，也就是寫作的「進境」所在；而這時稱它為「優異的寫作」，也未嘗不可。在這種情況下，「創作」就為「寫作」所包含（周慶華，2001b）。

　　既然寫作是指組織語言的過程，那麼接著可以再問的是：該組織以及所組織的語言究竟是什麼？這總稱為「寫作的性質」問題（還可以細分為「寫作本身的性質」和「所寫作對象本身的性質」兩個次問題）。前者（指該組織或寫作本身的性質），不外有描述語言現象或以語言形式存在的事物、詮釋語言現象或以語言形式存在的事物的內蘊和評價語言現象或以語言形式存在的事物的功能等等；而這些「描述」、「詮釋」和「評價」等等，就是寫作本身所能抽離判別的極致。此外，它還可以衍生或分化出第二層次的組織方式，如「再現」或「重組」或「添補」既有語言現象以及「新創」語言現象等等。至於後者（指所組織的語言或所寫作對象本身的性質），它在終極終上是「對話」；也就是所組織的語言必然牽涉著寫作者和接受者之間的關係，使得語言的發處和它所要到達的終點，形成一個交談或對諍的態勢（就是對話）。由上述可知，寫作就是透過描述、詮釋和評價等手段，或顯或隱的跟接受者對話，進而直接或間接的參與了「推移變遷」或「改造修飾」語言世界的行列（接受者認同接受該作品，該作品就會成為推動語言變遷的一股力量）（周慶華，2001b）。而該「推移變遷」或「改造修飾」語言世界一事，也就成了寫作本身的文化理想性所在；有所感應的人，都會排除萬難奔向前去。

（二）寫作教學的課題是怎麼發生的

　　從整體上看，人類的寫作已經發展出前現代、現代和後現代等
不同形態的差異，而前現代也有西方和非西方等文化類型的不同；
當中同系統的「突躍轉進」或異系統的「不可共量」，都不是一般人
所能輕易分辨和掌控的。以至後出的寫作要在「前人的肩膀」上向
前伸展，就得有經驗較為豐富的人來帶領或引導，而直接間接的證
成寫作需要教學的課題。此外，任何作品（文本）從構思到寫作完
成，所會涉及的形式、技巧和風格等問題，也在需要教學的行列，
而使得此一課題在相當明顯的層次上必須受到注意和重視。

　　以寫作的形態來說，世界現存的三大文化系統就各自發展出互
不統屬的類型：

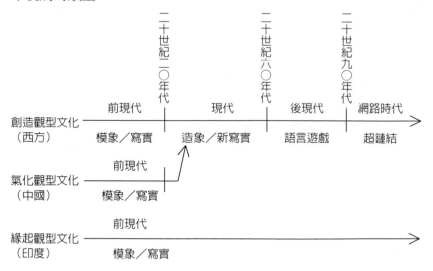

這些類型原都著重在模擬或仿效各自的信仰對象的風采或作為：如
西方人所信守的創造觀（上帝創造宇宙萬物觀），就在模擬或仿效上
帝造物的本事；而中國人所信守的氣化觀（自然氣化宇宙萬物觀）

和印度人所信守的緣起觀（因緣和合宇宙萬物觀），就在模擬或仿效相應的「氣化」和「緣起」觀念而致力於「綰結人情，諧和自然」和「生死與共，淡化欲求」的人間網絡的經營和拆解。這種情況至今仍然斷斷續續在持續著；只是當中已經有新的質素介入而開始產生某種程度的量變和質變。首先是二十世紀初出現了「造象」這種現代派的寫作觀念。它先源起於西方社會，然後才擴及到非西方社會。原因是創造觀型的文化所預設的上帝為一無限可能的存有，西方人一旦發現自己的能耐可以跟上帝並比時，不免就會不自覺的「媲美」起上帝而有種種新的發明和創造（這從近代以來西方的科學技術的快速發展以及各學科理論的極力構設等，可以得到充分的印證）。其次是二十世紀中出現了「語言遊戲」這種後現代派的寫作觀念。它也先源起於西方社會，然後才擴及到非西方社會。原因是創造觀型的文化所預設的上帝為一無限可能的存有性遭到西方人自我的質疑而引發的一種分裂效應（透過玩弄支解語言來達到「自由解放」的目的）。當中創造觀型文化內的寫作表現從二十世紀末以來又有新的發展（也就是網路超鏈結化）；而氣化觀型文化內的寫作表現從二十世紀初以來就轉向西方取經，逐漸要失去「自家面目」；至於緣起觀型文化內的寫作表現本來就不大積極，也無心他顧，所以雖然略顯「素樸」或「板滯」卻也還能維持一貫的格調（周慶華，1997a；2001b；2004a）。而這就得在相關的教學中妥善處理，以便學習者能清楚自己的立場以及預估未來可以發言的方向。而我們從後設的角度來研究此一課題，正是為更加開闊議題，而期待有助於寫作效應的實質性進展。

（三）寫作教學可以研究些什麼

把各種形態的寫作落實下來，而依所使用語言的性質及其呈現方式的差異而區分抒情性文章的寫作、敘事性文章的寫作和說理性文章的寫作等，這就可以得出更多的次類型：

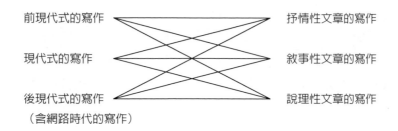

這些次類型的寫作，又可以根據前面所說的描述、詮釋和評價等手段以及再現、重組、添補和新創等方式而各自成就所要成就的具體樣式：

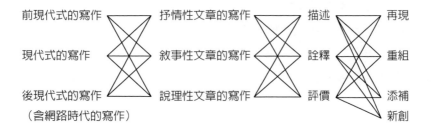

如果寫作教學的研究還得考慮範圍的話，那麼它就盡在這裏了。換句話說，寫作教學的研究想有個準的，難免要先劃定範圍，而這個範圍依上述的情況來看是沒有理由比本圖示更寬廣的了。

依照這個圖示，幾乎所有寫作教學的課題都可以從中「得著定位」和「適度討論」。比如說，假使有人構設這麼一段敘事性的文字：

「陶南才坐下來，就聽見兩個女生在交談。當中一個說：老四剛剛在餐廳吃飯，餐盤中有一顆滷蛋，她用筷子一夾，滷蛋順勢彈了出去，掉在對面另一個人的湯裏，濺了人家一身。她趕忙起來向人家道歉，並為對方擦拭；沒想到又把餐盤弄翻了，這下對方連臉上都是飯菜。你看，這種笨手笨腳模樣，真是豬噢！」那麼我們馬上可以判斷它是前現代式的（不論中西），並且兼用描述（從開頭到「你看」句之前）、詮釋（「這種笨手笨腳模樣」）和評價（「真是豬噢」）等手段（至於它所採取的方式究竟是再現或重組或添補或新創，則不明確）。即使是這樣，我們也能進一步指出該段文字的描述部分已經隱含有「這種笨手笨腳模樣」的詮釋和「真是豬噢」的評價（雖然它們是轉述語），實在不必再添蛇足而剝奪讀者自行判斷的空間（說不定讀者會認為那個出糗的女孩是在創造「一個新鮮有趣的世界」，這將更有啟發性）（周慶華，2004b：49）。其他的案例，可以依此類推，而使寫作教學真的能有助於寫作的「日益提升」。而所謂寫作教學可以研究的範圍，就是類似上述這種相關寫作教學的整體或細部的問題；它包括一般性研究各種類型的寫作的教學理論和實際、行動研究各種類型的寫作的教學和專門研究各種類型的寫作的教學方法論等等。

二、寫作教學的理論基礎

（一）從寫作到教學的認知發展

既然寫作教學有它的重要性，那麼在使它變成一種可行性之前，理當還要有一些觀念的形塑作為它的理論基礎。這首先是從寫作到相關教學的認知發展。

　　從寫作到相關教學的認知發展並沒有一定的方向；不過總得關聯下列幾個方面：第一是有關寫作的部分。寫作可以比擬工廠的系統化生產：

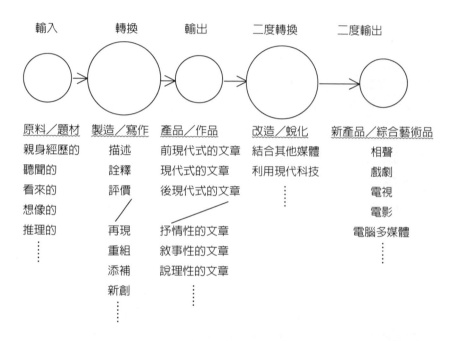

輸入　　　　轉換　　　　輸出　　　　二度轉換　　　　二度輸出

原料／題材　製造／寫作　產品／作品　改造／蛻化　　新產品／綜合藝術品
親身經歷的　描述　　　前現代式的文章　結合其他媒體　　相聲
聽聞的　　　詮釋　　　現代式的文章　　利用現代科技　　戲劇
看來的　　　評價／　　後現代式的文章　　⋮　　　　　電視
想像的　　　　　　　　　　　　　　　　　　　　　　　電影
推理的　　　再現　　　抒情性的文章　　　　　　　　　電腦多媒體
　⋮　　　　重組　　　敘事性的文章　　　　　　　　　　⋮
　　　　　　添補　　　說理性的文章
　　　　　　新創　　　　⋮
　　　　　　　⋮

當中的二度轉換是寫作「別為展現生機」的好辦法；倘若轉換成功了，那麼很可能會回饋給相關的寫作而刺激另一波的「創新之旅」（當然也有不經過二度轉換而直接創作綜合藝術品的；這也一樣有反過來助益相關寫作的尋求突破之道的可能性）。因此，這個架構就同時可以提供實際寫作的人以及從事寫作教學的人的自我評估和引人趨向的參考依據（周慶華，2004b：4～5）。

　　第二是有關寫作所需要的條件的部分。寫作所需要的條件，廣及存有的感召、價值動機、寫作動機（包含抒情動機、敘事動機、

說理動機等等)、權力欲望的發用等心理條件和意識形態的制約、權力關係的制約、傳播機制的制約等社會條件以及終極信仰的制約、世界觀的制約、生活習慣的制約等歷史文化條件等等（周慶華，2001b）；限於篇幅，無法在這裏盡述。

第三是有關寫作教學的理念及其方法的部分。寫作教學的理念，主要是「寫作教學可以轉益文化的發展」（也就是認定寫作教學可以間接促成「推移變遷」或「改造修飾」語言世界的實現）。至於寫作教學的方法，則依便可以有講述法／成果導向寫作教學法（也就是寫作活動由教學者支配）、自然過程法／低結構性過程導向寫作教學法（也就是寫作活動由學習者支配主動發起）、環境法／高結構性過程導向寫作教學法（也就是寫作活動由師生共同責任分擔）、個別化法／輔助式成果導向寫作教學法（也就是受學者向小老師或電腦學習寫作並獲得回饋）等（張新仁，1992）個別或綜合用來實施。

（二）寫作教學的現實與理想需求

由寫作教學的「重要性」到寫作教學的「可行性」之間，還有一個寫作教學的「必要性」要補入，前後才有邏輯的關聯。因此，在從寫作到相關教學的認知發展之後，得再有寫作教學「何以必要」的觀念的確立。

寫作教學何以必要這個問題，在表顯的層次上可以有兩種回答：第一種回答是寫作教學有現實的需求。我們知道人類文化創造的成果大多藉由寫作呈現；以至教人寫作就是為了教人參與文化的創造而免於人生的凡庸化。所謂「沒有任何一個存在主義者把握到使我們面對死亡時，不同態度的真正重點。尼采在《歡悅的科學》一書內把握了這一點：『有一件事是必須的：就是人們由於自己的成

就而獲得滿足（不管是由於創造或寫作）。只有如此，人才能忍受死亡。任何對自己不滿的人，都會變得殘暴不仁。我們其他人就成為他們的受害者；僅僅因為我們要阻止他們的悲觀。人由於悲觀絕望，才會變得邪惡而焦慮。』或者如詩人賀德林所說：『那生存的靈魂，如果在生前沒有進入神聖的境界，死後也將無法進入另一個世界。』只有使自己的生命充實的人，才能毫無憂懼地面對死亡：『只要我曾如聖人般的活著，我就不需要其他了。』」（葉頌壽，1987：259～260），當中尼采的創造或寫作說，把它轉成寫作教學，也一樣可以聯到參與文化的創造的急迫感上。換句話說，寫作教學回饋給寫作而參與了文化創造的行列後，就是為了引導人脫離「白活」（而最終不能坦然面對死亡）的恐懼。

　　第二種回答是寫作教學還有理想的需求。我們可以設想：生命如果流轉不息而每一世的成就都有益於另一世的榮光的話，那麼寫作以及教人寫作等就可以在這個特定點上「稱勝」（周慶華，2002a）。所謂「有唯理主義傾向的原子論者德謨克利特先是弄瞎自己的眼睛，後又絕食而死；而感覺論者和快樂論者伊壁鳩魯卻坐在盛滿溫水的澡盆裏手捧著酒杯『幸福』地走了；道德哲學家蘇格拉底執意避惡從善，不惜飲鴆自殺，臨終前還不忘囑咐他的朋友替他還人一隻公雞；堅信世界無限、實體永存的布魯諾聽到宗教裁判所的判決後，無畏地高喊『你們宣讀判決比我聽到判決更加膽顫』；而相信『知識就是力量』的弗蘭西斯‧培根是在對知識的『熱烈搜求』中『靜靜地死去』的；跟封建勢力和宗教蒙昧主義拚搏了一生的狄德羅的哲學遺言是『邁向哲學的第一步就是懷疑』；近代最傑出的批判哲學家康德的最後一句話是『夠了』，而他的墓碑上則刻有他最重要的哲學格言『位我上者，燦爛星空；道德律令，在我心中』；渴求永恆的叔本華的墓碑上遵其所囑，沒有生卒年月，只有『阿圖塞‧叔本華』

幾個字;鼓吹超人哲學的尼采以『釘在十字架上的人』的身分離開人間;極端強調人的個體性的克爾凱郭爾只要求在自己的墓碑上刻上『那個孤獨者』」(段德智,1994:8),我們可能會為這些有過成就的人這般悲壯的面對自己生命的終了而感到惻怛,但那裏知道他們的成就卻已經在文化的長河裏熠熠發光。而如果生命的去處和轉寰還有自己可以察覺的空間以及別人可以感念的餘地,那麼現世成就的「持續性」榮光就不再是一件不可能的事。而所要有的成就由寫作來完結,也就成了可以「世世流傳」而榮耀不盡的保證。這時寫作教學仍舊要在背後當起「促動力」的角色。

倘若上述這種現實和理想的需求還不足以解釋寫作教學所以必要的緣由,那麼我們就得再實際一點,從比較深層次的心理需求來考察,也許可以找到我們所要的答案。而這得過渡到下一個課題去討論。

(三)一種志業與權力欲的交鋒

可以參與文化的創造以及能夠冀望現世的成就有益於另一世的榮光,是使寫作成為一種志業的依據;同樣的,寫作教學也是以可以間接促成這種參與文化的創造以及相關榮光的延續的實踐而自我提升為一種志業。但這種志業所以可能,不是因為志業本身「非有不可」,而是更根本的它可以滿足人的權力欲望;以至從寫作到寫作教學的志業性,就不得不跟權力欲望有所交鋒。

這種交鋒,可以促進志業的實現,但也可能造成志業的變質,關鍵就在該權力欲望是「怎麼伸展」的。所謂權力欲望,是指影響別人、支配別人的想望〔韋伯(M. Weber),1991;佛思(S. K. Foss)等,1996〕。前者(指影響別人的想望),是對於自己的作為能啟發

別人或獲得別人承繼的渴念（陳鵬翔等編，1992；李達三等主編，1990）；後者〔指支配別人的想望〕，是特別期待自己的作為能達到規範別人或制約別人的效果（周慶華，1999c）。這種欲望可以統攝「謀取利益」、「樹立權威」和「行使教化」等想望，或者直接說它是「謀取利益」、「樹立權威」和「行使教化」等想望中的想望。因為謀取利益涉及利益的多沾或多得（相對的別人就少沾或少得），可以說是權力欲望的「變相」發用，樹立權威則無異是該權力欲望的遂行；而行使教化更是該權力欲望的「恆久」性效應。這也就是前面所提過的相關的「推移變遷」或「改造修飾」語言世界的終極真實所在；而該志業的志業性和權力欲望從而也就「結合為一」了。有人曾經考察到：

> 文學理論家、批評家和教師們，這些人與其說是學說的供應商，不如說是某種話語的保管人。他們的工作是保存這一種話語；他們認為有必要對它加以擴充和發揮，並捍衛它，使它免遭其他話語形式的破壞，以引導新來的學生入門並決定他們是否成功地掌握它。話語本身沒有確切的所指，這不是說它不體現什麼主張：它是一個能指的網絡，能夠包容所有的意思、對象和實踐。某些作品被看作比其他作品更服從這種話語，因而被挑選出來，這些作品於是被稱作文學或「文學準則」。人們通常把這種準則看作十分固定，甚至在不同時代也是永恆不變的，這在某種意義上具有諷刺意味；因為文學批評話語沒有確切的所指，但它如果想要的話，卻可以把注意力或多或少地轉向任何一種作品。準則的某些最熱心的保護者，已經不時地表明如何使這種話語作用於「非文學」作品。〔伊格頓（T. Eagleton），1987：192～193〕

這所涉及的話語形式（意識形態）間的競爭，說穿了就是權力欲望的不容妥協（周慶華，1996a）；否則又何必如此堅持己見（並透過相關的話語外發）？而這一權力欲望，是人所能意識的範圍內的終極性的存在；包括寫作教學在內的有關行為如果不基於它，幾乎無法想像是怎麼可能的。換句話說，倘若不是權力欲望的發用，即使有再多其他的動機或激勵，那麼也無能十足促成相關志業的成行。在這種情況下，權力欲望和相關志業就可以成正比的關係發展（也就是權力欲望越強烈的，就越有助於相關志業的實現）。至於有造成相關志業變質的現象的，那是因為缺乏規模可長可久的相關志業的能耐卻徒有影響／支配的衝動，導至要以權力欲望來迫使不甚高明的相關志業的推動而釀至不當「思想殖民」災難的結果。因此，倘若這種不當「思想殖民」災難不宜擴大的話，那麼所有的權力欲望就得多「讓」一點給相關的志業（也就是仍然可以一邊淡化權力欲望而一邊強化相關志業），才能保證後起的同類型作為可以被「殷切的期待」。

三、寫作教學研究的專題化取向

（一）寫作教學研究的實際與侷限

現在我們要以寫作教學作為研究的對象，這在實際上就得把前面所提到的相關問題帶出來給予全面且深入的討論。而從樂觀一點的角度來說，每一個從事寫作教學研究的人，最好都要能經歷底下這樣的歷程：「寫作→寫作教學→寫作教學研究」。但在這個「理想」的進程中，每一個環節都有問題存在。如在寫作部分，研究者未必擅長每一種類型的寫作；在寫作教學部分，研究者未必有能耐或能

夠順利的教學所擅長類型的寫作（更何況還有所不擅長的部分）；在寫作教學研究部分，研究者未必有辦法或有遠見的進行所擅長類型的寫作教學的研究（相同的更何況還有所不擅長的部分）。這就不免發生「實際要寫作教學研究怎麼樣而執行時卻深受侷限」的「質兼量」上的遺憾！

　　還是從最後一關的「研究」本身開始談：所謂的研究，就性質來說它可以顯現在「描述、詮釋和評價」寫作教學的個別案例或「說明或解釋」寫作教學的普遍道理上；而這一「描述、詮釋和評價」或「說明或解釋」的作為本身，也應該有它的目的可說（我們不合說它的目的就在「描述、詮釋和評價」寫作教學的個別案例或「說明或解釋」寫作教學的普遍道理；否則就成了循環論證）。所謂「人們總是為解決某一問題而有意識地去研究的。因為存在難解決的問題，才需要進行研究、探討，才有一系列的科學實踐活動。湯川秀樹為說明核力的性質而提出介子理論；德伯呂克為弄清基因的自我複製而研究噬菌體。基礎研究（實驗的和理論的）是如此，應用科學、工程技術研究也是如此。為提高蒸汽機的熱效率，瓦特提出了分離凝汽器；卡諾提出了理想熱機循環。為解決高層建築的沉陷、倒塌等問題，進行了地基承載能力的研究，出現了深基礎和表層處理的技術」（劉元亮等，1990：91），這說的是科學研究的目的在於「解決問題」；寫作教學研究的目的理當也是這樣。不過，研究在高一層次上還得負有指引一新方向的任務（韋政通編，1987；周慶華，1998），而使得寫作教學研究在終極上要能夠發揮「帶領潮流」或「鼓動風潮」的作用。但一個研究者又如何得知有這個趨勢而高效率的從事相關的研究？這實在不得不深深地挑激著研究者的見識和毅力。至於寫作教學所要有的臨場經驗以及寫作所得具備的眾多條件

（見前），也一樣在在的考驗著研究者是否真有本事邁向寫作教學研究的路途，這就不必多說了。

（二）寫作教學研究的專題化傾向

因為寫作教學研究有上述的不確定性，所以在實際進行研究時就得採專題的方式來自我試煉。這種專題化的取向，一方面顯示自己能力的侷限；一方面則在預告專精式的研究進路。後者（指預告專精式的研究進路）是說當我們沒有能耐全面性的研究各種類型的寫作教學，只好退而求其次的研究某一特定類型的寫作教學。這種特定類型的寫作教學研究，未必能夠充分解決上面所提及的見識、能力一類的問題；但它一定是專精式的，也是我們可以繼續向前展望的「一個起點」。

雖然如此，這種專精式的研究卻得勉強把它導到專業、甚至專家預測的路途上去（而不只是求內在自我的片面或僻狹式的完足）。雖然專業的強調本身也無法避免在一個特定的權力關係網中定位：「正如強森所說『專業不是一個職業，而是控制職業的一個工具』。換句話說，專業和權力有關。它們所以看起來像職業，主要是因為它們具有高度的權力和控制；而這些到最後是用來使執業者獲利而不是顧客。專業的知識及影響，不但使執業者和顧客之間出現一種不平等的權力關係，還使得執業者有了一個可以宣稱自主和取得報酬的重要基礎。在這些名義下，專業不再是一個靜態的描述或實質的類目，而變成了權力關係及權力衝突的一部分；它是長久以來特定的職業為了專業權力、專業地位和專業報酬的一種競爭後的變遷結果」〔歐蘇利文（T. O′Sullivan）等，1997：315〕；但它的非常識性的專門知識的形塑卻也不能予以忽視。而專家預測已經是現代

社會中所不可或缺的一種探得未來的方法：「專家預測法，透過徵詢富有經驗的專家個人或集體的意見，對事物的未來進行估計和判斷的一種預測方法。這種方法主要利用專家的經驗和主觀判斷，請他們根據事物過去的發展狀況，對事物的未來發表意見，作出估計；然後對專家意見進行分析和綜合，從而作出預測」（王海山主編，1998：372）。這可靠性如何，容或有爭議的空間；但一旦少了它，我們對未來會更充滿「不確定」感。所謂專精式的研究，就是要朝這種專業、甚至專家預測的方向去展現實力（也就是儘量使自己所從事的特定類型的寫作教學研究有專業水準、甚至像個專家在發言且能預卜未來）。它固然會遇到許多「難能臻至」或「凌虛蹈空」的障礙或指責，但不這麼自我期許也沒有更好的其他的辦法。

（三）寫作教學研究的專題化模式

　　話是這麼說，所謂專精式的研究，也不是「不學而能」，它仍需要有更多的「方案」來刺激它的成形。由於這種專精式的研究是以專題為導向的，所以能夠用來刺激它的成形的也是有關這方面的方案。這無妨先這樣自我發問：既然寫作教學研究要走上專題化的道路，那麼接下來的問題是：我們究竟有什麼樣的機會選擇？

　　所謂我們究竟有什麼樣的機會選擇，這可以從問題意識、價值意識和方法意識等層面來綜合考慮。所謂問題意識，是指研究寫作教學，儘管可以「描述、詮釋和評價」寫作教學的個別案例或「說明或解釋」寫作教學的普遍道理，但這種個別案例或普遍道理的選擇處理如果不能更有益於當下或未來的寫作和寫作教學，整個研究就會流於無謂或虛擲力氣。於是尋找值得探討且能歸結出有用或可行謀略的問題，也就成了研究者責無旁貸的事。所謂價值意識，是

指研究寫作教學，在各種可能性中還是得分出優先順序（因為價值本身也有兩極性或層級性）而予以「進一步」的選擇探討。這時雖然仍舊受制於權力欲望，但有這種價值的先行評估還是可以不失它的文化理想性。所謂方法意識，是指研究寫作教學，必須妥適選用解決所要解決問題的途徑。它約略得有下列這一連串的處理過程：（一）問題的提出；（二）問題是怎麼發生的；（三）問題所牽涉的層面如何；（四）先前的論者怎麼處理或解決問題；（五）先前的論者處理或解決問題的成效又如何；（六）還有那些層面有待規範或開發（周慶華，1996b）。這樣的研究進程搭配著相關課題的選擇估定，也就成了我們從事寫作教學研究在現實層面上所得採行的「第一級序」的模式。

　　由上一點延伸開來，還可以有「第二級序」的模式的採行。而這就進入了最實際的「類型」寫作教學的層次；它包括有「形式類型」的寫作教學、「技巧類型」的寫作教學和「風格類型」的寫作教學等等。而前面所提到的寫作教學研究的範圍（包括一般性研究各種類型的寫作的教學理論和實際、行動研究各種類型的寫作的教學和專門研究各種類型的寫作的教學方法論等等），也就是以這些為核心而成輻射式或連環式的「展開」。

四、寫作教學研究的專題設定

（一）專題設定的範圍

　　專題的設定全因論說的需要而定（雖然它有一定的文化理想性），並沒有什麼客觀性或絕對性；但在相對上不出前面所說的形式類型、技巧類型和風格類型等範圍。當中類型「不是一種解釋性的

概念，而是一種批評性區分的標準」〔科恩（R. Cohen）主編，1993：414〕。它的性質，正如韋勒克（R. Wellek）等人所說的是一種「制度」（或一個「機構」），情形就像教會、大學或國家是一種制度一樣；而制度的存在，不像動物的存在，不像建築物、教堂、圖書館或神廟的存在，它只是像「制度」的存在一樣而存在的。但這個制度並不是一成不變或需要固定的，我們可以藉現有的制度來工作以表現自己，也可以創造新的制度或儘量不相干涉而各行其是；再來我們還可以參與這制度而加以改造（韋勒克等，1979：378）。因此，類型也就有了所謂「生發演變」的情況，而給類型史的撰述提供了一部分素材（周慶華，1997c：136）。這裏則僅依寫作所能表現出來的特徵而區分為形式類型、技巧類型和風格類型等；它們是類型的概念「散化」後比較可以作為認知依據的次類型模式，也是相關的談論方便引為對觀或比論的形相準的。

　　在這個類型範圍裏，除了描述／詮釋／評價等寫作的手段以及再現／重組／添補／新創等寫作的方式已經都內蘊其中而不必特為表出，其餘所見於前面所劃分過能夠有效區別各種形態的寫作的都包括了。而所謂的專題設定，就可以再細緻化。如形式類型方面，可以依抒情性文章、敘事性文章、說理性文章等不同類型來設定專題；技巧類型方面，可以依前現代技巧、現代技巧、後現代技巧、網路文學技巧等不同類型來設定專題；風格類型方面，可以依前現代風格、現代風格、後現代風格、網路文學風格等不同類型來設定專題。如果還有可以繼續發揮的空間，那麼就另設名稱而分繫在相關的類型底下，同樣能夠完成有效的專題設定。

（二）形式類型教學專題

1、抒情性文章寫作教學

抒情性文章是藉所抒情（為思想情感的提領）而跟讀者對話，以便獲得讀者的直接同情或共感，而遂行寫作者的權力欲望（它可以再細分為歌謠、抒情詩、抒情散文等）（周慶華，2001b）。它在教學上，可以以下列的規範為依據：

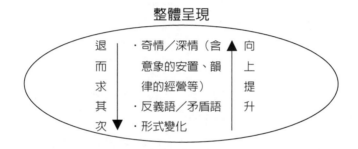

整體呈現

「意象的安置和韻律的經營」是普遍律；而在高標上得有「奇情」或「深情」的蘊涵和在低標上陌生化語言（用反義語或矛盾語）或變化形式（以便有可以讓人玩味的餘地）；如果可能的話兼容並蓄上述這種種成分，那麼就算是最為圓滿或特能表現了（周慶華，2002c：viii）。

2、敘事性文章寫作教學

敘事性文章是藉所敘事（蘊涵思想感情）而跟讀者對話，以便獲得讀者的間接同情或共感，而遂行寫作者的權力欲望（它可以再細分為神話、傳說、敘事詩、傳記、敘事散文、小說、戲劇等）（周慶華，2001b）。它在教學上，可以以滿足故事性、寫實性和藝術性等要求的規範為依據：故事性，是指使事件或主題達到它們最高的故事效率；寫實性，是指在虛構中能賦予真實感（包括對人性真實、

對人生事件真實和對人生經驗真實等）；藝術性，是指以多義或歧義激起讀者的美感，此外使某種因素（如敘述觀點、敘述方式和敘述結構等）新奇化或陌生化也是同樣的作用（周慶華，2002b）。

3、說理性文章寫作教學

說理性文章是藉所說理（思想的直陳）而跟讀者對話，以便獲得讀者的認同或服從，而遂行寫作者的權力欲望（它可以再細分為對象說理文、後設說理文、後後設說理文等）（周慶華，2001b）。它在教學上，可以以下列的規範為依據：

(1) 通則：

形成概念，建立命題，進行推論，解決問題。

(2) 進境：

前提／結論高度可信或能給人深刻啟發。

有關進境部分，我們可以以「翹課是否道德」的問題為例，分別構設兩個推論：

推論一：

凡是害己害人的事都是不道德的。

翹課是害己害人的事。

所以翹課是不道德的。

推論二：

凡是違反自由權的事都是不道德的。

禁止翹課是違反自由權的事。

所以禁止翹課是不道德的（反證翹課是道德的）。

第二個推論的前提／結論的可信度顯然不高，但它卻能給人深刻啟發（可以讓人重新檢視翹課禁令的合理性），而跟前提／結論高度可信的第一個推論一樣得受到相當的重視（周慶華，2007b：75）。雖然如此，在後面所要繼續談的技巧類型教學、風格類型教學等課題，都是為相通抒情性文章和敘事性文章所設計而絲毫不關說理性文章，所以說理性文章的相關討論就到這裏告一段落。

（三）技巧類型教學專題

1、前現代技巧教學

　　前現代技巧，以模象／寫實為主。它有兩種不盡相同的主張：一種是說模象／寫實要不帶有主觀好惡的直寫：「由於寫實派不想借題發揮或感情用事，所以它的描寫常顯有一個特徵，就是他們的作品雖然取材廣泛，但他們的描寫多是停止在事物精神以外的物象上。因此，他們所謂再現，又可以了解為事物表面的、物性表面上的再現。他們設計以行動（包括動作和語言）代替人心的活躍，它有屬於個人心理過程的交代，也限於人人所經驗的心理，既不敢入於玄奧的衍繹，更不能作預期的設想；凡屬於抽象世界中的人物精神或性格一類的東西，他們必須用整部作品所造成的印象表示，絕不以空泛的形容詞作輕易的斷語」（王夢鷗，1976a：55～56）；一種是說模象／寫實要兼涉主觀好惡（帶有「創造的想像」成分）的描述：「所謂的模擬，不是把自己約束在一些生糙的資料上，不是複演過去的經驗，更不是無選擇地模擬自然。藝術家對客觀世界的模擬的活動是在藝術家主觀的關照下的活動。這就是主觀的想像和客觀的具體事物之間的關聯；這就是一個藝術家所依存的世界和自我世界的不可分，在藝術中這兩個世界已經渾然一體」（姚一葦，1985a：

96）。其實前者的不帶有主觀好惡只是「偽裝」性的；它的選材、觀看的角度以及敘事技巧的運用等等都隱含著寫作者所有的意識形態和價值觀，跟後者並沒有質上的差異。但不論如何，模象／寫實總以逼真、傳神為最高要求。因此，相關的教學就可以以這一點為依據。

2、現代技巧教學

現代技巧，以造象／新寫實為主。它反對模象／寫實觀而充分顯現「對於語言功能的信賴和形式實驗的興趣」等新信念的執著。前者（指對於語言功能的信賴），表現在「真」和「美」的追求。所謂真，是指作品所烘托的世界，而不是真實世界。現代派的寫作者服膺的不是寫實主義或模仿理論，而是文字能造象的功能。他們相信寫作者是藉著文字去創造一個想像的世界；這個世界的真實感是由作品的形構要素所構成，而不是依附於外在世界所產生。而所謂美，說明了一種超越論的創作觀。他們認為現實世界的感知現象瞬息萬變，只有文學作品上的美可以超越塵世的變幻無常。換句話說，美的事物在塵世中隨時都會凋萎，只有透過文學來保存它們，將它們「凝固」在作品中，才不至於像塵世的生命那樣朝生暮死。這顯示了他們極度相信語言的堆砌就會構成意義：寫作者只要找到精確的語言符號，就可以教它們裝載滿盈的意義。後者（指對於形式實驗的興趣），表現在對小說敘述觀點、敘述方式和敘述結構的斟酌以及詩歌形式美的創造：小說家運用細膩的技巧邀請讀者涉入小說中的世界，辨析真相的所在；而詩人也同樣重視形式實驗，他們主張形式的美勝於意義。這又根源於他們對自身角色的覺悟和期許（應該為現代人找到精神上的出路），儼然是時代的先知或預言家（蔡源煌，1988：75～78）。而現代派的寫作者對於語言功能的信賴，正是他們從事形式實驗所以可能的依據（即使講究形式美的詩歌，也不

能忽略由語言「排列組合」所彰顯的意義），二者（指對於語言功能
的信賴和形式實驗的興趣）有密切的邏輯關聯（周慶華，1994：3
～4）。這對前現代相關觀念的批判不見得有道理（因為前現代的寫
作者並不完全崇尚不涉主觀好惡的模象／寫實），但從技巧的層面來
看它無疑也體現了一種類型。這種類型以新穎、奇巧為最高要求；
而在相關的教學中同樣的可以以這一點為依據。

3、後現代技巧教學

後現代技巧，以語言遊戲為主。它反對先前任何一種寫作觀念，
而獨自朝向「自由解放」的路途發展。整體上，後現代派的寫作者
的出發點在於對語言的不信賴，而當寫作不過是一場語言（文字）
遊戲罷了；所以「反映」在作品上的，就是對傳統種種成規的質疑
和排斥。如在小說方面，它們或凸顯作品寫作的刻意性，展露對於
寫作行為的極端自覺和敏感；或暴露寫作的過程，強調一切尚在進
行的「未完」特質；或一意談論作品的角色、情節等。一則藉以「自
省」（自省寫作行為）；二則邀請讀者介入作品跟寫作者一起玩語言
遊戲。而在更細膩的技巧上，「諧擬」和「框架」的運用是一大特色。
前者（指諧擬），在藉由「逆轉」和「破壞」為人熟悉的文學傳統來
達到批判的目的；後者（指框架），在指陳傳統所謂「開端」或「結
尾」的武斷性，並藉框架模糊以建立幻覺及持續暴露框架以破壞幻
覺，來達到解構的目的（孟樊等編，1990：311～316），又如在詩歌
方面，除了後設語言（就是對寫作行為的說明）的大量嵌入及諧擬
技巧的廣被使用，還有「博議」的拼貼和混合、意符的遊戲、事件
的即興演出、更新的圖象詩和字體的形式實驗等（孟樊，1995：261
～279），造成了文學作品的形式和意義空前的大開放。這種語言遊
戲觀念仍然只能自我展現一種技巧類型，對於先前的模象／寫實或

造象／新寫實觀並無力去取代（但先前的寫作觀念得再調整為所模寫的現實或新造的現實要以語言形式存在或新設語言使它存在才能被認知或感知）（周慶華，1994；1996b；2002b；2003）。但不論如何，語言遊戲總以能玩弄諧擬、拼貼（博議）等能事為最高要求。因此，相關的教學就可以以這一點為依據。

4、網路文學技巧教學

網路文學是繼後現代之後所出現的一種倚賴電腦的新寫作形態；它的多媒體、超文本、即時性、互動性等特徵，把後現代所無由全面出盡的解構動力徹底的展現出來了。而在相關的界定中，這種新的寫作形態原有兩類：一類是運用網路這一新媒體而將文學作品數位化處理以廣為傳播；一類是利用網路或電腦所有的媒體特質製作數位化作品以達多元的互動效果（林淇瀁，2001；須文蔚，2003）。但第一類只是運用網路來傳播而已（跟在平面媒體上書寫並沒有兩樣）；只有第二類才能看出它有所謂的新形相。雖然如此，這種新的寫作形態還在發展中，很難比照前面幾種形態那樣給予妥適「定位」和「評估」（周慶華，2002b；2003）。如果要說它有什麼最特別的地方，那麼大概就是「超鏈結」了。這所要造成的多向文本的效應（雖然前景並沒有「定數」），在相關的教學中就無妨以它為依據。

（四）風格類型教學專題

1、前現代／現代／後現代風格教學

風格，是指作品所特具的結構方式或藝術形相；它常跟「意境」、「美的範疇」等作同義的使用（詹鍈，1984；徐復觀，1980；曾祖

蔭，1987；王夢鷗，1976a；姚一葦，1985b）。而它從前現代「發跡」以來，已經造就了不少的類型。舉比較特別的來說，約略可以構成下列的圖示：

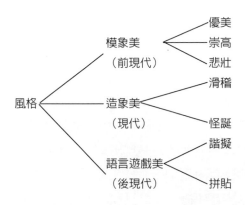

當中優美，指形式的結構和諧、圓滿，可以使人產生純淨的快感；崇高，指形式的結構龐大、變化劇烈，可以使人的情緒振奮高揚；悲壯，指形式的結構包含有正面或英雄性格的人物遭到不應有卻又無法擺脫的失敗、死亡或痛苦，可以激起人的憐憫和恐懼等情緒；滑稽，指形式的結構含有違背常理或矛盾衝突的事物，可以引起人的喜悅和發笑；怪誕，指形式的結構盡是異質性事物的併置，可以使人產生荒誕不經、光怪陸離的感覺；諧擬，指形式的結構顯現出諧趣模擬的特色，讓人感覺到顛倒錯亂；拼貼，指形式的結構在於表露高度拼湊異質材料的本事，讓人有如置身在「歧路花園」裏（周慶華，2002b；2007b）。這不論彼此之間是否有衝突（按：在模象美中偶爾也可以見到滑稽和怪誕，但總不及在造象美中所體驗到的那麼強烈和凸出），在相關的教學中都可以以它們為依據。

2、網路文學風格教學

到目前為止，網路文學依然沒有確定的風格可以指稱；不過，經由許多新銳作家的努力開拓，還是形塑出了一些形式特徵。如在小說方面，有所謂「小說接龍」、「多向小說」等；在詩歌方面，有所謂「新具體詩」（結合文書排版、繪畫、攝影和電腦合成的技術，強調出視覺引發詩的思考）、「多向詩」（詩文本利用超鏈結串起來，讀者可以隨意讀取）、「多媒體詩」（網路詩整合文字、圖形、動畫、聲音等多重媒體，使它接近影視媒體的製作文本）、「互動詩」（網路詩的寫作配合程式語言，如利用 CGI 或 JAVA，文本就不僅具有展示功能，它還具有互動性，可以讓讀者參與寫作的行列，形成寫作接龍的遊戲）等（須文蔚，2003）。這些能否帶動風潮或能否持續下去，都還有待觀察（甚至它是否還能只用「風格」指稱而不別為創設新詞，也不無可以爭論的空間）；但就它們「已經存在」一點來說，我們實在沒有理由不予理會。因此，相仿的在相關教學中也無妨以它們為依據。

五、專書可以有的寫作規劃

（一）相關寫作教學專題設定的「特殊性」考慮

有關寫作教學研究所會牽涉的問題，幾乎都已經明列在上面並試著作一些必要的疏解了；現在就要以這個架構為準據來談談怎麼實際完成「一本書」式的寫作教學研究。

如前面所述，寫作教學專題的設定可以相當多樣化，這對任何一個研究者來說就都不免要構成一項「重大的考驗」（也就是「少取」

嫌太過單薄而「多取」又怕駕馭不了，顯然都不好「善後」)。因此，專取一些在相對上比較特殊的專題並找多人合作一起來試煉，也就成了這類研究的「不二法門」。於是有所謂的「新潮童謠寫作教學」、「兒童圖象詩寫作教學」、「諧擬童話寫作教學」、「兒童創造性戲劇寫作教學」、「少年極短篇小說寫作教學」、「前衛詩寫作教學」、「網路文學寫作教學」等專題的設定並運用現有的人力來分別負責處理，以便在中小學或其他的相關教學的場域中檢驗它的「可參考借鏡」的功效。

（二）整體寫作的方向及其實證的過程

這是一個研究團隊有計劃的研究，最後所完成的後設寫作則可以顯現出相當一致的體例；它包括對各專題設定的動機和目的的說明、探討相關的文獻並建構出所需要的理論架構、進行必要的教學方法的擬定和實際教學進程的規劃、檢討具體的教學成果以及總結整體研究所得和建議未來可以繼續開發的領域等等。

很明顯這跟同類型的研究及其後設寫作頗不相類：研究團隊的成員最好都實際進入教室去從事相關類型的寫作教學，以求得理論和實際相互印證的道理。當中或有理論「超前」而實際「不及」的情況（也就是受學者的程度還不足以實踐理論），但都無妨於它所展現的宏闊的規模以及所成就的一種結合寫作教學和研究的模式。

（三）可以預期的功效及未來的發展

在本脈絡中所選定的「新潮童謠」（歌謠的一種）、「兒童圖象詩」（抒情詩的一種）、「諧擬童話」（敘事散文或小說所衍生／突變的文類）、「兒童創造性戲劇」（戲劇的一種）、「少年極短篇小說」（小說

的一種）、「前衛詩」（現代派抒情詩的一種）、「網路文學」等寫作教學的專題，都是基於藉由它的「帶引」能夠有助於「推移變遷」或「改造修飾」語言世界而體現寫作本身的文化理想性這一前提。在這裏未必每一種類型都可以發揮啟新的功能；但有這些類型的單一或綜合的刺激，受學者也許可以很快的變通想及別為創新的途徑，仍然有它們的高度的價值。

現有的中小學課程不論怎麼變動革新，語文教學一定還維持著，而語文教學中的寫作教學也不可能廢止（甚至應該更加的看重）；以至這種「創新性」的寫作教學理念就有它「指引前路」的效用。換句話說，如果不是要強力改走創新性寫作教學的途徑，那麼整個課程的改革就會流於形式，終將無助於內在文化體質的改善。因此，專書的寫作就可以期待它來「開風氣之先」；而還有許多能展現同樣帶領風潮的寫作教學專題，也可以藉這個機會呼籲大家一起勤於發掘，以便能璀璨寫作教學研究的園地。

第九章　詩的寫作教學：

一個創意跨領域的思考模式

一、論題的緣起

　　詩，一個不太複雜的字，卻蘊涵著無限多的玄機。就以生產它的詩人和它的關係來說，有人就發現那裏面有著一段密合期：「詩人和語言結婚，然後生出詩來」〔奧登（W. H. Auden）語，出處未詳〕，而這得有愛（意識形態）、勇氣（道德信念）和機智（審美能力）等錯綜複雜的因素介入才能成事。此外，它還可以被強為定調：「只有當我們的詩人能夠讓『想像的花園蹦出活的蟾蜍』時，我們才會有真正配稱為詩的東西」〔戴維斯（原名未詳）等編，1992：285 引穆爾語〕；而生產它的詩人本身也可能帶著戒慎恐懼的重擔：「小丑假扮成詩人／一副自大傲慢的官僚樣／像冒牌賣弄的傳令官／你成了一個標準的挑夫跟班／所攜帶的只是凋枯的繽紛花束／但作為詩人非關驕傲／它不過是自然所造成的錯誤／他肩上的重擔只有／恐懼」（南方朔，2005：275～276 引蒙塔萊詩）。這種種不知「緣何而來」又不知將「從何而去」的攸關詩的秘密，豈不深具魅力而不斷地引誘著旁人勉為嘗試「探它一探」？所謂「論題的緣起」，在我來說就是這麼緣起的。

　　主標題「詩的寫作教學」的訂定，是有感於一個高度審美對象無妨深為普遍內具醱酵和轉為參與創作而自度可以推廣所裁決的；

而副標題「一個創意跨領域的思考模式」的增列，則是為了顯示這次的論述有別於先前相關論者的「泛論淺說」，以便為繼起的「新產品」規模前景。我們知道，近百年來漢詩的「自由化」已經主宰了詩壇的運作；但它的仿效西方詩作而無力超前的窘境正在自我莫名的困折著，而早已遠颺的傳統的創作形態則難以再來滋養後續觀念的翻新，兩頭落空的結果就是我們如今所要面對的詩的「生死抉擇」的關卡（周慶華，2004a；2004b；2007a；2007b）。因此，羅列著上述全緣自西方人對詩的省思意見，既有著一絲的欣喜（欣喜它們的「感動」人心），又不免更添加不能立即起先導作用找到出路的感傷。盼望這段積鬱的「心路歷程」在完稿後能夠得著相當程度的紓解；而我作為一個論述者的深感文化花果持續飄零和國人開新無方的多端憾恨，也可以因為自己有了一點「改善對策」貢獻而稍微釋懷！

二、詩作為一種特殊的審美對象

　　不論詩曾經被寄予多少詩人的「憧憬」、讀者的「感發」和社會的「利用」等厚望〔亞里斯多德（Aristotle），1986；荻原朔太朗，1989；李元洛，1990；蕭蕭，1998；王一川，1998；孟樊，1995〕，它都得足夠一個審美對象才有獨立存在性。換句話說，不管詩是原先的文學所「總出」（王夢鷗，1976b），還是後來的文類劃分稟異而「自存」（沈奇編，1996），它在刻意要區別於其他學科時都不能缺少在相對上可以自主的特性。而這在總說上則是有意象作為詩的基本構造成分，再搭配以韻律的經營和形式的變化等條件（周慶華，2007b：120～122），從此而有別於其他逕直表意且不重視修飾包裝的諸如哲學、科學等學科。

　　詩的語言意象化後，它的譬喻／象徵性就跟著出現了。這種譬喻／象徵性雖然不被哲學和語言學「當一回事」〔雷可夫（G. Lakoff）等，2006：3〕，但要論及審美卻絲毫也「少它不得」。也就是說，詩所以為詩，就在它特能以意象來曲為表意，而譬喻／象徵這兩種最精緻也最多變化的藝術技巧〔維科（G. Vico），1997；托多洛夫（T. Todorov），2004；胡壯麟，2004；黃慶萱，2004〕，也就「相機」或「隨體」的在發揮它們的美感功能。這種美感功能，在不識趣的人那裏也許會詆斥為是文學家（詩人）的騙術〔柯德威（I. Caldwell）等，2006：12〕，而使詩成了一種美麗的謊言。這形同是要迫使人文世界一體化（不讓文學美感有生存的空間），自然是霸道無理而可以不予理會。它的可悲可嘆，無非就像底下這則對話所喻示的：

> 「服務生！怎麼這隻龍蝦只剩一隻鉗子？」
> 「牠和另一隻龍蝦打架時打輸了。」
> 「那麼換那隻打贏的龍蝦給我！」
> （何權峰，2004：42）

顯然會說「那麼換那隻打贏的龍蝦給我」的人是不可能對「牠和另一隻龍蝦打架時打輸了」那句帶著詩的感興的話語發出「會心一笑」的！而他的只知「吃」的粗魯樣，我們也可以想見高格的審美品味跟他無緣。如果要說詩有什麼特別，那麼它可以轉素樸過活為優雅享受而著為「營生」典範就是了。

　　有兩段帶後設性的詩語說道：「理性有月亮相伴；月亮卻不歸屬於她。／投映在鏡面般的大海上，／困惑了天文學家，／啊，卻討好了我」〔梭爾（W. W. Sawyer），2006：205 引賀奇生詩〕、「當你和我都具有雙唇和聲音，／可用來歌唱和接吻，／誰還會去關心／那個無聊的傢伙發明了度量春天的工具」（白秀雄等，1995：23 引康

明斯詩）。這是深得審美情趣三昧的人才說得出口的；而裏頭所隱含的詩心雅興，也不知讓當事人已經玩賞美化人生過幾回了。這倘若能夠再把詩推向更「唯美」的境地，那麼就可以連著昇華為「只此一家」的「一種特殊的審美對象」。好比「無色的綠思想喧鬧地睡覺」、「她拳頭般的臉緊握在圓形的痛苦上死去」和「時間的熾熱一直持續到睡眠為止」等不為語言學家和哲學家所諒解的「矛盾修辭」或「故意誤置範疇」句子〔查普曼（R. Chapman），1989：1～2；安傑利斯（P. A. Angeles），2001：59〕，卻高度地隱喻創新了一個有關茂長的思緒、死亡的絢美和無止盡的煩躁等感性的世界（周慶華，2007c：126）。它的可供人多方且深入玩味賞鑑的美感特徵，只在詩的領域為可能；而當這一更見耽於美事的詩藝成了可蘄向的對象後，就可以重新直接以上述的「一種特殊的審美對象」（而不僅僅是「一種審美對象」）來給詩作定位，而讓詩因此享有穿梭經「加值」後的繆思國度的特權。

三、能教的詩與不能教的詩

　　讓詩從我們賦予它「一種特殊的審美對象」標誌而得以自由穿梭繆思國度後，接著就是如何傳承發皇這種觀念的問題了。換句話說，詩作為一種特殊的審美對象固然有前節所指出的藉意象的譬喻／象徵來曲為表意以及可以極盡反熟悉化以達唯美純藝的效果等特徵，但如果不是因為人的「觀念先行」而限定它的表出形態及其領受方向等，詩也不可能是如今我們所面對的這個樣子。因此，上面的「賦予」說，在主體性意涵上它必須被這般「歸結」；而在應世或應機性上它也得有這樣的發生源來保障自我的異驅動能（排除偶發

成就而無所馳驅逞能那種情況）。而這就勢必再進展到詩的教學推廣這項「文化事業」的帶某種嚴肅性的思慮了。

　　縱是如此，教學本身的「先覺覺後覺」的不對等的發言關係（周慶華，2007b：4～5），卻也因為詩這種獨特的審美對象不盡可以「全包」而得寬容一點看待。也就是說，詩有可教的和不可教的，二者所存在的難以跨越的分際必須先有一番深透的理解，才不致「枉使力氣」！雖然有人認為「和《愛麗絲夢遊奇境記》中的白皇后一樣，詩人在早餐之前可以相信六件不可能之事為可能的。下面是我所開列的詩使其成為可能的各種學理上的不可能：（一）字面不可能；（二）非我存在的不可能；（三）做前所未有之事的不可能；（四）改變不可改變事物的不可能；（五）等同對立雙方的不可能；（六）完全翻譯的不可能。詩運用包括譬喻和想像的聯想跳躍在內的許多手段，使這些不可能成為可能」（戴維斯等編，1992：284），但詩這種可以使許多不可能的事變成可能的過程卻讓人有「無從教起」的困惑和挫折感。如：

　　　　威爾弗雷德・歐文動人的一戰時的詩歌〈奇異的會見〉為字面不可能提供了一個具體例子。詩人在「深而昏暗的地道下」見到了他所殺死的敵人並相互交談。從字面上來看這是完全不可能的，但在夢境或幻覺中卻會成為千真萬確的事⋯⋯人們在詩以及其他文學創作形式中常把自我同化於某些非我（如艾蜜莉・狄更生常常用某位死者的聲音講話：「我死了，一隻蒼蠅嗡嗡叫」）⋯⋯夢想、幻覺和想像乃是詩人創作的一些最有力的動機。詩人常常不加思索地把習以為常和熟諳的世界拋在一邊。阿爾弗雷德・丁尼生勛爵 1842 年的青年之作〈羅克司烈大廳〉就是這樣的一個例子⋯⋯如果你覺得

自己身處絕境，那麼努力想像會使你絕處逢生。在喬治‧歐威爾的小說《1984》中，犯人被關在可怕的「101 號房」，經受各種各樣的恐怖和威脅，以圖給他們洗腦，使他們熱愛「老大哥」。在我的詩〈不！老大哥 1984：練習〉中，對於蟲子的一種瘋狂恐懼被克服了，「老大哥」實施控制的環境失去了效用……對於詩人們來說，悖論和自相矛盾乃是生命的正當情形。在堤奧多里‧羅特克的歌謠〈清醒〉中，詩人把一系列看起來對立的東西等同起來了：醒和睡、思想和感覺、消失和持久、動搖穩定……在上述諸種學理上的不可能和詩歌中存在的少數幾個真正的不可能之間，完全翻譯的問題可以成為一座過渡的橋樑（也就是由「再創作」來克服完全翻譯的不可能難題）……（戴維斯等編，284～291）

這些都可算是「使不可能之事為可能」的成功的例子，只不過沒有人能夠一一的說明「它們是怎麼被辦到的」；以至所謂詩的教學就有可致力和不可致力（但可以局部揣摩想像且試為引導寫作）的層次上的區分。這種區分，不是為了脫卸責任，而是為了更知所因應審美感興的倏忽變化和伸展無端等異常狀況。

　　大體上，詩的可教的層次是在相關審美特徵的認知上。好比底下這段詩所可以供我們尋繹的：「我最喜愛的時候是清晨；仲夏則是／最喜歡的季節。有一次，／我偷聽自己醒來，半個我還在沉睡」〔納博科夫（V. Nabokov），2006：107〕。當中「我偷聽自己醒來」這一特殊的造語，至少有四層由淺入深的意思：第一，隱喻人有後設察覺的能力（不直說，才為文學）；第二，將「聽」／「醒來」兩個不同的範疇併置以產生「舊詞新用」和「靈肉分離」（由靈中的「識」在察覺）等可感的東西；第三，偷聽自己醒來，好像發現了天大的

秘密，「快悅」會傳染給人；第四，「聽」的奧妙，經驗可以內化（如「聽蝸牛在傳達什麼」／「聽水在唱什麼」／「聽那對不講話的小情侶在嘔氣什麼」／「聽我便當裏的雞腿在抗議什麼」等等）（周慶華，2007b：序Ⅱ～Ⅲ）。像這些審美特徵，都可以在範限知識經驗時予以貞定，並且透過傳授冀其廣為發揮「仿作」或「新創」的作用。這理應是無可置疑的；只是一個詩人得多艱難或多曲折或多偶然才能寫出這樣的詩句，卻沒有一點軌跡可以依循，導至「運用之妙，存乎一心」這句說了等於沒說的老話還是要被召喚回來「充數」結案。因此，詩的不可教的層次，也就在於「無法教人寫出那樣的詩」的蹇困中幽然浮現了。

　　後者（指詩的不可教），所涉及的是詩人各有審美直覺、文化涵養、表述能力、甚至靈感等等，彼此很難「互通有無」，自然也無從在教學中「重歷」對方的寫作過程。就以審美直覺來說，輪扁語斤的故事就是一個活生生的「類似的例子」：「桓公讀書於堂上，輪扁斲輪於堂下，釋椎鑿而上，問桓公曰：『敢問公之所讀者何言邪？』公曰：『聖人之言也。』曰：『聖人在乎？』公曰：『已死矣。』曰：『然則君之所讀者，古人之糟粕已夫！』桓公曰：『寡人讀書，輪人安得議乎！有說則可，無說則死。』輪扁曰：『臣也以臣之事觀之。斲輪，徐則甘而不固，疾則苦而不入，不徐不疾，得之於手而應於心，口不能言，有數存焉於其間。臣不能以喻臣之子，臣之子亦不能受之於臣。是以行年七十而老斲輪。古之人與其不可傳也死矣，然則君之所讀者，古人之糟粕已夫！』」（郭慶藩，1978：217～218）詩從詩人吟哦它到體現為文字篇章，這中間的「得之於手而應於心，口不能言，有數存焉於其間」的經驗連詩人自己都有可能備具，怎麼能夠由旁人「代為言宣」？西方曾經有過的「我比作者更了解作

者」一類的說法（周慶華，2000b：2），想來不過是「酒後狂言」，
我們不必當真。

　　此外，還有靈感一項，特別會危及詩的教學的必要性。所謂「詩
人是一種四體發光、翼生雙脅的神聖之物，除非受到啟示，否則詩
人是寫不出詩來的……因為讓他吟出詩句的，不是藝術，而是神的
力量」〔弗格森（M. Ferguson），2004：139 引柏拉圖說〕、「值得注
意的是希臘人自己賦予了『附身』更為寬廣的延伸解釋。藉著它，
他們了解了靈感的所有現象，特別是有關寫詩的靈感。就文學的觀
點，詩人最初在他作品的開端以詩來喚醒繆思時，必然已經了解，
必須吟唱的是繆思女神，而不是詩人自己……詩人深信他無所創造
而是另一者，繆思，藉由詩人的手來創造……這般的觀念……只能
被解釋為承認了有創造力的藝術家的自發活動，跟他的作品之間並
無任何關聯，而他最為完美的產出則藉著神助才能獲致〕〔羅森堡（H.
Rosenberg），1997：97～98〕等等，這把詩人所以能夠寫作全歸諸
「神賜靈氣」或「靈附感應」（靈感一詞的原始義）固然不可盡信，
但對於靈感該一可能潛藏於意識底層或生命力的突進跳躍中的動力
因素（廚川白村，1989：21），卻也讓人覺得要無端的罷手而不再奢
言教學，才是「明智之舉」。

四、創意跨領域的教學嚐試

　　倘若說重歷詩人的寫作過程是一件幾乎不可能的事，那麼剩下
來可以教學的就只限於對詩作的種種「審美知識」的傳授。這是試
著把審美知識化所出現的一種「激勵」培養審美感興的方式〔亞德
烈（V.C.Aldrich），1987；達達基茲（W. Tatarkiewicz）1989；劉昌
元，1987；葉朗主編，1993；張法，2004〕，它的位格縱使只停留在

「傳知」階段而無法進一步保證受學者立即可以直覺領受，但它的可望「轉換機制」也能夠一併成形的機會仍在，於是「不能教的詩」和「能教的詩」也就處於潛在的辯證關係中而無妨我們盡情或統統的「戮力以赴」（這也算是「知所因應審美感興的倏忽變化和伸展無端等異常狀況」的一種權宜辦法）。

　　這在討論的階次上，理當可以從最基本的意象的「取譬寓意」（兼含譬喻和象徵）談起。我們知道，意象這種心中的「意」（思想情感）藉由外在的「象」（事物）予以表現而成就的語用符號，早已是詩人的特愛；而它的取譬寓意性也成了詩的藝術性本身最大的特徵。只不過意象這種「轉了一層」才見底（而不是直接說出實意）的東西究竟如何能夠有效的達意，向來論者是不會那麼容易妥協而給予正面肯定的（孔繁，1987；曾祖蔭，1987；孫昌武，1995；蔡英俊，2001）。反而是它有一種可以讓運用者「自我逃避」（或「自我否定」）的功能特別值得一提：「宗教人採用意象，因為無法『直接』說出他想要說的，而意象容許他逃避『既成的』實在界。但他討厭把某種明確的實在界劃歸意象本身。事實上，宗教心靈創造了意象，同時又對這些意象保持一種『打破偶像』的態度。它今日斥為偶像者，正是它昨日奉為聖像者。黑格爾雖然把一切宗教符號貶抑到表象的層次，但卻清楚覺察當中有一種否定的驅力，使宗教反對它自己的意象」〔杜普瑞（L. Duprée），1996：160〕。宗教的意象性語言弔詭的自我「宣示」所謂實在界或終極真理的不在場；同樣的，詩的意象性語言也等於不敢保證相關旨意的表達可以成功。因此，「自我逃避」也就成了一種戲玩意象的修飾詞，它終究要跟生命解脫或美感昇華的課題聯結在一起（周慶華，2007a：124～125）。

　　古人有所謂「詩無達詁」（董仲舒，1988：567）、「雖然作者之意，豈能必讀者之意而悉解之？解而得與解而不得，則姑聽於讀者

之意見，不必深求之也」（余成教，1983：1736）、「作者之用心未必
然，而讀者之用心何必不然」（譚獻，1988：3978）等說詞，這從他
們一樣兼有作者身分來看，事實上多少都隱含有上述這種「戲玩」
將何所歸趨的焦慮成分；以至繼續繁複化意象的創造而更方便自我
逃避（而任由別人去依便「詮釋」或無心「領會」），也就得成為詩
人必須重新肯認的宿命。而這類唯美的解脫法，在「傳知」式教學
的極大化上，毋寧就是創意跨領域的取徑。這種取徑以發掘內部或
外部的超越性創新意象為宗旨，冀能依例再行「超越創新」。而所謂
內部的超越性創新意象，是指同一系統中累增的基進表現；而所謂
外部的超越性創新意象，則是指跨系統交互的基進表現，二者都能
夠在終極上發現到「典範」而可以提供相關教學最可貴的資源。

在中國傳統上，對於「文風代變」有自屬系統內的敏感性。所
謂「名理有常，體必資於故實；通變無方，數必酌於新聲。故能騁
無窮之路，飲不竭之源」（劉勰，1988：3118）、「作者須知復變之道：
反古曰復，不滯曰變。若惟復不變，則陷於相似之格；其壯如駑驥
同廄，非造父不能變，能知復變之手，亦詩人造父也」（郭紹虞，1982：
211 引皎然語）、「蓋文體通行既久，染指遂多，自成習套。豪傑之
士亦難於其中自出新意，故遁而作他體以自解脫。一切文體，所以
始盛終衰者，皆由於此」（王國維，1981：25）等等，都是在說這種
累增的基進表現的必要性；而實際上的從詩經、漢樂府詩、唐近體
詩和宋元詞曲等一路「發展」下來，也的確明符暗合了這一「代際
必變」的鐵律。至於交互的基進表現，則有近代以來國人的仿效西
方自由詩的「新詩」在困勉圖謀，成果雖然還難以評估，卻也不乏
傳統所未見的殊異姿采。如果說前述的詩的「普遍規律」可以由一
簡圖來表示：

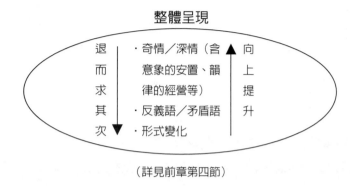

（詳見前章第四節）

那麼這裏所謂的「整體呈現」能否成形或「片面精采」如何可能，就得再用另一個「更高層次」的簡圖來說明或想像它的概況：

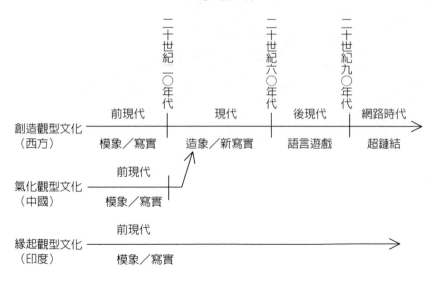

（詳見前章第一節）

圖中創造觀型文化內的文學表現一脈從前現代發展到網路時代，這將在下節再作詳論；而氣化觀型文化內的文學表現從二十世紀初以來就幾近停頓而轉向西方取經，從此遠離了傳統；至於緣起觀型文化內的文學表現本來就不積極（但以為悟道成佛的筌蹄），也無心他顧，所以雖然略顯素樸卻也能維持一貫的格調（周慶華，2004a：143～144）。倘若純就「求變」上來說，那麼氣化觀型文化內的文學創新這種交互的基進表現，無疑就由國人所體現。例子如：

月光曲　紀弦

升起於鍵盤上的
月亮，做了暗室裏的
燈。

（白靈主編，2003：25）

鼓聲　碧果

● ● ● ● ● ● ● ● ● ●

它
咬著什麼
走了。

（碧果，1988：163）

沉默　林羣盛

1φ　CLS
2φ　GOTO　1φ
3φ　END
　　RUN

（張漢良編，1988：88）

在紀弦的〈月光曲〉裏，所隱喻月亮的「燈」這個意象是語言，寫實性十足；到了碧果的〈鼓聲〉，意象變成了圖像〔由圓黑點來象徵人無妨對鼓聲的幾何新美感（鼓聲原為「爆裂」狀，現在改以幾何中最美的「圓形」列序，則無異在誘引讀者重蘊審美感興）〕，則新寫實性味濃；再到林羣盛的〈沉默〉，意象則全部符號化了，儼然是語言遊戲的極端表現。可以說越往後則越見轉異系統為己系統以為「開新」的憑藉（焦桐，1998；丁旭輝，2000；孟樊，2003），終而也有了傳統所「不及」的偌多成就（至於尚未引及的超文本詩例，只因為那些詩作只能存在於網路或其他電子媒體，無法摘錄來談論）。相關的教學如果能從這些累增的基進表現和交互的基進表現著眼「舉一反三」或「以此類推」，那麼就可以說這是在嚐試從事創意跨領域的教學；它的可預期的「優越」成效，一定有「不知如是者」或「不能如是者」所望塵莫及的地方。

五、三種不同的詩的思維與教學方向

詩的創意跨領域的教學固然如上述所規模的方案可為一試，但這當中還有一個第一節所說的「近百年來漢詩的『自由化』已經主宰了詩壇的運作；但它的仿效西方詩作而無力超前的窘境正在自我莫名的困折著，而早已遠颺的傳統的創作形態則難以再來滋養後續觀念的翻新，兩頭落空的結果就是我們如今所要面對的詩的『生死抉擇』的關卡」的累增的基進表現全然退卻而交互的基進表現又無益尊嚴（只要是學別人的東西，就沒有超越別人成就「與人競勝」爭取榮光的可能）的「何以自處」的問題要處理。而這得從西方人為何能夠「不斷」地有累增的基進表現而非西方人則「志不與共量」或「不時興大幅度躍進」的關鍵點談起，才能再接續到詩的教學課題。

　　大致上，這可以透過現存三大文化體系所內蘊的不同的詩的思維來了解。根據前面所列表區別的三大文化體系中的文學表現，雖然各自都有專屬的寫實傳統，但彼此的寫實性為一而所寫實的「內涵」或「質地」卻迥然不同。當中創造觀型文化中的寫實是「敘事寫實」（模寫人／神衝突的形象）；而氣化觀型文化中的寫實和緣起觀型文化中的寫實則分別是「抒情寫實」（模寫內感外應的形象）和「解離寫實」（模寫種種逆緣起的形象），彼此幾乎不可共量。而本來人類的整體文學因為有這樣的「爭奇鬥艷」而饒富審美情趣；只是創造觀型文化內部緣於媲美上帝造物本事的企圖心越見強烈，導至敘事寫實的傳統終於被現代前衛的新寫實所唾棄，爾後又竄出後現代超前衛的語言遊戲和網路時代超超前衛的超鏈結等在持續的展現「再開新」的勇氣（周慶華，2007a：13），以至如今只有它「一枝獨秀」，而其他文化中的文學表現則被迫前去「尾隨」或自行「沉閣」！

　　換個角度看，現存的文學表現所以會是這個樣子，應該還有可以據為辨別的概念架構在。也就是說，從創造觀到敘事寫實傳統以下或從氣化觀到抒情寫實傳統以下或從緣起觀到解離寫實傳統以下，理當還要有一個中介的環節去「承上啟下」，才能完滿這一文學的形上的「運思之旅」。就以明顯可以取為對比的中西文學來說，西方傳統深受創造觀影響而有「詩性的思維」在揣想人／神的關係；而中國傳統深受氣化觀的影響而有「情志的思維」在試著綰結人情和諧和自然，馴至這裏就出現了「詩性的思維 VS.情志的思維」這樣一組中介型的概念。當中詩性的思維，是指非邏輯的思維（原始的思維或野性的思維）〔維柯，1997；列維－布留爾（L. Lévy-Brühl），2001；李維－史特勞斯（C. Lévi-Strauss），1998〕，它以隱喻、換喻、借喻和諷喻等手段來創新事物〔懷特（H. White），2003〕，從而找到寄寓化解人／神衝突的方式（也就是試圖藉由文學創作來昇華人性

終而解決人不能成為神的困窘的「化解」跟神性衝突的一種作法）。
而它從前現代的敘事寫實性文本奠定了「模象」的基礎，再經過現
代的新敘事寫實性文本轉而開啟了「造象」的道路，然後又躍進到
後現代的解構性文本和網路時代的多向性文本展衍出「語言遊戲」
和「超鏈結」的新天地，這中間都看不出會有「停滯發展」的可能
性；而西方人在這裏得到的已經不只是審美創造上的快悅，它還有
涉及脫困的倫理抉擇方面的滿足，直接或間接體現作為一個受造者
所能極盡「回應」上帝造物美意的本事（周慶華，2007a：15～16）。

　　至於情志的思維，是指純為抒發情志（情性或性靈）的思維，
它的目的不在馳騁想像力而在盡可能的「感物應事」。所謂「氣之動
物，物之感人，故搖蕩性情，形諸舞詠……若乃春風春鳥，秋月秋
蟬，夏雲暑雨，冬月祁寒，斯四候之感諸詩者也」（鍾嶸，1988：3147）、
「屈平疾王聽之不聰也，讒陷之蔽明也，邪曲之害公也，方正之不
容也，故憂愁幽思而作〈離騷〉」（司馬遷，1979：2482）、「大凡物
不得其平則鳴。草木之無聲，風撓之鳴；水之無聲，風蕩之鳴，其
躍也或激之，其趨也或梗之，其沸也或炙之；金石之無聲，或擊之
鳴。人之於言也亦然，有不得已而後言，其歌也有思，其哭也有懷」
（韓愈，1983：136）、「夫文生於情，情生於哀樂，哀樂生於治亂。
故君子感哀樂而為文章，以知治亂之本」（董浩等編，1974：6790）
等等，這所提到的人因外物的刺激而舞詠陳詩、因身世的坎壈而憂
懷賦詞、因心有不平而疾詞鳴冤、因治亂不定而情切摛文等等，都
展現了共系統的同一個理路。因此，相對於詩性的思維，情志的思
維很明顯就少了那麼一點野蠻／強創造的氣勢；它完全從人有內感
外應的需求去找著「文學的出路」。而這無疑是緣於氣化觀底下以為
回應上述的「諧和自然和絪縕人情」的文化特色使然（因為氣化成
人，大家如「氣」聚般的糾結在一起，必須分親疏遠近才能過有秩

序的生活，以至專門致力於經營良好的人際關係或無意世路以為逆
向保有人我實存的自在，也就「勢所必趨」；而同樣都是氣化，萬物
一體，當然就不會像有受造意識的西方人那樣為達媲美上帝的目的
而窮於戡天役物）；它原是自足的，但於近百年來敵不過西方文化，
從此就「退藏於密」而不再發揮應世的功能。這麼一來，世人就會
漸漸淡忘曾經還有一種異質文學的存在（周慶華，2007a：16～17）。

　　如果真的要暫時撇開上面這類近於「遺憾」的情緒不說，而僅
從「就事論事」的角度來談相關教學的問題，那麼一種「低一級次」
的交互的基進表現還是可以勉為藉機發微一番。這裏姑且以夏宇一
首題為〈閱讀〉的短詩為例：

　　　閱讀

　　舌尖上
　　一隻蟹
　　（張默，2007：5～6）

這乍看不難察覺它是用「蟹」的意象來隱喻人在閱讀時輕微「嘴動
搔思」的情況；但再細微一點的看，這所讀的恐怕是外文書才有這
種感覺（蟹的橫行又隱喻著外文的「蟹形兼橫寫」狀）。因此，類似
這種想像力倘若要運用來創新閱讀中文書的意象，那麼它就可以變
成這樣：

　　　閱讀

　　舌尖上
　　一顆彈珠

由於中文備有獨特的聲調可以發揮抑揚頓挫「挈情」的效果（周慶華，2007b：75～83），所以在閱讀的感覺上有一顆彈珠在舌尖上彈跳。而這如果換作佛教禪宗式的閱讀，那麼它的「整體」形態可能是這樣的：

閱讀

舌尖上
一粒柚子

這是從禪宗的「言語道斷，心行處滅」的觀念（周慶華，1999a：23～24）推出的。換句話說，禪宗的成佛前提在「不動一念」，而閱讀在那種情況下勢必是「以不閱讀為閱讀」，以至可以用柚子的「沉重」穩住而權為喻示一切都靜默了（況且柚子的外形還酷似僧人打坐時的樣子呢）。而不論如何，這種「聯想翩翩」的寫作向度已經不是自我傳統那一內感外應的審美感興所能比擬的（至於解離寫實的傳統那一部分如果也要開啟這類交互的基進表現，那麼受限於「體證」問題它的轉超越性將更難成形）；相關的教學要站在那個立場「發言」，可就得慎重評估了。

為了容易看出這是一個「價值再抉擇」的關卡，不妨再把中西方對愛情的敘寫而體現於詩作裏的狀況帶一些出來比較，以供懸想和借鏡裁奪。而依我的觀察，西方的愛情詩不管表現得如何的「熱情如火」或「困折深重」（南方朔，2001：12～74），它在形式的曲致性上都不乏「極盡逞藝」的表現。且看下列數則：

我植物般的愛情會不斷生長
比帝國還要遼闊，還要緩慢
我會用一百年的時間讚美

你的眼睛，凝視你的額眉

花兩百年愛慕你的每個乳房

三萬年才讚賞完其他的地方

每個部位至少花上一個世代

在最後一世代才把你的心秀出來

因為，小姐，你值得這樣的禮遇

我也不願用更低的格調愛你

（陳黎等譯著，2005：93 引馬維爾〈致羞怯的情人〉）

我將愛你，親親，我將愛你

直到中國和非洲相連

河流跳躍過山

鮭魚在街上唱歌

我將愛你直到大洋

摺疊起來掛著晾乾

七星咯咯大叫

如飛在空中的雁鴨

〔史蒂芬斯（A.Stevens），2006：193～194 引奧登〈我走出的一夕〉〕

我最親愛的小露我愛你

我親愛的心悸的小星我愛你

美妙地彈性胴體我愛你

外陰緊似榛子夾我愛你

左乳如此粉紅如此咄咄逼人我愛你

右乳如此溫情的粉紅我愛你

……

小陰唇因你頻繁接觸而肥厚我愛你

臀部正好往後閃出完美的靈活我愛你

肚臍像陰暗的空心月我愛你

體毛像冬日森林我愛你

多毛的腋窩如新生天鵝我愛你

肩膀斜坡清純可愛我愛你

大腿線條美如古神殿的圓柱我愛你

秀髮浸過愛的血我愛你

腳靈巧的腳硬挺我愛你

騎士般的腰有勁的腰我愛你

身材不需緊身胸衣柔軟身材我愛你

完美的背部順從我我愛你

嘴我的可口啊我的仙蜜我愛你

獨一的秋波星星的秋波我愛你

雙手我愛慕其動作我愛你

鼻子非凡的高雅我愛你

扭擺的舞蹈的步伐我愛你

喔小露我愛你我愛你我愛你

（莫渝，2007：165～166 引阿波里奈爾〈我最親愛的小露〉）

像這類近於崇高或近於悲壯而讓人「兩相著魔」的情愛表現（被愛戀的人有如此繁複的麗美內蘊或外煥；而寫詩的人也有如此善於想像興感的造美手段），只有西方人為能（周慶華，2007b：255～256）。反觀中國傳統中的人，就只能做到底下這一「強忍思長」的階段：「蒹葭蒼蒼，白露為霜。所謂伊人，在水一方。溯洄從之，道阻且長。溯游從之，宛在水中央。蒹葭悽悽，白露未晞。所謂伊人，在水之

湄。溯洄從之，道阻且躋。溯游從之，宛在水中坻。蒹葭采采，白
露未已。所謂伊人，在水之涘。溯洄從之，道阻且右。溯游從之，
宛在水中址」（孔穎達，1982b：241～242）、「長相思，長相思。欲
把相思說與誰？淺情人不知」（唐圭璋編，1973：255）。這是稟自氣
化觀這種世界觀而體現為「含蓄宛轉」的獨特優美風格的結果，彼
此幾乎沒有可以共量的地方（周慶華，2007b：256）。而即使演變到
現在詩體已經自由化了，別人那一馳騁想像力的本事還是「契入無
門」（因為難以體驗該一文化所蘊涵的信仰精神和實踐動力）。因
此，整個詩的寫作取則到底要如何的「鎔裁」再出發以顯示自我的
主體特色，就也得在相關的教學中評比或「依違去取」或「另闢異
域」了。

六、科際整合與多媒體運用的另類跨領域教學

在不急著把上述的問題強為解決前，其實還有一個「當令」的
科際整合和多媒體運用的另類跨領域教學可以「援為同道」而有助
於詩的寫作教學「變化花樣」或「提升層級」。這是「過程義的教學
方法」（而不是「實質義的教學方法」）為了「後出轉精」或「進階
發展」不可或缺的兩種途徑（周慶華，2007b：299），對於詩的寫作
教學的「啟發」性應該相當足夠而不妨順便探一探或規劃一下可能
的模式。

所謂科際整合的教學，是指語文經驗在傳授（教學）上是透過
各種學科整飭合夥（而非單一學科力撐）的手段。這種整合的方式，
大體上是晚近為因應生活日益複雜化而盛行的思潮，各個學科多少
都努力在尋找跟別的學科交融而開啟本學科研究的新契機〔米羅諾
夫（原名略），1998；門羅（T. Munro），1987；科恩主編，1993；

汪信硯，1994〕。此外，在某種程度上也是因為強勢的科學技術的刺激所轉劇烈的（李英明，1989）。科學技術已經建立起來的典範，幾乎無所不「侵入」社會文化各個領域；而相關的學術研究也開始「科學化」起來，並且彼此「觀摩」、「吸取」成效。這雖然不盡是「一面倒」的局面（也就是科學技術的研究也無法擺脫社會、人文科學的方法，彼此的交集還相當多）〔默頓（R. K. Merton），1990〕，但它的滲透力卻是始終「無與倫比」。還有科際整合所以能夠成立，最重要的是相跨越的學科之間有一些彼此都具備的條件（如共同的設定、共同的構造、共同的方法和共同的語言等等）（殷海光，1989；325～327）；如果不是這樣，那麼即使有再多的理由也難以迫使科際整合的實現（假使執意要那樣做，那麼結果就不能算是科際整合）。在這種情況下，科際整合就是「文本」式的科際整合（而不是「主題」式的統整，詳後）。它的圖示約略是這樣的：

文本

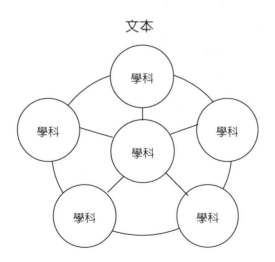

這表明文本是透過各學科的整合賦義後才成就的（各學科之間還會相涉，所以劃線連接）。換句話說，意義未定的文本經由接受者援引

各學科的資源來理解它而使它成為作品；從而讓作品的「讀者參與創作」性這一可能的意涵限定〔巴特（B. Barthes），2004〕凸顯出來。所謂的科際整合，約略就是依這種「新裁」的模式而試為實踐完成的（周慶華，2007b：309～316）。倘若要舉例，那麼米爾頓（J.Milton）的《失樂園》裏取材自《聖經·創世紀》中一段「人類的墮落」因緣就很可以藉為小試一下：

> 撒旦在樂園狡計得逞，
>
> 他變成蛇，引誘夏娃和她的丈夫吃了那致命傷的禁果，
>
> 這件事已被天上得知；
>
> ……
>
> 啊，天哪！我今天是要面對審判坦白承認自己的罪，
>
> 也要承認我的妻子有罪；
>
> 她不能遵守律令，不能虔誠忠信，
>
> 我為她隱瞞；我沒有對她抱怨，
>
> 反而被她引誘去吃那禁果，
>
> 我真是罪有應得，應受懲罰
>
> （米爾頓，1999：491～496）

（文本）

人背叛神／基督教原
罪觀念所從出
（宗教學）

神造人卻控制不了
人，是否非「萬能」呢
（哲學）

人的自由意志 VS.神
的絕對權威，毋乃是一
悲壯式的演出
（美學）

創造觀型文化內蘊著
人會犯罪墮落，所以彼
此互不信任而必須透
過法制和民主制度的
設計來「防患」
　　　（文化學）

蛇在挑戰權威／借刀
殺人（神）
　　　（社會學）

夏娃敢嚐試新鮮事就
是一種美德；亞當順
服且不夠坦誠兼諉過
卸責
　　　（倫理學）

雖然上面的說解簡略了一點，但對於文本必須在詮釋中才能成就一個可被了解掌握的對象，因為有科際整合的手段運用而更能夠顯出它的「精實」性，卻可以由這裏得到充分的印證。相關的教學不妨比照著從事，以便提高它的「靈活度」和完成它的「高格化」。而這比起現行制式教育常強調的「統整教學」要有可看性。理由是：那不論是專指「學科統整」還是兼指「多元智能統整」，幾乎都以「主題」為出發點去統整各學科或多元智能〔貝厄恩（J. A. Beane），2000；帕帕司（C. C. Pappas）等，2003；嘉納（H. Gardner），2007；張世忠，2001；王為國，2006〕；而「主題」的提出是從文本中抽離的，它所造成文本的割裂已經「只照隅隙，不見全然」，更別說還有「文本是在詮釋後才有完整性」這一上述所提點的更高見識尚未被慮及了。因此，捨統整教學而就科際整合教學，不啻是特能「上道」而可以著為一種典範。

　　至於所謂多媒體的運用教學，是指語文經驗在傳授（教學）上是透過多種媒體聯合運用（而非一種或極少數媒體的演現）的手段。這種多媒體運用的手段，是一種「總縮」語文經驗的最末一道程序，冀望能夠達到完美的教學效果。它在實際上，早就有許多媒體被發現利用了（如圖表、實物、模型、標本、投影片、幻燈片、錄影帶、電影、電視、廣播、CD、VCD、DVD、電子書、網際網路等等，都已經廣被發掘採行）；尤其是新興的電子媒體，更是此中的寵兒。只不過現在還需要有一些相對「真切」的認知，才能保障整個多媒體運用不致太過「偏離航道」。基本上，多媒體運用也是身體／權力的另一種媒介；它原有的「分享感受」或「傳遞意義和價值觀」的媒介特性，經過本觀念的轉折，就得稍稍讓位給這一新的媒介向度。而在這個前提下，媒介就不只可以是麥克魯漢（E. McLuhan）所說的「就是信息」（麥克魯漢，2006），它更得是「是權力欲求的象徵」（周慶華，2005：194～196）。長期以來，大家都很看重信息（意義）在傳播過程中所扮演的關鍵性角色；不論是線性的、單向的傳播模式觀念，還是互動的、回饋的和解釋的傳播模式觀念〔麥魁爾（D. McQuail）等，1996；李茂政，1986；劉昶，1994〕，都有一「信息」作為中介。但這種「發現」和「定位」本身是把傳播媒體的中介功能一併計算進去，而根本忽略了傳播媒體及其所傳播信息的本體論上的意涵（也就是它們都是身體／權力的延伸）。可見即使傳播媒體仍然保有「技術」、甚至「信息」作用，它也都要被連上身體／權力本體來看待它的終極價值性，才足夠聲稱這是一個「深入」或「稱職」的理解（周慶華，2007b：318～320）。而不論如何，多媒體的運用所隱含的權力欲求，依然是語文教學的不對等的發言關係（詳見第三節）範圍內所准予放行的；它的自我節制和善用得宜，對於

教學效果還是具有正面的促進作用（同上，329）。而顯然的，多媒體的運用在被認知上就是像下列圖示這樣跟權力「結成一體」：

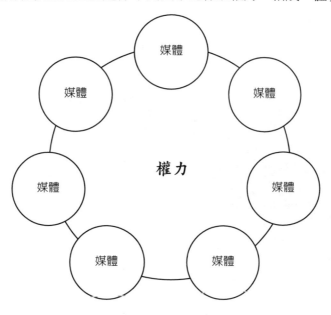

（周慶華，2007b：329）

換句話說，多媒體的運用不再有什麼必然性或必要性，它完全隨著權力的轉移而改變向度。因此，這種新趨勢嚴格的說是無法「代人規模」具體進程的（每一個人都會視「需要」而自行斟酌採用所能採用的媒體）；而且經過這麼一掀揭，前面所提及的科際整合也都不能不再喚起我們對它深著權力色彩的敏銳的感知了。所謂的多媒體的運用，大抵就是順著上述這一「新理路」而躍進且略看好前景的（周慶華，2007b：329）。同樣的，在特定的詩的教學方面如果要舉例的話，不妨把開頭所舉奧登的「詩人和語言結婚，然後生出詩來」那一句涵義豐富的話作為引子或媒介而稍作鋪展：首先，「口頭」講

解：「詩人＋語言＝詩」，既非詩人也非一般語言（不肖父也不肖母；跟中國傳統觀念「不是肖父就是肖母」相異）；這是西方人仿上帝創造觀念的據事體現（相對的中國傳統中人秉持氣化觀而重視血緣傳承，就不大可能「別慮及此」）。其次，「圖繪」例示：

這是從下列一段記載「轉」出來的：「為美國學生改作文，最常見也最有趣的事情，是常常從他們因為兩種或多種語言糾纏而造成的病句裏，讀出一種天真、稚拙的諧趣，以及不同語言文化之間的錯位和落差所無意造成的幽默感。這樣一類病句是不勝枚舉的……」（蘇煒，2006：29～30）。將它「重組」成詩，則有後現代戲仿／解構中文被裂解或語言延異的意味。再次，「詩人修養」：看到螞蟻在交頭接耳傳遞信息，能夠聯想到給牠們擴音器（模擬情狀）。再次，「詩的特質」：放映有詩作的影片供觀摩，如《郵差》、《偷穿高跟鞋》等。再次，「結婚」過程：如我曾跟暑碩班的沈珠帆戲語多次，可以用單車載她赴新餐會，但到課程快結束了都還沒有機會，靈感一來就將那美好的感覺「代」單車「立言」了：

腳踏車跑走了

珠帆

它盼過一個雨天又一個雨天

載著失望自己蹬去尋找別的情人

你的笑聲已經給它完成了飛翔的夢

明年夏天還會在老地方飄落等你

這看來稀鬆平常（詩的造語也還嫌淺白），卻是醞釀許久的情緒才從中「蹦」出來，猶如男女得相互付出好感才結合，當中有許多「媒介」因緣（在上述短詩中，就有「腳踏車」、「餐會氣氛」、「聊天打趣」、「課室機遇」和「詩興」等等）一起促成。而把以上這一模式應驗在課堂上（我就如數的在珠帆她們班上的「語文教學方法研究」課中略事演示過），就包括了口說、圖繪、肢體表演、音聲影視和情境互動等多媒體的採擇運用；這應該會比單一媒體的選用要能夠深入人心而大為提升學習者對詩的感知程度。

　　相較於以同一系統中累增的基進表現和跨系統交互的基進表現為對象所從事的創意跨領域的教學嚐試來說，上面這種科際整合和多媒體運用別為開闢蹊徑就算是另類的跨領域教學；它既能兼涉超越性創新意象，又可以自我顯現「旁牽支繫」的突進光華，對詩的教學技藝的「活絡」和教學品質的「豐厚」等都有莫大的助益。換句話說，採科際整合和多媒體運用的教學方式，可以強化學詩者的「立體感」或「臨場感」而展現無可比擬的教學效果；它的「另類跨領域教學」性，就真的是「肆意」打破尋常規範而為「基進」一族的。

七、不是餘韻的餘韻

有關詩的寫作教學在高標要求上所得有的「善思」本事，前面所示範提供的大致都賅備了，剩下的就是如何再把第一節所點出的不忍自我「文化花果持續飄零和國人開新無方的多端憾恨」這一必要的改善對策予以兌現的餘事問題。這未必有助於國人在世界文壇上揚聲（因為裏頭充斥著西方單一的審美觀，想扭轉它談何容易），卻無慮可以重新贏得自我的尊嚴，值得勉力一試。

我們知道，從二十世紀初以來，在一些趨西方新潮的國人（如胡適、周作人、康白情、沈尹默、傅斯年、周無、俞平伯、劉半農、陳獨秀、郁達夫、左舜生等）的倡導推動下，語體詩興起且逐漸形成普遍的風氣。它的仿自西方的自由詩體〔西方的一些格律詩，如史詩體、亞歷山大體、十四行體等，也被國人仿效過；但成績有限（葛賢寧等，1976）〕，已經逸離傳統詩的格律；而它的被認為可以隨意發揮的詩思（胡適編選，1990：295、324）也跟傳統詩的內斂性格大相逕庭。雖然如此，國人所走的這條「尾隨西方」的不歸路，始終無法保證「有望超越」（而不是老是「小人一號」）的成就驅力（周慶華，2004c；2007a），到頭來還是會「空悵一場」！畢竟這當中還有「觀念鴻溝」和「實踐異趣」的根本難題橫梗著，任誰也無力完全加以化解而即時的躍起超前。

由於中西方的文學傳統分別有詩性思維和情志思維在制約（詳見第五節），彼此一傾向「外衍」一傾向「內煥」；馴至外衍的恣肆宏闊而有氣勢磅礴的史詩及其流亞戲劇和小說等的賡續發皇，而內煥的精巧洗鍊而有抒情味濃厚的詩歌及其派典詞曲和平話等的另現風華。具體一點的說，詩性思維在早期的表現以直接用來處理人／神衝突而見於史詩和兼攝的戲劇為主調；文藝復興以後，「人文主義」

撬頭（上帝暫時「退居幕後」），開始改變片面模擬而勤力於「仿作」以媲美上帝造物的風采，於是有強調情節、布局、人物刻劃和背景渲染等寫實小說的興起以及轉移焦點到關注人和自我性格的衝突或人和社會體制的衝突的近代戲劇的進展。當中越見理性的邏輯結構（包含幾何觀念的運用、語理解析的強化和因果原理的發揮等等），並沒有消減詩性思維的光芒（也就是它仍然保有大量隱喻、換喻、借喻和諷喻等藝術形式）。爾後現代派的前衛詩和超現實小說或魔幻小說以及荒誕劇等，也不過是把模象轉向造象以為超越傳統的窠臼而已；它的「未來感」還是夾纏著濃厚的詩性思維在起另類聯想的作用。至於以解構為能事的後現代派的遊戲性的詩／小說／戲劇以及崇尚超鏈結的網路時代的多向性（兼互動性）的詩／小說／戲劇等，也是在同一個文化氛圍裏「力求新異」的表現罷了；它的「虛無化」仍舊無法不仰賴詩性思維來作最後的調節或折衝（周慶華，2007a：21～22）。

　　反觀情志思維，就沒有前者那樣衍化出「波瀾壯闊」的文學場景，它僅以有「情志」才鋪藻成篇（雖然有時也不免要「為文造情」一番，在先天上就不是詩性思維式的可以「聯想翩翩」或「窮為想像」。因此，相關的藝術形式就會約束在一個「為文造情」的高度自制的有限的美感範疇裏。中國傳統所見的這種情志思維，從詩經以下到楚辭、樂府詩、古體詩、近體詩、詞、曲等等，都緊相體現著（差別只在形式、格律等外觀上的前後稍事變化罷了）；而受佛教講唱文學影響且結合詞曲而摶成的雜劇／傳奇以及承繼古來說書藝術而更精銳發展的平話／小說等，也無不深為蘊涵。即使是較後出且紛紛為憤激或為勸懲或為諷刺而作的長篇章回小說，也仍然不脫「抒情」的範疇。而這一抒情，在「內煥」的過程中，不論是為「用世」的還是為「捨世」的〔前者是儒家式的；後者是道家式的（在後來

有局部為佛教所「收編」）〕，它都難免要有一個「精雕細琢」洗鍊相關思維脫俗的程序；以至所見品類日增細碎而情采更加粲備，直如氣脈流注，響應不絕。而不了解當中「情繫人心」至關重要情志思維的內煥性的人，自然就會以詩性思維的外衍構事作風來衡量而所論盡「不得其平」（周慶華，2007a：22～23）。這幾乎可以說是兩個難以共量的文學世界；除非各自背後的信仰和世界觀「相互置換」了，不然就永遠沒有「根本」上融通的可能。而說實在的，國人到今天也都還沒能契入西方人那一無止盡馳騁想像力的藝術國度（同樣的西方人也一直礙難理解中國人宛轉情感的審美天地），卻仍然執意要「唯對方馬首是瞻」；以至難免誤蹈仿效不得精髓而盡遭人漠視的末路（倒是我們傳統那些「獨此一家」的精緻的詩詞歌賦，別人還會「敬仰」幾分）！

如果說詩的這種代表文學所有的「實踐理性」〔伽達瑪（H.G.Gadamer），2007〕或「本體真理性」（牟宗三，1987）都得為人所深具（才能成就一個人的「完整」性）且容許各自所形塑的美感特徵「分轡異趨」的話，那麼這從二十世紀初以來被西方人有意無意「強為凌駕」的不合理的創意殖民現象，我們就得痛切的反省以便「掙脫牢籠」。這麼一來，重新的「奮起之道」，可能就在把古今中外所實踐過的詩體都召喚來依所需有機的匯製成殊異的文本，或者一空依傍的別為造出嶄新的體裁。這雖然目前還無法規模具體的方向，但只要有心，離可以自鑄偉貌而贏得尊嚴的境地就又近了一步。而一旦有了這個識見及其踐行願力，在相關的詩的教學中就會產生徹底「創意跨領域」的新焦點效應；而所有可用的獲取詩的經驗的方法和安排教學活動的方法（周慶華，2007b），理所當然的也都會（要）齊聚來「共襄盛舉」，以成就一個特別足夠經典性的思考模式。

第十章　後設小說的寫作教學：

從以不教為教到省轉開新

一、所謂的後設小說

　　有一天，在讀小說，忽然有位小說中的人物跑出來跟我說話，他質疑我三個問題。第一個問題是「到底是你在讀我，還是我在讀你？」我說：「當然是我在讀你。」他說：「你只答對了一半。不！應該說你全弄錯了。其實是我在讀你；不信，你看我現在知道你心裏想什麼：你在想我是怎麼在看你，會不會知道你的秘密，包括你是不是很淺薄！」我點頭同意。他又提出一個問題：「你認為是小說家在寫我，還是我在寫小說家？」由於有前次的經驗，也為了不讓他看扁，我回答說：「是你在寫小說家。」「你又錯了！」他又劈我一頓：「既不是小說家寫我，也不是我寫小說家，是我寫我自己。」我越聽越迷糊，就催他趕快把第三個問題說了，好結束這場對談。這時他不疾不徐的說：「你覺得現在只有我一個人在跟你說話嗎？」這個問題搞得我丈二金剛，摸不著頭腦，只得笑笑的說：「不只你一個人，難道還有鬼嗎？」他聽完後，撇撇嘴的嘆了口氣：「唉！說你淺薄你都不信。這樣好了，我先問你：『頑固』是什麼意思？」我答：「頑固就是不開竅。」「那『不開竅』又是什麼意思？」「不開竅就是

腦袋灌了水泥。」「那『腦袋灌了水泥』又是什麼意思？」
我急了，反問他：「你到底在玩什麼把戲！」「這不是把戲，」
他說：「你看一個『頑固』就有好幾個甚至無數個詞彙跟它
相聯，每一個詞彙都當它是一種聲音，那麼當其中一個聲音
出現時，必然也會有好多聲音一起出現。現在你聽我說話的
情況也是一樣的，你不會只聽到我一個人的聲音，還有許多
人的聲音同時存在。如果你不相信，闔上書本，閉目想想就
會領悟了。」經過這一番折騰，我已經疲憊不堪，闔上書本
後就睡著了。而睡著後所發生的事，我一概不知；醒來，人
就在「臺灣文化研究會」了。

這是我以前在一個小說創作研討班講「後設小說」的開場白，你相
信它是真實的嗎？如果不相信，那麼表示你還停留在過去的閱讀經
驗裏，跟後設小說所設下的「期望視野」不能相應（雖然後設小說
在許多人尚未察覺的情況下已經「偷偷」地流行過了）。事實上，所
有前現代和現代的小說，都會窮盡所能創造或營構一個逼真的世界
（不論是「過去式」的還是「未來式」的），而過去少有人指出它的
「虛幻性」，直到後設小說出來，才有所改觀。上面那段故事所提出
的三個問題，正是後設小說努力「挖掘」的結果；它在相當程度上
可以改變一切文字成品（特別是一向被認為跟現實生活最密切的小
說作品）在人們心中的印象。而凡是不相信虛構也能成真（虛構的
真）的人，就會被上述那一反詰方式不斷地挑戰瓦解。換句話說，
小說寫作推進到後設小說的階段，相關的成規都會遭受質疑和鄙
棄，很值得我們再分點心力來「看它一看」。

二、後設小說興起的因緣

倘若不涉及一些無謂的考證問題（有人認為小說中運用後設語言的傾向，可以上溯到十八世紀如西方的《崔斯騰‧先迪》、中國的《紅樓夢》等，甚至更早；而現代所有實驗作品，也都展露出後設小說的策略。但這樣的考證，除了滿足少許的「知欲」，對於實際論說卻沒有什麼幫助）（蔡源煌，1988：194；孟樊等編，1990：299、324），而就後設小說自成一個範疇的現象來說，它是二十世紀五〇年代才出現的新文體（張容，1992）。這種新文體，又稱新小說、元小說、反（超）小說、自覺（自反、自省）小說等；每一個命名，多少相應了該類文體局部的特徵，但都不足以概括它的所有性質。因為這類文體所顯現的反體裁或跨文類的傾向，已經不是舊有小說所能範圍，而它還要冠上「小說」二字，當中的矛盾或衝突，顯然不是附加某些修飾語（如後設、新、元、自覺等），就能解決的。但為了論說方便，權取一個名稱，也無可厚非（周慶華，1994：21）。因此，這裏就逕依該文體普遍帶有「後設」性質而採用一併為大家所熟悉的後設小說一名。

後設小說的「後設」一詞，譯自希臘文字首 meta，意思是「之後」或「之上」。它被認為經過大家浮濫運用後應該給予後設小說保留一個特殊的位子：「學術界和通俗文化作家都率性使用『後設』一詞，次數多得令人憂心。有人拿它當作完整單字，也有人拿來作為字首，總之這個單字已經成為炙手可熱的聰明詞藻，到了濫用無度的地步。不過，這樣一窩蜂運用後設一詞，卻辱沒了後設小說在文壇的穩健地位；其實這種文類已經根基紮實，還足堪號稱二十世紀文壇最出色、最富饒的品類」〔奧本海姆（N. D. Oppenheim）等，2008：306〕。縱是如此，後設小說的出現，還得歸諸一方面是小說家自覺

的直接創作而另一方面則是後現代情境的間接促起（周慶華，1994：
21～22）。因為它所標誌的小說必須不斷地將自身顯示為虛構作品以
及在作品內部尋求寫小說的意義何在，同時還要努力捕捉事物的本
來因素，對客體世界和人進行重新估價〔佛克馬（D.Fokkema）等
編，1992：48～49〕，這主要還是緣於西方創造觀型文化內「敘事寫
實」傳統不斷翻新求變的一個「階段性」的表現（周慶華，2007c：
21～22）。一如論者所描繪的：

> 後設小說指描寫小說本身的小說，講述其中創意、手法和結
> 果。許多後設小說從嶄新眼界來重視先前的小說創作，引進
> 新的主題，針對既有素材作新穎闡述。另有些作品則著眼於
> 寫作過程，闡明作者和所創文本的關係。於是究其本質，後
> 設小說就往往帶有自我指涉和諷刺意味，彰顯小說本身的巧
> 詐和虛幻。（奧本海姆等，2008：306）

這種亟欲「以解構為創新」的作法，就是西方人為再造新潮而「不
擇手段」的具體展示。它所徵候的為媲美造物主的「創意」連同強
烈的支配欲望，已經深深地刻鏤榮耀專屬於西方世界的「時代的身
影」。所謂「公認的後設小說家，有英國的強森、佛列斯、卡特、阿
克洛德和葛瑞；義大利作家艾柯和卡爾維諾；以及美國小說家納柏
柯夫、羅斯、歐斯特以及較近的丹尼柳斯基。也許最常被引用的例
子是阿根廷作家波赫士」〔布魯克（P. Brooker），2003：244〕、「喬
伊斯的小說《尤里西斯》號稱二十世紀後設小說界第一部重要作品。
這部小說重新塑造荷馬《奧德賽》主角，改造成 1940 年都柏林的廣
告業務員。這部小說以這類手法來追究英雄主義的現代定義。同時
喬伊斯還在小說各章節拼湊各種文字類型和語言風格，來探索寫作
過程以及形式和內容的關係。許多後現代作家都依循喬伊斯的創

舉，重新展現老作品的面貌（如瑞斯的《夢迴藻海》、葛登能的《格蘭戴爾》、斯托帕德的《羅森格蘭茲與吉爾登斯吞之死》等）……另有些後設小說著眼於寫作、閱讀過程。昆德拉的《不朽》，把作者納入作品飾演一角，在裏面評價他自己的創作。康寧漢的《時時刻刻》，以三段故事來探討吳爾芙的《戴洛維夫人》；分述 1923 年吳爾芙本人撰寫的那部小說，1949 年洛杉磯一位家庭主婦閱讀那部小說，還有 1990 年代晚期紐約一位婦人無意間重新經歷小說所述事件」（奧本海姆等，2008：306）等這般的開單「表揚」（按：後則所舉喬伊斯的《尤里西斯》，一般都列為現代派小說），豈不說明了非西方世界的小說家沒機會或不夠格「參贊盛事」？後設小說終究要在凡事講究創新的西方世界裏得到定位；它的興起是這樣，它後來的衍變（特指數位小說）也是這樣。

三、後設小說的技巧與風格

　　整體上，後設小說的後設性（在小說裏談論小說），也跟其他如「後設政治」、「後設修辭」和「後設戲劇」等等一樣，都體現了對人類如何反映、建構和傳達他們在這個世界上的經驗時所遇到的難題而表現出來的一種甚為普遍的文化興趣；後設透過正當的自我探索去追尋上述這類問題，把世界當作書本去抽取傳統的隱喻，但又常常依據當代哲學、語言學或文學理論的術語，對這種隱喻加以改造〔渥厄（P. Waugh），1995：3〕。因此，後設小說的主要「使命」，就是在探索語言和它所對應世界之間的關係：

　　　　現今對於「後設」層次上的話語和經驗所加深了的認識，部
　　　　分來自於一種增強了的社會和文化的自我意識。不僅如此，

這也反映出對於當代語言功能文化的更廣泛的理解，懂得語言功能在構成和保持我們的日常「現實」感方面的作用。關於語言只是被動地反映一個清晰的、有意義的「客觀」世界的簡單觀點，再也站不住腳了。語言是一個獨立的、自我包容的系統。這個系統產生出自身的「意義」。語言和現象世界的關係極其複雜，充滿疑問，但又是約定俗成的。「後設」這樣的術語，就被用於探索這具有隨意性的語言系統和跟它明顯相關的現實世界的關係。在小說中，則用於探索屬於虛構的世界和虛構「之外」的世界的關係。（渥厄，1995：3～4）

這所揭發的語言成品的虛幻性（也就是客體世界純為語言所構設，而該構設所夾帶的「隨意性」則又更添一份不確定性），也就成了後設小說最大的標誌；從此小說的寫作所受的影響，宛如在經歷一場「搶真」和「疑真」的爭奪戰。

在這種情況下，後設小說就至少包括三類層次不同的作品：在系列的一端是以「虛構」為探索主題的作品；另一端是完全排除寫實主義，假定世界為一杜撰體，當中彼此對抗的語言系統永遠不會符合物質環境。而介於二者之間的，則是一些雖然已表現出形式上及本體上的不確定性，但卻允諾它解構的後果再重新使文體整合或重現自然的寫法以俾具有整體的詮釋。然而，在層次不同、方法不一的這一系列作品中，它們共同的趨向都在向寫實主義所認定的「現實」從不同的角度加以質疑（孟樊等編，1990：323～324）。而這項質疑，則引出了不少問題，包括「寫實主義傳統所強調的文學模擬現實或再現現實，也就成了虛有的『神話』了」、「大家所可能想到的秩序、意義、價值、關係、結構和條理等，都是在語言系統的制約中發生，跟實際的外在現實沒有關聯」和「從此文學變成一個語

言遊戲的場域，而這個場域還充滿著各種變數，不但威脅著寫實主義的文學，也威脅著任何一種後起的文學」等等（周慶華，1994：23～25）。此外，作為敘事文體，傳統的某些成規（如權威的作者、完整的架構、單一的詮釋、被動的讀者等）和讀者對它的期待（如人物造型的「典型化」、情節發展的「合理化」等），所鋪設而成「如真」的面貌，也在後設小說刻意的「逆轉」下，變得支離破碎（包括第一節開頭所引小故事中諸「離奇」情節都有可能夾雜發生）（同上，25）。

　　後設小說為了質疑和排斥傳統種種的成規，在自我風格的「塑造」下，以「或凸顯作品創作的刻意性而展露對於創作行為的極端自覺和敏感」、「或暴露創作的過程而強調一切尚在進行的未完特質」和「或一意談論作品的角色、情節」等為耀眼的表現（孟樊等編，1990：299～311）；而在相應的技巧採用上，則以「諧擬」和「框架」的運用為一大特色。前者（兩種符號或聲音併存其中，彼此抗衡）在藉由「逆轉」和「破壞」為人熟悉的文學傳統來達到批判的目的；後者在指陳傳統所謂「開端」或「結尾」的武斷性，並藉框架模糊以建立幻覺及持續暴露框架以破壞幻覺來達到解構的目的（同上，311～316）。而這些全為渥厄《後設小說──自我意識小說的理論與實踐》一書所指陳的諸如自我指涉、對異質的讚頌、諧擬和框架等有關後設小說的技巧及其整體的風格特徵（渥厄，1995），據論者的考察，在臺灣二十世紀八○年代中期以後的「續為仿西」風氣中也不乏一些可勉強相比的短製（孟樊等編，1990：299～316）。但既然「開風氣之先」的是別人，國人的「應景」或「閑為追隨」的作為在相對上就「純屬影附」或「小人一號」。

四、後設小說對前行小說的衝擊

後設小說的成形，也等同於宣告了一種以「反美學」相標榜的新風格的誕生：「『反美學』，一如『後現代主義』，標榜的是立足於現時的文化立場；美學界所提供的分類是否仍有實效（舉例來說，主觀品味的模型難道不是面臨大眾口味的威脅？共相洞視的模型面對異類文化的興起不也是一樣）？縮小範圍來說，『反美學』也標誌一種實踐之道，本質上就是學科越界的實踐，對於涉及到政略（譬如女性主義藝術）或植根於本土的文化形式（也就是拒絕特權美學領域的文化形式）保持敏銳的觸角」〔福斯特（H. Foster）主編，1998：45〕。這種新風格，就以諧擬、拼貼等手法來挑戰舊時的美學體系而達到「以解構為創新」（也就是諧擬、拼貼等手法自轉成審美風格）的目的（見前）。而它對傳統小說所造成的「強力」衝擊，自然可以想像。換句話說，傳統小說所崇尚的寫實觀念（不論是前現代派的「模擬現實」或「再現現實」觀念還是現代派的「創新現實」觀念），經過後設小說一連串的「支裂見棄」後，實在很難憑空的「再續前緣」。而這時縱使有人要宣判「小說死亡」，也不為過。

雖然如此，這裏卻也不免又產生了一個新的問題：就是小說死亡了，那後設小說怎麼辦？它到底是要繼續揭示小說為語言遊戲的本質，還是改絃易轍回歸小說的流派而再開拓新的境界？如果是前者，那麼就沒有小說非小說的問題（一切都歸向「元類」，沒有再作分類的必要）；如果是後者，那麼就沒有後設不後設的問題（一切都回到起點，重新「出發」）（周慶華，1994：25）。顯然我們得先把這個問題釐清，才能知道後設小說對前行小說的衝擊是否真的有效。

大致上，我們不必那麼快隨順著判定小說的死亡，而無妨設法找尋可以商量的空間，讓小說先佔一個位置，然後再探討相關的問

題，這樣或許可以免去一些無益的爭辯。後者是說有後設小說批判的聲音，就會有反批判的聲音，彼此的對壘看不出有什麼意義。好比底下這段論述所假設的：

> 假如有人認為這種文字遊戲（描摹一個虛構的世界）沒有社會意義，那麼他不妨讀讀高德曼的《小說的社會學》一書。高德曼算是宗奉馬克思思想的一個學者，他在探討霍氏及薩侯娣小說時，也毫不猶豫地說：新小說（後設小說）的手法完全符合現實原則，因為「人間現實的本質是動態的，而不時地隨著歷史在變」，新小說家至少是嘗試去捕捉這種本質。（蔡源煌，1988：174）

類似的對立（爭辯）如果成為事實，那麼我們會發現雙方都將白費心力；不但辯論沒有交集，連此一課題的重點（小說的「出路」）也沒有觸及。倒是順著前面所擬定的方向去思考，會比較實在些（周慶華，1994：25、38～39）。

　　這可以考慮的是，當語言被人類初創時，可能是以它來「指涉」（對應）客觀現實；但當語言被人類自己使用後，它就可以不再指涉客觀現實，而成了「自我指涉」（如「日」指「太陽」，「太陽」又指「恆星」……永無止盡）。這一點，過去大家都沒有察覺（還滿以為「日」只指著實際存在的那個會發光的球體），而後設小說的出現，正好提醒了我們。因此，我們只要把敘事文體所模擬或再現的現實看作語言的構設，依然可以掌握理解那些敘事文體。而其實，所有的敘事文體（包括極端的自然主義作品、絕對的寫實主義作品、超現實主義作品和魔幻寫實主義作品等），並不止於模擬或再現現實而已，它最終的目的還在於批判現實（黃瑞祺，1986：287～290；周慶華，1994：25～26）。既然所有的敘事文體都不指涉客觀現實（客

觀現實的真相無人能知，所可知的是經人詮釋構設的部分），那後設小說所能質疑或議論的，就只有存在人腦海中一些對現實的狹隘認知，而不關那些敘事文體本身。如果它連敘事文體所構設的現實也要反對，就會落入它自己所設的陷阱中。因為它也得擬構一個具體事實作為討論的依據，而這種擬構跟其他敘事文體的作法並沒有兩樣。再說後設小說對「現實」的處理，也仍然以批判終結（詳後），絲毫沒有超越其他敘事文體的地方（這只要排除後設小說的後設語言部分，立刻就可以察覺）。至於後設小說所要逆轉的某些成規和讀者期待，也可以在大家改變觀念後（不再以武斷的態度對待它），失去它的「問題」意義（沒有被討論的價值）。這麼一來，有些人所宣稱的寫實主義傳統已經過時而後設小說自行開出了一條生路（蔡源煌，1988：180～181；孟樊等編，1990：317），就恐怕「言之過早」。而先前大家所看到的後設小說對前行小說的衝擊，也諒必在「識者」不斷地檢討下而逐漸趨於緩和、甚至消弭於無形（周慶華，1994：26）。

五、後設小說不能免除的社會批判

　　前面說過，小說「並不止於模擬現實或再現現實而已，它最終的目的還在於批判現實」，這是因為現實已經特定語言系統的編排，不可能不摻雜小說家個人的好惡和企圖，以至小說基本的模擬或再現現實的敘事特性勢必要轉向高層次而「自許」著批判現實的任務。而在實際運作上，小說的批判性不一定要「明示」，就它所敘述的事件就足以承載小說家「轉化社會」的願力，而影響讀者對某些事物作出有利或不利的價值判斷（進而採取必要的「行動」）（徐道鄰，1980：170～172）。因此，批判現實就成了小說的重心（周慶華，1994：

27）。一般小說是這樣，不能免除仍要營構事體的後設小說也是這樣。前者，相關的作品甚夥，大家可以詳按而不必再煩為舉例；後者，還少有人注意，正是此刻要試著加以辨明的。

　　基於「詞語避免重複使用」原則，這裏不妨間為採用社會批判一詞；它跟現實批判沒有意義上的差別，卻有較高的「熟悉度」，也許有助於理解和想像的提升。至於實際的分辨工作，則可依我過去的作法，藉「明示式的社會批判」和「隱含式的社會批判」兩組概念來作說明，以便容易審視後設小說的批判本質（周慶華，1994：27～28）。所謂「明示式的社會批判」，是指不經轉折而直接就社會現實加以批判；而所謂「隱含式的社會批判」，則是指輾轉經過一番程序而就社會現實加以批判。這可以取國人所仿效寫成的較具有後設小說味的黃凡〈如何測量水溝的深度〉和蔡源煌〈錯誤〉兩篇作品（瘂弦主編，1987：1～19、145～162）分別作為例證：前者，藉著主角謝明敏一心想要測量水溝的寬度，而「揭發」整座城市居然沒有人關心那些在核戰爆發時可以拯救多少人的水溝的事實。它一方面批判現代人的靈魂不夠寬（只知道設水溝排泄廢水，卻不知道讓它保持暢通以發揮其他緊急時的用途）；一方面批判現代人危機意識的缺乏（總要等到危機發生後，才去「亡羊補牢」，而不能事先防範）。而更使人洩氣的是：當有人（如該文的主角或敘述者本人）發現問題的嚴重性而想尋求補救時，不但沒被視為「先知」，反而遭受「瘋狂」（如「核戰恐懼狂」之類）的指控，這對當代人心可說嘲諷到家了。後者，透過敘述者刻意編排一個陳腐（俗套）的愛情故事，指出一連串的「錯誤」：張玉綢賣淫為母籌措醫藥費而終身忍受羞慚；臺中仔玩弄感情而最後被感情所「累」（他不得不面對張玉綢的真情）；作家學習小說成規（兼及揣摩讀者口味）而不免四處受困；讀者期待小說寫「真」而卻經常受騙上當等。而它所要批判的是現

實環境所給人的束縛。這種束縛，會隨著現實環境中的「觀見」紛歧（或說人自己所接受的信息增多）而加深。以上四種角色就正歷演了這樣的境況：張玉綢（女性代表）在為賣淫事「有人同情」／「有人厭惡」而難以自處；臺中仔（男性代表）在為「可以逢場作戲」／「不可以逢場作戲」而大費周章；作家在為「接受成規並滿足讀者期待」／「不接受成規並不滿足讀者期待」而舉棋不定；讀者在為「相信小說及作者」／「不相信小說及作者」而費心斟酌。因此，人不但無所逃於天地之間，也無所逃於自設的現實環境。該文雖然沒有直接指出這一點，但也不難體會得到（周慶華，1994：28、31）。

　　根據經驗，小說的一切設計（包括題材的選擇、人物的造型和情節的安排等等），都是為了「明示」或「隱含」它的社會批判。這在後設小說中，因為有後設語言的嵌入而更容易「彰顯」出來。這種情況，有新歷史主義可以類比。新歷史主義主張「歷史是一種由歷史學家所建構出的自圓其說的論述，而由過去的存在中，並無法導出一種必然的解讀：凝視的方向改變，新的解讀就隨著出現」〔詹京斯（K. Jenkins），1996：68～69〕。這無疑是受到解構主義的影響。解構主義認為任何書寫成章的都只是個「文本」，而文本掩蓋的東西和它表達出來的一樣多，我們不應當只從字面讀它，也不應當只顧到如何發掘作者的意圖。同時文本也必須被解構，必須找出思路或情節之中的空白處、缺口、間斷；而一旦找到這些，就可以窺見深藏在文本之中的自相矛盾、顛倒、隱密，也就是我們可以發現書寫布滿倒錯，反映出某一文本內含有的「狡詐不實」。此外，既然一個文本可以用不同的方式來讀，那麼語言就缺乏穩定性，而作者也無力控制讀者，只得任由讀者用想像力重構作者所寫下的文字〔艾坡比（J. Appleby）等，1996：247〕。雖然如此，歷史文本在被構設

時，所隱藏於背後的企圖或動機仍無法抹滅。正如底下這段話所指出的：

> 歷史是一種移動的、有問題的論述。表面上，它是關於世界的一個面相（過去），它是由一羣思想現代化的工作者所創造。他們在工作中採用互相可以辨認的方式（在認識論、方法論、意識形態和實際操作上適得其所的方式）。而他們的作品一旦流傳出來，就會一連串的被使用和濫用。這些使用和濫用在邏輯上是無窮的，但在實際上通常跟一系列任何時刻都存在的權力基礎相對應，並且沿著一種從支配一切到無關緊要的光譜，建構並散布各種歷史的意義。（詹京斯，1996：87〜88）

傅柯的知識／權力（或權力／知識）框架在這裏再度的發生了效用。而這種權力欲求，又以意識形態為中介，使得馬克思主義的精靈重新君臨歷史文本的構設。這就是新歷史主義從中綰合的結果，也把歷史觀念推向了時代的前沿（周慶華，2000a：41〜43）。同樣的，後設小說所內蘊的社會批判的企圖，也使得它跟權力意志脫離不開來；而它為了達致所要批判的目標所見的明構或暗構一個理想情境作為依據（如黃凡〈如何測量水溝的寬度〉就「以良好的水溝規劃對照目前的雜亂無章」；而蔡源煌〈錯誤〉也「以可以自由馳騁的生活空間對照處處設限的生活空間」）（周慶華，1994：34），更讓這一切連帶著新歷史主義式的意識形態隱喻，而始終無法「反動成功」。

六、後設小說未來的走向與教學

在一般小說中，可能緣於小說家較強烈的「轉化社會」的使命感，所作的社會批判多半傾向於想要使「社會合理化」（或達到某種「共識」）；但在後設小說中，小說家已經感受到後現代情境的懾人，所作的社會批判減去不少先前的色彩而較有意於開啟多元的價值觀〔哈山（I. Hassan），1993；康納（S. connor），1999〕。這看來好像跟前面所提到後設小說構設一個理想情境作為批判依據相衝突（該理想情境就是「社會合理化」的保證）。但又不然！後設小說往往把該理想情境當作「權宜性」的指標，目的在引發相似或更具體情境的追求。如黃凡〈如何測量水溝的寬度〉雖然在關心水溝可以救人的課題上沒有什麼成效（也就是核戰一旦爆發、飲水和食物等都會遭受輻射污染，人可以在水溝中暫時躲過傷害，卻無法不面臨立刻來臨的死亡威脅。因此，把關心水溝定位在為防範核爆對人的傷害上，就有些不切實際了），但它所要激起人們拓寬靈魂廣度（好比能領悟水溝這種「微不足道」卻可能有「大作用」的事之類）的努力，就不容忽視。又如蔡源煌〈錯誤〉把各種角色想要脫困當作一種呼求（大家力謀擺脫環境束縛的具體對策），也很值得注意。在這一點上，後設小說多少有「超越」一般小說的地方（周慶華，1994：34〜35）。但不論如何，這都要重新「反轉」來看待後設小說，從此可以撤銷後設小說對「寫實」一事的疑慮或否定（畢竟後設小說也不能在「寫實」外另闢天地）；而它所用來質疑或批判寫實主義傳統的後設語言，也將在前項問題解決後失去它的必要性。換句話說，後設小說終究要回歸小說的流派（這是它比較正常的走向）。不然，它就得面對它所作社會批判及其依據都不可能等困境。縱是如此，後設小說揭發了語言構設現實以及小說家掌控小說寫作（不是什麼成

規在制約）等事，可以說是它給小說理論或敘事理論的貢獻（不論它是否起過大作用）（同上，35～36）。

　　由於後設小說所批判的社會現實，也必然無從取得客觀情境的印證，而完全看讀者的相信與否，所以在回歸小說流派後，小說家理當再思考如何強化所構設現實的內在邏輯性以及所作批判的使人信服度。這樣範圍內的「突進」還是大可期待的；而類似有人這般的憂慮「（後設）小說佔有了其他體裁（如詩、散文、哲學文本等）領域，卻獨獨喪失自己的領地。它不再講故事，不再敘述，它已退化成一種語言的斷片的隨意聚合。小說終於徹底對傳統美學加以反叛，它不僅割裂了跟時代的聯繫，而且也拒絕了它的讀者大眾。與此同時，小說也在自戕行為中變得步履蹣跚」（王岳川，1993：298），也就可以舒緩或去除了（周慶華，1994：36）。

　　後面這一點，把它排上教學的行程，不啻是要「以不教為教」（因為後設小說已經沒什麼價值了）；但如果當它在形式上早已「自成一格」而有自己的風采，那麼還是可以勉為一試，讓它的「精髓」也有機會衍化為一種可復古用的體式（我們不就常常以復古為新潮的麼），且一併提供我們轉悟「開新」所需的資源。就以蔡源煌〈錯誤〉為例：

錯誤

　　一　信札

　　　不管我怎麼稱你，我將帶走你平靜的語音。我會記住你的臉孔，還有你的溫馨。天曉得，我傻得連你的姓名都忘了問。老闆娘說你們只是同鄉，不知道你的名字，可是她說，可以幫我問到。

二　臺中仔

「喂，臺中仔，」老闆娘喊著我，神秘兮兮地招手要我到店裏去，「張小姐留了一封拉夫烈達給你。」

我接過彌封的信箋，驚愕著。

三　作家日記

昨天晚上寫到「我的歉疚刺痛著我的良知」，突然覺得很睏，很疲憊，就上床去睡了。可是入睡以前，腦子裏迷迷濛濛的還是在想著第二部分的結局如何交代。顯然，我把自己的感覺移植到那個沒有名字的「臺中仔」身上。這個部分拉裏拉雜的，也許較為詳實，我卻一直覺得不滿意。至於第一部分那封信雖然只寫了一千六百字，可是它卻交代了一個活得很痛苦，但是卻活得很真實的年輕女子。真實是對自己的誠信，也是對別人的誠信。這樣的人，你所看到的就是她的真面貌，她的臉上未曾帶著假面具。

四

昨晚寫到最後一句是：

我的歉疚刺痛著我的良知。

五

親愛的讀者，這篇小說到此已結束了。不管是不是合你的意，我實在是被挫折感所困折了。一篇小說的結局難定，其實你們也有責任啊。要不是看在你們的期待，我才不會搞

了這麼個飛機哩！儘管我希望駕鴦成雙，可是，光寫到臺中仔去戶政事務所查詢玉綢的地址，我就沒輒了。我承認我是失敗了。

六

我最初定下的結局是這樣的：臺中仔和玉綢終究是要「你走你的陽關道，我過我的獨木橋」的。生命當中，萍水相逢的人不計其數，而平生只有一面之緣的人，最親近者也莫過於曾和我們有過肌膚之親的人了------我的一個朋友十幾年前出國的時候，隨身帶了新娘的禮服，結果，誰曉得，她的婚禮拖了五、六年才舉行，而且這一回對象不是上次的那一個男人。

你們怎麼說都行。我承認這種手法不是什麼創新------其實，玉綢的那封信是真的，而她也真的「走了」，其餘的細節我就不知道了。

（瘂弦主編，1987：147～162）

這以我3／作者自己、我2／作者所寫文中作家、我1／文中作家所寫男女主角等不同「我」的敘述者層層包蘊來消解一個大敘事的嚴肅性，以便揭發敘事性作品的虛構性及其意符搭連不到意指的支解情況，如同前面所說的就極盡諧擬／拼貼並用的能事。而我們如果把它所要解構的「現實」觀念拿來比較現代派小說所要建構的「新現實」觀念以及前現代小說所力挺的「反映現實」觀念，那麼三者的情節圖示就可以依代際先後這樣「一字排開」：

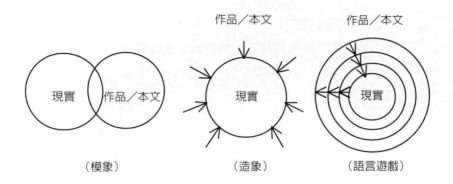

（模象）　　　　　（造象）　　　　　（語言遊戲）

當中現代派小說所要建構的「新現實」觀念，是取芥川龍之介的〈竹藪中〉來作「典型」性或「綜合」型代表的（芥川龍之介，1995：155～167）；它以我 1／樵夫、我 2／行腳僧、我 3／衙吏、我 4／老嫗、我 5／強盜、我 6／武士妻、我 7／武士等不同「我」的敘述者的多重變化來供出一椿兇殺案的「多」面相，以便營造出「現實事物存在真相的相對性」這項真理，頗欲以該見解為新的現實觀。至於前現代小說，普遍強調作品／文本和現實的對應性；而能不能對應則該有所保留，以至姑且以部分重疊的方式呈現。這樣後出的後現代小說的審美風格，就因為它力爭反前出的小說的審美風格而自我「獨標新學」了（周慶華，2007a：276～277）。而這在「寫作規律」的光譜上，還可以略作底下這樣的條陳：

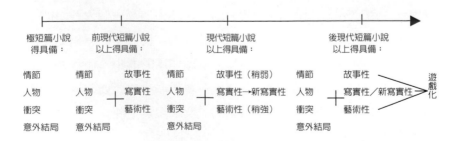

小說的以「事件」見義及其為吸引讀者的「魅力」營造的迫切性，都得以情節、人物、衝突和意外結局等為基本要素（在極短篇中依然得「麻雀雖小，五臟俱全」）。而篇幅增長以後，則要再增加故事性（曲折／離奇／感人等）、寫實性（對人性真實／人生事件真實／人生經驗真實等）和藝術性（形式反熟悉化／意義多重深刻等）等成分（周慶華，1994：230～232），以便「體製」可以得到充實。等過渡到現代派時，則因為要創新觀念或形象（新寫實性），已經無暇經營故事，只得在藝術性上增強（如〈竹藪中〉的多重變化敘述者，以為見出作者的巧心）。至於到了後現代派，所見的小說一切布局都遭到遊戲化（諧擬／拼貼／直接解構等），那就顯現一部小說史的發展到這裏快要「無以復加」了。

　　後設小說的塑造，自然不是文學進入後現代情境在「小說」類的唯一的選項。所謂「二十一世紀的小說讀者，即使經過米洛拉德・帕維奇《哈札爾辭典》，以字典辭條注釋形式寫成的小說；馬丁・艾米斯《時間之箭》，以錄影帶倒帶逆轉形式從棺木寫到子宮的小說；馬克・薩波塔《第一號創作》，一百五十張撲克牌構成隨機取樣不裝訂的小說；以塔羅・卡爾維諾《如果冬夜，一個旅人》，印製廠裝訂錯誤造成許多不相干短篇組成的長篇小說；亞瑟・伯格《一個後現代主義者的謀殺》，藉用謀殺探案外殼其實四處夾帶文藝理論的小說；唐納德・巴塞爾姆《白雪公主》，安排是非題、選擇題、簡答題考試卷的反童話小說……依然對弗拉基米爾・納博科夫《幽冥的火》充滿新鮮好奇」〔納博科夫（V. Nabokov），2006：莊裕安導讀7〕、「《幽冥的火》……不但把所有的文體一網打盡，包括詩（長詩／短詩）、小說、評論／注解、戲劇（當中有幾段還是用劇本的形式寫成的）和索引，探討的主題更涵蓋人生、孤獨、性、死亡、愛情、友誼、權力、政治、語言、宗教、道德、罪惡、心理分析、文學評論、翻

譯、學術研究、藝術創作等。這部小說就像一個黑洞,深邃而偉大,把所有的文體和主題都吸了進去,成為二十世紀小說史上的一個奇觀」(同上,譯後記 359)等等,這舉說的都在後現代小說的範疇;此外,以超鏈結特徵「玩弄」或「新啟」小說生命的數位小說(須文蔚,2003),在某種程度上也可以算是後現代小說的遺緒(它的多媒體「延異」姿色特性,依然是後設小說所「準則」的),它們都形同在預告著「小說並沒有死亡,只是變身換場秀」而已。因此,後設小說的寫作教學,就真的是為了尋找「更新」的出路而得著許可證的。它不宜停留在對後設小說本身「風華」的迷戀,而是得深切掌握古今中外所實踐過的小說體式再「鎔鑄出新」(周慶華,2007c)。這是應該先體會的後設小說寫作教學的「三昧」,然後才是精取途徑把它教得怎麼看都「像是有開展性」。

附録

故事學與學故事

——一個故事學課程後的省思

　　我一直很喜歡類似底下這些簡短且張力十足的小故事:「有一位哲學家從橋上失足落水溺斃,據說他當時正在想一個神學上的問題:如果上帝真的是全能的話,那麼祂能不能造一顆祂自己搬不動的石頭」、「母狐狸嘲笑母獅子一次只生一隻。『只一隻』,母獅子回答說:『卻是隻獅子。』」、「有兩個人,一個又瘦又小,一個又壯又大。兩個人因事打架,騷擾社會安寧,被拘提到法庭論罪。法官追究誰是事情的啟釁、造端者、誰先動手打人。小個子爭先為自己辯護說:『我跟他個子相差那麼大,力氣懸殊,從常理來看,我自己也知道一定打不過他。我怎麼會那麼傻先出手去惹他?』大個子也按照同樣的辯論原理為自己辯護。他說:『一般人不會相信他敢先出手,所以他才大膽先出手打了我。』」它們所以耐人尋味,主要在於它們能夠把一個個蘊涵「悖論」或「衝突」的場景給予戲劇化的處理,當中充溢著「劍拔弩張」的態勢而又不失應有的歡悅的氣氛!

　　當然,故事作品並不能以篇幅的長短定優劣。像長達七、八十萬字的鉅製《紅樓夢》,可以讓人愛不釋手;而短如美國著名小說家布朗所寫只有「地球上的最後一個人獨自坐在房間裡,這時突然傳來敲門聲」這麼一句的科幻小說和義大利未來主義者肯基伍羅所寫只有「舞臺上一條狗慢慢地走過去,閉幕」這麼一句的戲劇,也同樣粲然可喜!這裏頭所關聯的不只是「讀者的喜好」一個問題,它還包含著作者的「機巧用心」和作品本身所承繼的「語言特徵」以

及整體傳播環境所形塑的「審美品味」等問題；這些都會影響到一個故事作品從無到有再到散化為接受的歷程，沒有妥善處理，恐怕就無法進一步為故事「形塑」什麼或「新創」什麼。因此，面對「故事」這一能讓人聞之狂喜或暗自生悲的對象，的確是有很多話可以說（周慶華，2000b：序1～2）。

這個學期（2002 年），由我服務的臺東大學語教系所申請教育部「提昇語教系學生故事讀寫基本能力教學計劃」的「故事讀寫學程」開始執行，當中基礎理論課程「故事學」，是由何三本教授和我協同教學。我們就設計了這麼一個包含「故事類型學」、「故事敘述學」、「故事創作學」、「故事詮釋學」（故事閱讀學）、「故事說演學」和「故事傳播學」等範疇的教學計劃，目的是為了綜合來探討環繞著「故事」而出現或衍生的問題。首先，故事類型學所探討的是繼故事的性質（在緒論中作交代）之後勢必要追問的故事的「類型」問題；而它還可以依語言結構、敘述技巧、風格特徵等等，分別劃分出「形式類型」、「技巧類型」、「風格類型」等次類型。其次，故事敘述學所探討的是繼故事的類型之後勢必要追問的「該故事的類型究竟如何可能」的「敘述」問題；而它還可以細分為敘述觀點、敘述方式和敘述結構等層次。再次，故事創作學所探討的是繼故事的類型和故事的敘述之後勢必要追問的「該故事的類型和故事的敘述到底如何形成」的「創作」問題；而它還可以分別從心理過程、社會背景和歷史文化因素等角度來窺知。再次，故事詮釋學（故事閱讀學）所探討的是繼故事的創作之後勢必要追問的「該故事創作的成品理當如何接受」的「詮釋」（閱讀）問題；而它也可以涉及詮釋的對象、目的、方法和詮釋後的評估等面相。最後，故事說演學和故事傳播學所探討的是繼故事的創作之後難免也要追問的「該故事創作的成品可以如何轉化和傳世」的「說演」和「傳播」問題；

而它們也可以分別涉及說演的對象、目的、技巧及說演後的評估和故事作品的插畫、配音、配樂及電子化等功課。這些合而構成故事學的理論體系，凡是有關故事的問題都可以在這裏得著定位並獲致必要的理解。

　　本學程還有其他的課程（包括「兒童文學」、「故事閱讀學」、「多媒體視聽讀物鑑賞」等基礎理論課程和「童話」、「少年小說」、「故事改寫翻譯」、「故事說演」等故事創作課程以及「書刊編輯學」、「圖畫書繪本」、「電子書腳本設計」、「故事配音、配樂」、「排版、繪圖軟體」、「多媒體編著軟體」等作品轉化製作課程），它們都可以跟「故事學」課程相互「搭配」，繼續廣化和深化故事學的內涵。因此，本課程就有「提綱挈領」或「導夫先路」的作用；它將使得後續的相關課程得有「理論依據」或「源頭可溯」。為了這一點，我們除了講授，還讓修習者分組討論相關的作品，以印證課堂所建構的故事學理論。此外，還在每一故事學次範疇的講授後出一項作業（包括分析故事作品的敘述觀點、運用敘述技巧創作一篇故事作品以及搭配故事說演課題而編撰劇本、設計故事教學活動和分組公演一場等），以便檢驗理論的實際運用情況。大體上，這樣的設計已經照顧到所該照顧的各個層面了，接下來就是如何實施以及如何檢證成效的問題。

　　當初在擬訂課程大綱時，因為教學者彼此的理念和認知不同，曾經為了「講授些什麼」和「怎樣協同教學」有過不少次的爭論，最後決定以「設定主題」而由二人依其專擅「輪流主講」的方式進行；如果遇有歧見的地方，則以對談闡明其中的原因，希望能「廣開」修習者的視野。後面這一部分，由於受限於上課時數（當中還因運動會停課一次和讓出一次安排吳敏而教授的講座，使得上課的時間更為短少），並沒有充分展開；甚至期待修習者也能一起來貢獻

「異見」的一點想望，也一樣的只能以「抱憾」收場！雖然如此，整個課程和協同教學還是很有挑戰性的；每次想起兩人私底下備課爭論以及到最後的協商定案，仍然有難關過後的「餘甘」感覺。至於修習者方面，大致上都很用心的在修習這門課，除了高出席率、少打瞌睡（大概是多了兩隻眼睛在「盯」他們的緣故）、課中熱衷討論、課後認真準備，還能盡力把課堂所吸收的理論應用在批評和創作上。雖然他們接收信息的「準確度」還有一些差距（也許是我們講授的理論偏難所致），但整體上已經可以說是相當「稱職」了。

在我們所設定的教學目標中，有所謂「本課程擬透過理論的介紹、討論和實際作品的分析、歸納，期使學生都能具備變化自如、不斷湧現新意的魔杖。它所能達成的目標有如下列：（一）迅速界定各種類型的文體，了解故事、童話、少年小說等定義；（二）掌握各類故事的敘述觀點、結構和方式；（三）審知故事創作的心理歷程和社會歷史因素；（四）熟悉各種詮釋故事的方式；（五）以說、演的方式呈現故事」；從我們對自我講授的評定和對修習者學習情況的初步觀察，已經達成這樣的目標應該是沒有疑問的了。只是一門學問的建構完成以及它所能發揮的影響效應，往往不是這麼簡單就可以評估得了的。也就是說，每當有新的資訊介入，所建構的理論就得重作調整，使得故事學這門學問永遠處在「未定」的狀態中，而接受者究竟如何領會以及多久才能產生實際的作用，也很難以「寸量尺度」的方式來考評。因此，前面所謂的教學目標及其達成狀況，只能是「假設」和「虛擬」，事實上一切都在不確定中。

由這裏就衍生出一個問題，那就是故事學的建構和講授，實際上都是在「學習」故事。我們會不斷地援引各種理論來看待故事，也會不斷地運用各種方式來陳述故事，而合而形成一套套的故事學。在這個過程中，每一個人都是學習者（如果有所謂「師生」位

階的不同，那麼它只不過是學習歷程和收穫多寡的差別，並不關學習的「本質」）；以至所謂的「故事學的建構和講授」云云，也就成了一種戲仿，合該被自己或他人嘲弄和譏笑！這門課程所以要以這種方式來「解構」，目的無非是在揭發一項弔詭：說故事的人，同時也在故事中；而被故事所說的人，本身也在製造另一種故事。換句話說，我們在說故事，也被故事所說，很難確定我們到底是在故事中還是在故事外。既然這樣，那麼我們就沒有足夠的理由說自己游離了故事外而在從事所謂的「故事學的建構和講授」；也許有一天故事會「跳」出來說「我聽你在胡扯」，也說不定！

　　最後我想以一個「小故事」來收尾，就權當作在上述一番「饒舌」後的自我調劑（不然再那樣「言詞纏繞」下去，恐怕要「精神分裂」了）：這是一次聽馬景賢先生演講，提到他家一隻鸚鵡會學人說話和吹口哨而不明究裏的郵差來送掛號信還被「愚弄」了一番以及鄰家一位上了年紀的大嬸也差點被嚇得「花容失色」，當下有感而發，分別把它們改寫成短篇的敘事詩：

馬家的鳥

「誰呀！我在樓上！」
郵差枯等了十分鐘
又無奈的撳著門鈴
「誰呀！我在樓上！」
郵差撳下門鈴
繼續又枯等了十分鐘
隔天遇到主人
郵差神色慌張的說
「馬先生，你們家有怪事！」

主人報以一陣呵呵的笑聲

「都是那隻鸚鵡搞的鬼！」

鸚鵡學舌

自從學會主人的口哨後

巷內的大嬸就天天提心吊膽

又來了　又來了

那個聲音幾乎可以搧動兩片緊貼的樹葉

她不敢回頭　快步走

又忍不住瞟了草叢一眼

正好撞到迎面而來的馬先生

「我告訴你喔，我們這裏好像有壞人！」

馬先生揚了揚眉　得意的說

「那個壞人就在我家！」

有時候靜下來欣賞發生在周遭的一些小故事，並且設法再繁衍出另外一些小故事，也能有一種「延伸趣味」的滿足感；而這或許會比苦思冥索有關故事的種種問題要來得輕鬆愉快。

果茶與奶蜜：

中西抒情詩中愛情「濃度」的比較

——一個以文學文化學為基底的研究模式

一、詩的基調

　　儘管詩在現代形構主義的重新界說下已經出現「語言反熟悉化的極致表現」或「文本構連的一種互涉或延異形態」的新指稱〔休斯（R. Scholes），1992；巴特，1992；克莉絲蒂娃（J. Kristeva），2005；德希達（J. Derrida），2005；伊格頓，2005〕，它的「意象」語的使用還是穩居專屬的最大特徵。這種「意象」語，以高密度的比喻、象徵等技藝在摶塑，終於造成文學整體的指標性要從詩裏才能覷見的事實。

　　先前早已有所謂「文學的定義就是詩的定義」的總括學科式的說法（韋勒克等，1979；王夢鷗，1976b）；而現在也有所謂「詩是在理性之前所做的夢」或「詩就是一個靈魂為一種形式舉行的落成禮」的浸淫審美性的讚詞〔艾克曼（D. Ackerman），2004：278；巴舍拉（G. Bachelard），2003：41〕。它們都把詩提高到了保障能見度的層次，使得人在理性以外的感性體現世界幾乎要由詩來「撐起」。

　　這「總其形式」說是意象語的傑作，實則還有一體成形的「意義」在被比喻／象徵著，一起為我們所領受感懷。而該「意義」，總攝著人的思想情感，可以一個「情」字來提領；以至詩的基調就在

「抒情」。這「抒情」所要抒發的情（思想蘊涵其中），又以「奇情」
或「深情」為所蘄向，以便展現它的非泛泛可比的「高華」特性。
因此，綜合詩的「可舒展性」或「可伸縮性」，可以一簡圖來表示：

整體呈現

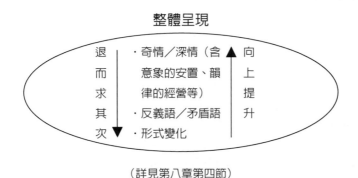

（詳見第八章第四節）

當中奇情／深情部分，哈維爾（V. Havel）的〈訃文〉和杜甫的〈月
夜〉頗可以作見證：「我們完全冷淡地宣布／我們大家都恨的父親
丈夫　弟弟　祖父　叔叔／因為一輩子太腐化／死了／／他一輩子
很自私　很愛自己／所有的親戚朋友都恨他／因為他一輩子都恐嚇
他們／欺負他人　偷他們的東西／／請你們不要來／參加他的安葬
儀式／請大家跟我們一樣儘快忘掉他」（哈維爾，2002：95）、「今夜
鄜州月，閨中只獨看。遙憐小兒女，未解憶長安。香霧雲鬟濕，清
輝玉臂寒。何時倚虛幌，雙照淚痕乾」（清聖祖編，1974：1304）。
它們除了安置了一些恰當的意象（如腐化、安葬、儀式、月、香霧、
清輝等）以及經營了頗為諧美的韻律，此外還有那可感的奇情和深
情。前者（指奇情），是指哈維爾詩的「激將」點子（故意戲謔死者
而勸人不要來參加他的葬禮，不啻是在藉玩笑話淡化大家可能的悲
傷情緒以及更鼓勵他人一定得來看看以免後悔）；它以「逆向操作」
式的奇情，贏得了接受者的矚目。而後者（指深情），是指杜甫詩的

「宛轉疊加」思情〔「想家／愛親」是每一個傳統中國人外出或因故滯外普遍有的情感，但詩人不直接說自己想家／愛親，而說家人正思念著自己；這一設想，將自己對家人的惦念和家人所受「君何時歸來」的心理煎熬一起呈現了，無異要賺人「兩次」熱淚！詩人的巧為安排（尤其「遙憐小兒女，未解憶長安」二句，寫詩人遙想可憐家中小兒女，不了解他們的母親「望月思夫」的衷情，最見細微），使得詩作所傳達的情感宛曲潛蘊，感人至深，遠非一般空寫思情的作品所能相比〕；它的「帶層次」的深刻化表現方式，成就了深情動感的一面（周慶華，2007a：120～122）。此外，「形式變化」可見於一些圖象詩／前衛詩／超前衛詩（丁旭輝，2000；焦桐，1998；孟樊，2003）；而反義語／矛盾語則有「無色的綠思想喧鬧地睡覺」、「她拳頭般的臉緊握在圓形的痛苦上死去」和「時間的熾熱一直持續到睡眠為止」等一類的表現（查普曼，1989：1～2；安傑利斯，2001：59）可以相互印證。它們是在「不得已」的狀態下，才要「退而求其次」的；不然都得「向上提升」直到能「整體呈現」為最佳典範（周慶華，2007a：122）。也因為這樣，所以可以說從「形式變化」以下，在沒有特別考慮的情況下都是為了「彰顯」或「環衛」該奇情或深情，而使得「抒情」這一詩的基調可以暫且的固定下來。

二、抒情詩中的愛情

雖然詩也可以用來敘事（如西方的史詩），但它已不再適合置於詩的領域（在西方的文類區分中就常把史詩歸入小說而不再瓜分詩的抒情特性）（韋勒克等，1979），剩下來的「詩」就專為抒情而設。這專為抒情而設的詩，它的「情感」性固然還有歧見（諸如它能不能分指喜怒哀懼愛惡欲等情緒以及有否不尋常的高尚／極為低俗的

感情的判別等，都會引發爭議）（周慶華，1996a），但總有一個可以「應物斯感」或「無中生有」的「情」在貫穿著，而成為我們談詩所無法避開或略去的對象。

在所有可處理的「情」中，愛情幾乎是最讓人「驚心動魄」或「黯然銷魂」的一環〔魯易斯（C. S. Lewis），1998；特萊西德（M. Tresidder），2003；蘇利（S. A. Souli），2005；包曼（Z. Bauman），2007〕；它的入詩比例恐怕也是最高的。畢竟還沒有那一樣東西可以比得上它的魅力：「情欲普見於文學、音樂、舞蹈、視覺藝術，形成娛樂業的主要部分，似乎滿足了人們心靈深處的需求。人們不只想做愛，還有一種著魔般的獨特渴望，時時想到性欲和愛情，加以思考反省，再寫成書，畫成圖，塑成雕像，譜成歌曲。藉著這些表達形式，我們承認和讚美自己熱愛性交和情欲的本性」〔伊希朵瑞（D. Jssidorides），2006：68〕。所謂「娛樂業的主要成分」、「人們心靈深處的需求」等，都道出了愛情給人烙印至深的事實；而善感如詩人，豈能沒有大篇幅來書寫它的凌轢的企圖？

由於愛情的動力在於對一個可愛或想愛對象的迷戀兼及性的衝動，所以它的「產生自愛的佔有欲釋放後的橫衝直撞」的歧路性也就不可避免：「所有的愛都帶著食人族的衝動。所有的愛人都想抑止、撲滅、洗去那惱人的『異己』，就是它，讓自己和所愛分離；跟所愛分離，是愛人最深的恐懼，許多愛人會竭盡所能去逃離永別的幽靈。要達到這個目標，有什麼方法會比把所愛變成自己不可分離的一部分更好？我去那裏，你就去那裏；我做什麼，你就做什麼；我接受什麼，你就接受什麼；我憎惡什麼，你就憎惡什麼。如果你不是且無法當我的連體嬰，那就當我的複製人」（包曼，2007：57）。這回過頭來教我們認知愛情的，就充滿著愛／欲的糾葛以及渴望昇華或繼續沉溺的掙扎等難以「一視同仁」的複雜性：

早期希臘思想中，事實上愛的本質就被當作性，而伊羅斯則是希臘的性愛之神。後來拜柏拉圖作品之賜，愛的概念被闡述並重新定義。柏拉圖認為愛是人類行為和衝動中最普遍的「力量」，性愛是愛的表現。柏拉圖《對話錄》中的蘇格拉底說，愛從看上某個人開始，然後再演變到兩個人的肉體關係。然而，這份愛最後會昇華並引導某人的內在之美……柏拉圖在〈饗宴〉中清楚地表達，性愛的表現只是一個中間站，以準備迎接更高形式的愛；而這種人類的愛，是至高至美的愛，是美之極致的愛，這種愛可以超越現實。在〈饗宴〉將近結尾的部分，女祭司黛娥緹瑪說，愛無法以華麗的詞藻來定義，必須去看、去感覺、去想像、去體會。終身未婚的知名美國科學和語言哲學家皮爾斯認為，他體驗過黛娥緹瑪所形容的這種崇高的性愛形式（結合了美學的形式）。皮爾斯說，當他在進行哲學研究時，他「受到真正的愛欲而賦予生氣」。〔菲利普斯（C. Phillips）2005：159〕

1872 年，羅素出生於一個古老的貴族家庭，後來自己也被冊封為伯爵。他以下列這句話作為他的自傳的開場白：「三個簡單卻強而有力的狂熱決定了我的一生：對情愛的需求、對知識的渴望以及一種對人類的痛苦難以承受的同情。」首先提及情愛絕非偶然，羅素對他需要情愛的理由也有詳細的說明：「我致力於追求情愛，一方面是因為情愛能產生狂喜陶醉，這種狂喜陶醉的力量是如此巨大，以至於我經常想要將我的一生、我剩餘的生命，奉獻給如是感情洋溢的幾個鐘頭；另一方面是因為它將我從孤寂中解救出來，那種令人驚恐的孤寂，一種單獨而顫抖的意識越過世界的邊緣往下望

去，進入到冷酷、毫無生氣、無從測度的深淵裏的孤寂中；
最後則是因為在愛戀的融合中、在神祕縮影的寫照中，我察
覺到天國的預兆，那個存在於聖者和詩人的想像中的天國。」
〔魏施德（W. Weischedel），2004：393〕

這不論是把愛／情愛／性愛昇華到「靈魂對美的渴求」，還是讓它折
衝於「肉體的滿足和靈魂的解放」之間，或是所未囊括的不同系統
中「頗異其趣」的愛情觀（周慶華，2007b：162），都顯示了愛情還
有得我們「細繹對待」。縱是如此，愛情在詩裏的翻攪騰飛，已經成
了詩人的試金石。正如聶魯達（P. Neruda）所說的「寫不好情詩的
人不是最好的詩人」（向明主編，2006：代序 5），抒情詩註定要由
愛情撐起它的「神采」上的一片天。

三、愛情「濃度」的測試

　　縱使愛情在抒情詩裏的重要性已經凌駕其他的成分，但有關愛
情的質感和伸展向度以及在異系統中的可能的各別搬演等問題，卻
還有待一併釐清，以便可以「一體」認知。這在論述的需求上，是
為了知識旨趣的；而在情感的認同上，則是為了取捨借鏡的。換句
話說，這類理路的追蹤，有著搏知和應用兩面性，而為內在權力意
志發用的一種具體展現。

　　這不妨從愛情的「濃度」一點切入。愛情的「濃度」關係愛情
的質感。它「渾」時，質感就厚重；而它「清」時，質感則變輕盈，
總是難以「等同看待」或「一概而論」。好比「愛情如果是一場舞蹈，
它可能是輝煌的華爾滋，或性感撩人的探戈，也可能是野性十足的
搖滾。愛情之舞可能在平地展開，也可能始於高山峻嶺；可能花木

繁茂，也可能寸草不生；可能乾旱枯槁，也可能多雨潮濕；可能酷熱難當，也可能寒氣逼人」（伊希朵瑞，2006：38），像這種「你永遠可以按『刪除』鍵」（包曼，2007：26）換感覺對象的液態愛情觀，被「恆久焦點式的關注」的質感就不可能不厚重。而這如果再卯上「孟德斯鳩寫道：『法國人從不以堅貞而自豪。』他認為男人對一個女人發誓說永遠愛她，根本就像是信誓旦旦地保證他永遠身體健康一樣可笑」（特萊西德，2003：11）這一「見異思遷」論調，那麼愛情在人的急切迷戀中就會更添一份「即刻飽飫」的渴欲而使它無端的黏稠起來。

　　相對的，像「愛情很奇妙，有時候像傻瓜、白痴一樣，很努力、很卑微的愛，卻不見得能贏得愛情，甚至有時會自責」（統一夢公園編輯小組企劃，2003：125）這種「放不開」去勇猛於追求愛情或像「『情』應該從兩個層次來理解：一是一般所說的『愛情』。愛情是人類所獨有的情緒特質，同時也是人類在嬰孩時期獨特的脆弱所造成。嬰孩因為高度依賴母親的哺育，以至在跟母親分開後，產生強大的失落感。從此人就不斷『學習』如何找回最初的如神話般的美好記憶……『關懷』或『慈悲』是情的另一種層次。從這個角度來說，浪漫的愛情的確是一種高貴的人類情操，沒有愛情的經驗，人無法了解關懷和慈悲的可能。而學會關懷之後，人對愛情也會有更深沉更無私的理解」（同上，126）這種念念不忘「返回母體」和昇華為「關懷之情」等攬入異質素的愛情觀，就會自行稀釋下去而根本無緣濃厚。這種差異，在表顯上有「性」的強烈欲求在折衝：

　　　　愛和性的聯繫，是上帝對世人開的一個大玩笑。在愛情中，
　　　　我們不時會以為自己正在飛，但性的蠢動卻讓我們赫然發
　　　　現，自己原不過是個被人用線牽在手上的氣球……上帝這個

> 玩笑雖然要我們付出代價，但它所給我們的好處，卻是無窮
> 無盡的。（魯易斯，1998：121）

只要排除不掉性欲的攪擾，愛情就不可能是淡淡的漣漪。因此，從厚重的一端著眼，愛情才會像索福克勒斯（Sophocles）的《安蒂崗妮》一劇中所說的那樣超越一切事物：「愛情無往不勝／你徹夜監護／少女雙頰／你征服那些被你吸引前來的／富人或窮人／你甚至橫渡大海／沒有一位神仙／能從你手中拯救自我／也沒有任何凡人能逃得過你／在這無情苦澀的人生／芬芳香甜的花朵／一靠近你理性和深思／立刻紛紛逃逸」（蘇利，2005：12）。畢竟還很少見有人不需要性！

　　這麼一來，厚重質感的愛情，自然就會從婚姻中疏離開來：「十二世紀的貴婦人瑪麗曾寫道：『愛情和婚姻是兩碼事，戀愛時的種種美妙的感覺不會延續到婚姻中，因為戀愛時愛人之間的施和受完全是心甘情願的；然而結婚後就不是這樣了』」（特萊西德，2003：12）。倘若它不幸被婚姻「捕獲」了，那麼它很可能會演出「生命不可承受之輕」〔昆德拉（M. Kundera），2000〕般的設法脫困重過「候鳥生活」或「頻為覓巢」，因為一部羅曼史是無法透過容易常熟或疲乏化的婚姻來保障的。所謂「有位諮商專家告訴讀者：『當你許下承諾，不管那再怎麼漫不經心，記住，你都很可能正在把其他也許更讓你滿意、更如願以償的羅曼史機會關在門外。』另外一位專家說得更直率：『就長期來說，許下承諾毫無意義……承諾就像任何一種投資，都有漲跌起伏。』因此，如果你想要『關聯』，切記保持距離；如果你想從共處中尋求滿足，不要許下或要求承諾。任何時候都別把門關死」（包曼，2007：23）、「蒙田補充說：『此外，愛情的本質不過是一種擾動的渴望，追求那永遠得不到的東西。一旦得到佳人

芳心，就熱情不再；愛情的實現就是它的終點；因為愛情以身體為目的，所以總是有厭煩之虞。』〔柯依瑟爾（H. Koisser）等，2007：39〕等，不就「真切」的道出了此中的消息！

倘若要在抒情詩中愛情濃度的光譜上作個排列，那麼厚重和輕盈就分佔兩端，而中間模糊地帶則給邁不開步擇路出發的「猶豫者」。後者無從成為可審美或可評鑑的選項（因為不知道強調它有什麼特殊的意義）；剩下來舉凡思慮詩中所體現愛情的「向度」的，就只有厚重和輕盈兩端可以勉為一試。

四、果茶或奶蜜二選一

愛情濃度的清或濁，關係著抒情詩作者的表現模式及其所隸屬文化傳統的美感類型的鍛鑄。而這既然有厚重和輕盈兩端可以選擇，那麼它的「可檢證」性也就有了試煉的對象。這個對象，就是觸處可見的中西的抒情詩。中西抒情詩中愛情濃度的差異，可以用「果茶」和「奶蜜」來譬喻。前者，偏清而帶酸澀；後者，偏濁而會將可能的苦味甜化，彼此很難「跨域升沉」。

我們知道，中國傳統詩人書寫愛情，普遍都顯現為一種「強忍思長」的特性。如《詩經‧蒹葭》「蒹葭蒼蒼，白露為霜。所謂伊人，在水一方。溯迴從之，道阻且長。溯游從之，宛在水中央。蒹葭悽悽，白露未晞。所謂伊人，在水之湄。溯迴從之，道阻且躋。溯游從之，宛在水中坻。蒹葭采采，白露未已。所謂伊人，在水之涘。溯迴從之，道阻且右。溯游從之，宛在水中沚。」（孔穎達，1982b：241～242）、樂府〈上邪〉「上邪，我欲與君相知，長命無絕衰。山無陵，江水為竭，冬雷震震夏雨雪。天地合，乃敢與君絕」（郭茂倩編撰，1984：231）、杜牧〈贈別〉「多情卻似總無情，唯覺尊前笑不

成。蠟燭有心還惜別，替人垂淚到天明」（清聖祖編，1974：3157）
等等都是。這種特性（強忍住不敢直說愛意而但存綿長的思念），就
像在「熬果茶」，不論再怎麼加糖，都還是「清可見底」且酸澀如常。
反觀西方詩人書寫愛情，則可以進到「痴迷瘋狂」的地步。且看：

我是怎樣的愛你　　伯朗寧夫人（E. Barrett）

我是怎樣的愛你！讓我逐一細算。
我愛你，盡我的靈魂所能及到的
深邃、寬廣和高度——正像我懷念
玄冥中上帝的存在和深厚的神恩。
我愛你至於像日光和燭焰下，那每天
最靜穆的需求，我不加思慮的愛你，
……
我愛你，抵得上那似已隨著消失的聖者，
而消逝的愛慕，我愛你以終身的
呼吸、微笑和淚珠——假使是上帝的
意旨，那麼，我死後會更加愛你
（張忠江選，1971：64）

貓祕　　狄妲（S. Didda Jonsdottir）

我渴望像貓一樣
一陣酥柔地被撫摸。
……
從背部直下，在
我的腳趾間撫弄，輕輕
搔我的胃部，

我胸口猛跳

而一隻耳朵被溫柔地舔著。

愛撫遍我的手腳，

親吻我的股間，對著

我的毛喘息，我幸福地痲痺過去

當那一刻從我的肚臍輕擊出，

而我聽不見孤寂單調之音

因為我自身嗚嗚的叫聲。

（陳黎等譯著，2000：269～271）

致羞怯的情人　　馬維爾（A. Marvell）

……

我植物般的愛情會不斷生長，

比帝國還要遼闊，還要緩慢；

我會用一百年的時間讚美

你的眼睛，凝視你的額眉；

花兩百年愛慕你的每個乳房，

三萬年才讚賞完其他的地方；

每個部位至少花上一個世代，在最後一世代才把你的心秀

出來。

因為，小姐，你值得這樣的禮遇，

我也不願用更低的格調愛你。

……

（陳黎等譯著，2005：93～95）

我走出的一夕　　奧登（W. H. Auden）

我將愛你，親親，我將愛你
直到中國和非洲相連
河流跳越過山
鮭魚在街上唱歌。

我將愛你直到大洋
摺疊起來掛著晾乾
七星咯咯大叫
如飛在空中的雁鴨。
……

（史蒂芬斯，2006：193～194 引）

這即使也可見「困折深重」，但終究要被他們的「熱情如火」所掩蓋
（南方朔，2001：12～74），展現出近於崇高或悲壯而讓人「兩相著
魔」的情愛況味（被愛戀的人有如此繁複的麗美內蘊或外煥；而寫
詩的人也有如此善於想像興感的造美手段）（周慶華，2007a：255
～256）。而相較中國傳統詩人書寫愛情的「含蓄宛轉」該一獨特的
優美風格，西方詩人在這方面的表現就格外的「揚露張狂」，直逼或
挑戰人類情愛審美的極限。前者即使到了頗受西方文化浸染的當今
社會，相關的「尺度」也沒放寬多少。如黃惠真〈願〉「我願意／端
坐於一件青瓷面前／與他隔著玻璃／守候／／守到自己化為一種土
／可以讓巧匠製成另一件／青瓷／放在他旁邊」（向明主編，2006：
113～114）、林煥彰〈想妳，等妳〉「我在一個地方，想你／有水聲、
鳥聲、風雨聲，有／鋼琴伴奏的聲音……／／等妳，我把一顆跳躍
的心／收藏在針尖之上，日日夜夜／孤孤單單，的等妳」（統一夢公
園編輯小組企劃，2003：113）、鴻鴻〈上邪〉「我的耳垂在你口中，

我的唇舌在你乳房，我的手掌在你腋窩，我的性器沉落在你體內一個不可測的深處。而我自己從未見過的背影，在你眼睛的風景畫片之中……」（陳義芝主編・賞讀，2006：114～115）等等，像這些都仍是「欲語還休」，並未能夠自我跨越過去。

上述這種「強忍思長」和「痴迷瘋狂」的美感特徵，其實各有不可共量的文化因緣（詳後），不是一朝一夕就可以輕易「相取經」或「相融合」的（這是說西方人也同樣難以跨越過來）。而就這一點來說，繼起的詩人書寫愛情究竟取譬是要堅守果茶清韻還是轉向學得奶蜜濃律（不然就會「面目模糊」），總得從「二選一」，以見（或維持）特色。

五、中西書寫愛情差異的文化因緣

基本上，中西書寫愛情的巨大差距，無法只從可能的「偶然興感」成異一端來理解；它的文化背景這一終極的「無形的驅力」（當人尚未自覺時是這樣；如果已經自覺，它就會被權力意志所收編）（周慶華，1997a；2001b；2004a；2005；2006b；2007c；2008a），才是彼此分疆異轡的關鍵。好比有人所提到對「美」的困惑：

> 從蘇格拉底到偵探小說家錢德勒筆下的惡棍，每個都為美而心折。古羅馬詩人奧維德稱美是「諸神的贈禮」，全世界的人都在追求美的魔力。美一直是道讓人屏息的謎，它的光采奪目，讓許多藝術家動容。科學已經告訴我們，美是多種元素構成的奇怪之物，非大部分人所能理解；研究人員現在仍在探索美為何有如此大的力量，美到底是什麼東西？〔麥克奈爾（D. McNeill），2004：7〕

這種困惑，基本上只有在「極盡變化」美感特徵的創造觀型文化傳統中才會發生；相對的在講求諧和而「穩著沉潛」的氣化觀型文化傳統中，就不可能這樣「無所止歸」（按：另有一系不便納進來談論的由印度佛教所開啟發展著的緣起觀型文化，它所在意的「解脫」志業，更不可能被美所左右）（周慶華，2007a：255）。

　　如果把文化視為「一個歷史性的生活團體表現他們的創造力的歷程和結果的整體」（沈清松，1986：24），那麼它就可以據理再分出終極信仰、觀念系統、規範系統、表現系統和行動系統等五個次系統。

　　所謂終極信仰，是指一個歷史性的生活團體的成員由於對人生和世界的究竟意義的終極關懷而將自己的生命所投向的最後根基；如希伯來民族和基督教的終極信仰是投向一個有位格的造物主，而漢民族所認定的天、天帝、天神、道、理等等也表現了漢民族的終極信仰。所謂觀念系統，是指一個歷史性的生活團體的成員認識自己和世界的方式，並由此而產生一套認知系統和一套延續並發展他們的認知體系的方法；如神話、傳說以及各種程度的知識和各種哲學思想等都是屬於觀念系統，而科學以作為一種精神、方法和研究成果來說也都是屬於觀念系統的構成因素。所謂規範系統，是指一個歷史性的生活團體的成員依據他們的終極信仰和自己對自身及對世界的了解而制定的一套行為規範，並依據這些規範而產生一套行為模式；如倫理、道德（及宗教儀軌）等等。所謂表現系統，是指一個歷史性的生活團體的成員用一種感性的方式來表現他們的終極信仰、觀念系統和規範系統等，因而產生了各種文學和藝術作品。所謂行動系統，是指一個歷史性的生活團體的成員對於自然和人羣所採取的開發和管理的全套辦法；如自然技術（開發自然、控制自然和利用自然等的技術）和管理技術（就是社會技術或社會工程，

當中包含政治、經濟和社會等三部分：政治涉及權力的構成和分配；
經濟涉及生產財和消費財的製造和分配；社會涉及羣體的整合、發
展和變遷以及社會福利等問題）等（沈清松，1986：24～29）。由於
這五個次系統彼此略存先後順序，所以可以重新將它們「整編」為
一個關係圖：

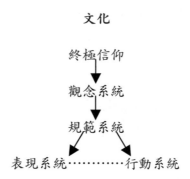

當中終極信仰是最優位的，它塑造出了觀念系統，而觀念系統再衍
化出了規範系統；至於表現系統和行動系統，則分別上承規範系統
／觀念系統／終極信仰等〔按：表現系統和行動系統之間並無「誰
承誰」的情況；但它們可以「互通」（所以用虛線來連接）。如「政
治可以藝術化」而「文學也會受政治／經濟／社會影響」之類〕（周
慶華，2007a：184～185）。這樣中西書寫愛情的差異，就可以各自
從表現系統上溯而得著整體性的理解。

　　首先，中國傳統「含蓄宛轉」的表情方式，是因為有「他人」
在的關係。向來中國社會是以「家族」為基本結構單位，每個人都
受到一個緊密網絡的制約，無從「自由自在」的談情說愛；偶有「膽
敢」或「放肆」的去追求異性，也必定少不了「沒有這種福分」的
他人（親戚兼及鄰人）「閒言閒語」的加被，導至下場如我一首詩裏
所說的「別人喝的是奶蜜／我們沒有福分清淡一點／水果熬茶／口

味不多還帶酸澀⋯⋯／／呼叫情人一次／必須擾動空氣一圈又一圈／迴聲都傳進了旁人的嘴巴裏／吐出來的話語一定是烙紅過的」（周慶華，2008b：70～71）這樣不堪！相對的，西方社會以個人為基本結構單位，自己事「自行負責」而跟他人不必相牽連，所以大家都可以「大辣辣」的向所愛的人表白情意（甚至連帶的不諱言對性欲的渴望），以至「痴迷瘋狂」的示愛方式在沒有阻力的情況下能夠相沿成習。而它的「盛況」也如我另一首詩裏所說的「一根棒槌／遇到一個凹洞／最甜美的性滋味就這樣幸福的翻飛／除了它再也沒別的致命的吸力了／垂死的肉身作者願意作見證⋯⋯／／這是奶蜜流淌的世界／從上帝忘記造門起就汩汩稠稠的瀰漫每一個翱翔的空間／不必測度自會有前來學習的痴情種／在退了燒的膜拜後重新／歌頌愛它的高溫不能稀釋」（同上，48～49）那樣在風行著。

其次，從規範系統所看到的這一「家族倫常」和「個人倫常」所給中西書寫愛情的「狹窄」和「寬闊」空間的對比，再往上溯到觀念系統，就是氣化觀和創造觀兩種世界觀的互不相侔。前者以為宇宙萬物都是精氣化生的，而化生後的人糾結在一起，必須分親疏遠近才能過有秩序的生活；而分親疏遠近就勢必要以血緣為依據（周慶華，2001a；2005；2007c），這樣人的「後天的個性」從此就銷蝕在「先天的羣性」裏，也才有「想愛卻不敢張揚」的苦楚和無奈！而後者以為宇宙萬物為上帝所造（少數唯物論者的「否定」和懷疑論者的「不信」，基本上無法動搖這種觀念），每個人都是獨立的個體；而經過協商組成社會所形成的「後天的羣性」，沒有理由回過頭來抑制「先天的個性」（周慶華，2005；2007b；2008a），以至造就了西方人可以「不必禁忌」的衝刺品嚐愛情滋味的習性。

再次，中西方人的「氣化意識」和「受造意識」的不同，在終極信仰裏得由闇默的「上帝」和「道」（自然氣化的過程或原理）各

自來發端。這雖然無法進一步獲知起始點差異的緣由，但各別的信仰一旦形成了，彼此不可共量的「文化因緣」也就根深蒂固的底定：一個講究情愛要由「道」下貫來節制；一個講究情愛則可以想像「上帝」已經授權而毋須掩飾旁顧（周慶華，2000a：64～65）。也因為如此，我們才能理解文藝復興時期布魯諾（G. Bruno）所寫詩中的這種激情：「當飛蛾朝向鍾愛的光源時，／並不知道撲火的嚴重後果；／當口乾舌燥的麕鹿跳往河邊時，／並不知道鋒利的弓箭正等著他；／當獨角獸奔向足以蔽身的洞穴時，／並不知道那有為他而設下的陷阱：／在光源中、河水邊和洞穴裏，我看到火焰、弓箭和繩索。／我極度的渴望是甜蜜美好的，／因為崇高的火把滿足了我，／因為神性的弓箭似甜美的傷口遮蓋了我，／因為陷阱的繩結拴綁住了我的渴求思念，／那麼，儘管一切是如此難以承受——／心中的火焰、胸前的弓箭和心靈的套索」（柯依瑟爾等，2007：62～63引）。這在中國傳統詩人是無緣開口，也開口不了的。

　　同樣都是對愛情有所嚮往，但在具體行動上卻有的像在熬果茶而酸澀遍嚐，有的像在釀奶蜜而甜膩在口（即使有中途遇挫的，也會因為有「不斷另覓」的機會而總會嚐到這種美味），詩人各自所隸屬的文化背景（尤其是深層次的觀念系統和終極信仰）的殊異，實在是此中最難可取代的緣由。它們已經搏成的美感類型不必再分軒輊（反正彼此也很難融通置換），只要知道各自「其來有自」，今後就有相互體諒欣賞的可能；剩下來的，就是「前景」如何規模的問題。

六、文學文化學的發展方向

　　所謂「前景」如何規模，可以是「繼續不必中斷」式的思維，也可以是「重新出發」式的思維；這是文學研究在進到一個更高階

段所得承擔的「使命」。而這在我作為一個研究者來說,自然要「給個說詞」,才能「自我放行」。換句話說,前面所展現出來的文學文化學的研究模式,在「終極」點上總得提供一點必要的建言給詩人作為繼起創作的依循以及一併為同類型的研究再盡些諍諫的責任;而這點就可以順著上述的說法「續為發揮」,以便思路能夠暫告一個段落完篇。

依照經驗,因為文化的隔閡而導至文學表現形態的差異,很難像比較文學者所以為的只要找到共通的美學據點就可以勉為予以「消弭」那樣的樂觀(葉維廉,1983;豐華瞻,1993;曹順慶等,2003);它的實質上的「不可共量」性,仍會一再的考驗我們的洞見和踐行能力。因此,所謂「重新出發」式的思維如果是像近代以來國人這樣勤於向西方取經的話,那麼它很容易就會被設想成「仿效就是了」(而這證諸所有新文學的興起和流行,也的確沒有不以西方文學為「馬首是瞻」的),但實情卻是「文化積習」難變,至今還沒有一種經仿效後的文體不「小人一號」(周慶華,1997c;2004c;2007c;2008a)。也難怪西方人對它根本不感興趣〔寒哲(L. J. Hammond),2001〕,而所撰寫世界「文學地圖」一類的書也未曾給它留個位置〔布萊德貝里(M. Bradbury),2007〕。很明顯這裏面還有大家所沒考慮到的問題,得再慎重的將它排入討論文學前景的議程。

整體來看,中西文學緣於各自的文化傳統而表現出「情志思維」和「詩性思維」兩種不太搭軋的思維形態。當中詩性思維,是指非邏輯的思維(原始的思維或野性的思維)(維柯,1997;列維—布留爾,2001;李維—史特勞斯,1998),它以隱喻、換喻、借喻和諷喻等手段來創新事物,從而找到寄寓化解人/神衝突的方式(也就是試圖藉由文學創作來昇華人性終而解決人不能成為神的困窘的「化解」跟神性衝突的一種作法)〔懷特(H. White),2003;托多洛夫,

2004）。像這種情況，所締造的勢必是一波又一波的創新風潮。它從前現代的敘事寫實性作品奠定了「模象」的基礎，再經過現代的新敘事寫實性作品轉而開啟了「造象」的道路，然後又躍進到後現代的解構性作品和網路時代的多向性作品展衍出「語言遊戲」和「超鏈結」的新天地，這中間都看不出會有「停滯發展」的可能性；而西方人在這裏得到的已經不只是審美創造上的快悅，它還有涉及脫困的倫理抉擇方面的滿足，直接或間接體現作為一個受造者所能極盡「回應」的本事（周慶華，2007a：291～292）。

　　至於情志思維，是指純為抒發情志（情性或性靈）的思維，它的目的不在馳騁想像力而在儘可能的「感物應事」。因此，相對於詩性思維，情志思維很明顯就少了那麼一點野蠻／強創造的氣勢；它完全從人有內感外應的需求去找著「文學的出路」。而這無處是緣於氣化觀底下以為回應上述的「縮結人情」的文化特色使然；它原是自足的，但由於一百多年來敵不過西方文化，從此就「退藏於密」而不再發揮應世的功能。這麼一來，世人就會漸漸淡忘曾經還有一種異質文學的存在（周慶華，2007a：292）。

　　如果不受限於當今西方文學獨霸而形成的「單一」視野，那麼這裏就可以說舉世所實踐過的文學創作至少有中西兩大類型足以競比互映。它在西方傳統為詩性思維所制約，而在中國傳統則為情志思維所制約，彼此一傾向「外衍」一傾向「內煥」；馴至外衍的恣肆宏闊而有氣勢磅礡的史詩及其流亞戲劇和小說等的賡續發皇，而內煥的精巧洗鍊而有抒情味濃厚的詩歌及其派典詞曲和平話等的另現風華（周慶華，2007a：292～293）。

　　可見中西文學在先天上已經不可共量，而在後天上是否可以融通也不無疑問。理由是西方文學從前現代的模象走到了現代的造象和後現代的語言遊戲以及網路時代的超鏈結，相關的形式、技巧和

風格等都一再的翻新求變;而海峽兩岸的中國人從上個世紀初起棄捨了既有自我專屬的抒情寫實的道路而改崇尚西方的創作的模式,卻因為「內質難變」和「效外無由」而至今還是沒有一種體裁不像前面所說的「小人一號」(形同「追趕不及」或「超前無望」)。至於西方人長久以來雖然不乏接觸中國文學的機會(林水福等,1999;徐志嘯,2000;李岫等主編,2001),但由於「文化障礙」及其「霸權心態」作祟,也仍舊難見「深受影響」的成效(周慶華,2007a:295)。

在這種情況下,如果以本脈絡所專揭發的抒情詩愛情的濃度這一文學文化學的研究模式來說,那麼它就不合以「再行尾隨」為所要提點的方向,但要倡導回返自我傳統的創作形態卻又嫌「時機不對」且「無所長進」(古人從詩經到楚辭、樂府、古體、近體、詞、曲以下,也是不斷在尋求系統內文體的更新,如今果真可以回返了,那麼又將要回返那一種文體呢),這又該「何去何從」?我們知道,愛情原存在於二人之間,只要「干擾源」或「附帶條件」(如轉成普遍的「關懷之情」之類)越少,那它就越有可能厚重濃度和聯想翩翩而成為一種有「能見度」的典範。但這在國人的創作踐履中既不可能有機會「體現」且以「仿效他人」為高,而傳統精巧洗鍊情思的表達方式又礙難再予以發揚光大,以至規勸大家在當今的「繼續不必中斷」和想望中的「重新出發」的一體兩面性,就得轉由另尋「雙重超越」式的新書寫愛情的形態來重新發聲。它目前雖然還無能形塑「具體面貌」,但一旦懷有這一觀念,遲早會有人被激勵而先馳得點。而所謂文學文化學的發展方向,以我的研思所得,無疑的就以這種理論的規模和相應的實踐籲請為最切近的範式。

從混亂中再建秩序

──解構後的教育發展方向

一、後現代社會的興起

　　繼相對論、量子力學後興起的混沌理論，曾經這樣預言著：相當簡單的數學方程式可以形容像瀑布一樣粗暴難料的系統，只要在開頭輸入小小差異，很快就會造成南轅北轍的結果。例如在天氣現象裏一隻蝴蝶展翅翩躚對空氣所激起的微小擾動，可能造成巨大的暴風雨或沙暴[1]。不期然的，這種「蝴蝶效應」也在人類社會應驗著。首先是十八世紀以來，西方科學技術的發展，給人類締造了前所未有生產力大增的「工業時代」；其次是二次世界大戰後，新科技（電腦）的發明，帶領人類進入資訊快速流通的「後工業時代」。現在「後工業時代」正以不同的風貌，輪番呈現在世人很前[2]。

---

[1]　見葛雷易克（1991：17～43）。

[2]　光就電腦本身來說，就有底下的變化：1946 年，戰後世界第一部真空管式電腦在英國問世；同年，美國賓州大學發明了第一部「全電子計算機」。1949 年，英國劍橋大學發展出第一部貯存程式的電腦，使得計算工具有了革命性的進展。1956 年，因電晶體的運用，第二代電腦發明問世。1964 年，第三代電腦由美國萬商公司推出，開始初步試用混合積體電路，導至第四代電腦（完全利用積體電路製成）在 1969 年問世。1975 年，美日在市場上大量生產第四代電腦銷售，開啟了微電腦、微處理機的時代。參見羅青（1989：313）。

不論大家會採取什麼角度來看待這個時代[3]，有一個不可否認的事實是：「知識」成了集體財富；理論性知識具體化後，所生成的「科學工業」（如聚合物、光學、電子學、電磁通訊學等）正蓬勃興起；而「知識工人」將成為社會生產組織中的主力。這些改變，直接「衝擊」到人類生活各個層面。而就我們所關心的教育來說，也有人已經宣稱：學校不再是傳播人類價值的機構，而是現代社會賴以生存的技術及教育個體的「知識工廠」[4]。即使如此，學校教育也將逐漸變成劣等產品（趕不上時代），企業公司不得不加入教育工作行列（自行訓練員工）[5]。教師的權威也將遭到瓦解（禁不起學生的質疑）或轉移（反要向學生學習）的命運[6]。而疏於吸收新知的學生，也會變成明日的「文盲」[7]。這種宣稱，絕不是無的放矢。因為當前資訊量正以接近幾何級數成長，各行各業已經緊鑼密鼓在進行權力的重新分配和改造，學校教育也不能例外。

面對這股權力重新分配和改造的風潮，負責規劃教育或從事實際教育工作的人，又要怎樣來應變，也就成了最為迫切而優先的課題。正如考夫曼（D. Kauffman）在《教授未來》一書中所預示適應

---

[3] 在指稱上，貝爾（D. Bell）於 1968 年所寫《後工業社會來臨》一書，首先創造「後工業社會」一詞。爾後奈思比在《大趨勢》書中，稱它為「資訊社會」；托佛勒在《第三波》書中，稱它為「微電子時代」。現在大家習慣使用「後現代社會」一詞。因為在這個時代中，不止科技急速在翻新，文化各領域（如建築、繪畫、舞蹈、文學、音樂、劇場、攝影等）也不停在變動，無法用一個名稱來概括，只好用「後現代社會」，表示這一時代跟前一時代（「現代社會」）的不同。至於學術界對這個時代有關觀念的探析和辯論，參見哈山（1993）、羅青（1989）、路況（1990）。

[4] 見裴傑斯（H. R. Pagels）（1991：30～33）。

[5] 見奈思比（1989：61～66）。按：奈思比雖然只舉美國為例，但推及他國，也都相仿。

[6] 見托佛勒（1991：2～3）、賴金男（1990：220）。

[7] 見賴金男（1989：182）。

未來生活六種技能（接近並使用資訊、清楚的思維、有效的溝通、了解人的生活環境、了解人和社會、個人能力）[8]，負責規劃教育或從事實際教育工作的人，也要具備相當的能耐，才能擔負未來的任務。基於這個原因，我從紛然雜陳的現象中，尋繹出一些理念，可以作為有心策劃教育或實施教育者的「先行意識」，不免要仿效「野人獻曝」，在這裏公諸同好了。

二、新的社會結構與新的生活方式

葛雷易克（J. Gleick）《混沌──不測風雲的背後》一書前言有段話說：「對新科學最熱烈的擁護者認為，二十世紀的科學中傳世之作只有三件：相對論、量子力學和混沌理論。他們主張混沌已經成為這世紀中物理科學發生的第三次大革命，像前兩次革命一樣，混沌理論撕下了牛頓物理中奉為圭臬的信條，就像一位物理學家所表示的：相對論否定了牛頓對絕對空間與時間的描述；量子理論則粉碎了拉普拉斯對因果決定論可預測度所存幻影。混沌理論的革命適用於我們可以看到、接觸到的世界，在屬於人類的尺度裏產生作用。」話中隱含著三個世紀以來人類活在一個化約式科學觀（主要是牛頓物理學）裏，盡情的在編織一幅世界的圖象。

這幅圖象的一端是：以新的「複製」方法及工具，使生產力巨幅增加。舉凡所生產的機械（如汽車、火車、輪船、飛機、電燈等），都能不斷複製時間空間，並能以大量複製出來的速度，改變時間和空間的關係。這都是依靠科學的原理及原則，來運作進行的。而所謂「分工專業化」，正是科學方法的重要特色。萬事萬物，只要以分

---

[8]　見賴金男，（1990：217～218 引）。

工專業化的原則，掌握其運作的「公理」或「公式」，就可以鑑往知來，掌握其全部的發展過程，並加以複製。透過不斷地實驗、改進，複製，它的結果就會越來越精良，而它的效能也會越來越高。另一端是，人文學者吸收科學的分類方法，開始分門別類的撰寫各種學科的歷史，以便研究人類社會文化的發展。於是社會史、文學史、藝術史、哲學史、經濟史、心理學史……等等，紛紛出籠。而黑格爾（G. W.Hegel）、孔德（A. Comte）、達爾文（C. Darwin），及馬克思（K.Mayx），更大張旗鼓的提出歷史演進的原則或法則（也就是歷史演進的「公式」或「公理」），希望能進一步掌握並主導社會文化的發展。於是學者並起，學說紛紜，不斷地回顧過去，並為各個時代貼上不同的標籤，以明歷史發展的各個階段[9]。從此人類創造了一個新的社會結構（科層組織）和新的生活方式（自動機械化）；而最強勢的馬克思式的結構性預設觀念，也在世界的一些角落發揮作用。

三、應變與反思能力的辯證

然而，當大家普遍沈醉在理性大獲全勝的歡樂裏，有人開始意識到：科層組織已經使人喪失開創精神，自動機械化也讓人生沒有意義、沒有信心、沒有真實；而馬克思的結構性預設觀念更只是個幻想，終將給人類帶來災禍。於是大家又反過來省察工業社會（「現代社會」）已經發生或將要發生的弊病，而謀求補救的措施。

在人類進行反思的同時，世界局勢也出現一些戲劇性的變化：古巴危機、越南戰爭、中東戰爭，使以美國為首的西方開始解構，

---

[9]　參見羅青（1989：9～10）。

美國不再能以一元化的方式領導世界。而中俄共分裂、文化大革命爆發、中共越共之戰，也造成共產集團的解構。美國和中共建交，第三世界勢力的形成，不結盟國家的興起，更是世界政治走向多元化的象徵。在經濟方面，太平洋地區經濟力量的崛起，日本迅速成為世界經濟強國，改變了世界經濟的面貌。在科技方面，核子技術的擴散、太空科技的突破、電腦的快速發展、美國登陸月球成功，使人類的世界觀及宇宙觀有了大調整。而個人電腦問市及流行，更使人類累積知識的方式，有了革命性的變化。於是所謂的「後工業社會」、「資訊社會」等名稱，就即刻宣告誕生了。在美國，不斷擴張的黑人運動，使白種人（高加索人）的神話開始解構；而有色人種在世界各地的地位，也開始轉變。女權運動的勃興，使傳統的父系社會，發生解構式的變化。以上種種，也影響到藝術創作的發展和藝術理論的革新。以往一元式的封閉系統，以及所謂的「理體中心主義」，遭到了巨大的挑戰。社會文化的一切，都在資訊的大量交互流通裏，產生了新的關係[10]。而馬克思的結構性預設觀念，也因為新科技及新社會的出現，逐漸被改變、推翻，造成「意識形態」的瓦解[11]。

　　這種種的變化，直接增強了人類的反思能力。於是有像托佛勒（A. Toffer）那樣「曲折」的追究出「知識」將是人類賴以獲得「權力」的最佳途徑（過去大家所賴以獲得「權力」的兩種途徑；暴力、財富，將被降到最低或較低地位）（《大未來》）；也有像奈思比（J. Naisbitt）那樣「實際」的預測到改造人類生活的十個大趨勢：（一）

---

[10]　參見羅青（1989：4～5）。

[11]　以前，馬克思主義者認為「資本主義社會」的生產工具是「資本」，而資本掌握在大資本家手中。現在生產工具變成「知識」，可以透過電腦在各個階層自由流通；而社會大眾也因商品經濟的高度發達，原是生產者也都變成消費者，彼此的身分也相互流通，無法再作嚴格的區分。

從產業社會到資訊社會；（二）從強迫科技到高科技、高感應；（三）從國內經濟到世界經濟；（四）從短期思考到長期思考；（五）從集權管理到分權管理；（六）從制度救助到自我救助；（七）從代議民主到參與民主；（八）從層級組織到工作網絡；（九）從北部地區到南部地區；（十）從少數選擇到多重選擇（這十大趨勢目前已在美國發生，不久也將在世界各地發生）（《大趨勢》）以及到公元 2000 年十個結構性大趨勢：（一）全球經濟景氣；（二）二度文藝復興；（三）社會主義變質；（四）文化貌似神異；（五）民營勢在必行；（六）亞太地區興起；（七）新女性、新領袖；（八）生物科技革命；（九）世紀末宗教熱；（十）個人戰勝團體（《二 000 年大趨勢》）。顯然人類已經面臨一個空前大轉變的時代，不能不另外想一套「應變之道」。

四、資訊分裂與秩序紊亂

　　所有的「應變之道」，都要源於對問題的深入了解，才有可能。而「後工業時代」到底又提供了那些「信息」，可以讓人尋思，也必須加以掌握。大致說來，「後工業時代」有下列幾個特色：

　　(一)累積、處理、發展知識的方式，由印刷術改進到電腦微處理，人類求知的手段，有了革命性的改變。

　　(二)知識發展的方式得到了突破，各種系統的看法紛紛出籠，社會的價值觀及生活形態，就朝向多元主義邁進。而它的基本原動力，就是解構思想。所有的觀念、意義和價值，全部都從過去固定的結構體中解構了出來，可以自由飄流重組。而它重要的指導原則，是屬於記號語用學式的，一切都看情況及「上下文」而定。人們對事物的看法，由農業社會的是非題，進入工業社會的單選題，現在又進入後工業社會的複選題。

(三)所有的貫時系統和並時系統裏的有機物及無機物包括人、事、物，都可以分解成最小的資訊記號單元，都可以從過去的結構值中解構出來。資訊的交流重組和複製再生，就成了後工業社會的主要生活及生產方式。強大的複製能力，促使社會走向一種以不斷生產不斷消費的運作模式之中，所謂的「消費社會」，應運而生。社會人口可以區分為生產者和消費者兩個組羣，而生產者本身也是消費者。

(四)在資訊的重組和再生之間，人們發現「內容和形式」的關係也可以解構。漁獵牧社會、農業社會、工業社會、後工業社會之間的關係，是相互重疊、相互解構的。漁獵遊牧社會之中有農業社會的因子；農業社會中包含了漁獵遊牧、農業、工業甚至後工業社會的因子；工業社會及後工業社會中，也可以發現漁獵遊牧、農業……等社會的因子。既然內容和形式可以分離，那古今中外的資訊就可以在人們強大的複製力量下，無限制的相互交流，重組再生。

(五)後工業社會的工作形態，把工業社會的分工模式解構了。生產開始走向「個體化」、「非標準化」，工作環境則走向「人性化」。因為生化科技及遺傳工程的改進，農業人口減少而農產品增加。因為無人工廠，機器人及電腦輔助設計製造系統的發展，使工業人口減少，工業產品增加，品質不斷創新改進，價格越來越低廉。以服務業為主的人口不斷增加，成為生產的主力[12]。

因此，人類在自然科學方面所發現的自然現象的無序、不穩定、多樣性、不平衡、非線性關係（當中小的輸入可以引起大的結果）以及暫時性[13]，也在當今的社會經驗著。除了「混亂」，似乎再也沒有可以用來形容這種現象的詞。而這種現象帶給人的是一種新的時

---

[12]　以上參見羅青（1989：316～317）。
[13]　參見普里戈金（1990）。

間體驗：從過去通向未來的連續性的感覺已經崩潰了，新的時間體
驗只集中在現時上；除了現時，什麼也沒有。有人把這一體驗的特
點概括為吸毒帶來的快感，或者說是精神分裂[14]。不願面對這一「事
實」的人（當今快速變動的社會，過高的工作壓力，分裂性的資訊
知識，使人們罹患「精神分裂症」的機會大增），只好「自求多福」
或跟人共謀對策了[15]。

五、教育所受的挑戰與因應途徑

　　現在我們得把範圍縮小到教育上，看看它遭到了什麼「挑戰」，
以及人類要怎樣應付「挑戰」。

　　從結構功能論的角度來看，教育是在保存文化價值，並藉新科
技的發明和對現有知識的置疑，促進社會的變化；而教育也是一種
社會控制的手段，對個人將來的求職，也有重要的影響[16]。然而所
有的文化價值，已經從過去固定的結構值中，解構了出來（如前所
述），教育又如何能保存文化價值？還有新科技的不斷發明及現有知
識的不斷交流重組和複製再生，只有對教育造成「衝擊」，教育那能
對它有所置疑，因而促進社會的變化？難怪有人會宣稱學校不再是
傳播人類價值的機構，而是現代社會賴以生存的技術及教育個體的
「知識工廠」（即使是「知識工廠」，也只能生產劣等的「產品」）。
因此，已有的教育理念（結構功能觀）、教育體系（金字塔型）、教
材編選（一元化）、師資培訓（單一管道）、教學內容（貧乏）、學習

---

[14]　見詹明信（F. Jameson）（1990：240）。

[15]　關於後面這一點，我在〈後現代社會的價值觀──從語言權威的失落談起〉一文
　　　中作過少許探討（周慶華，2000b：153～160），可以參看。

[16]　參見史美舍（N. Smelser）（1991：444～446）。這在相當程度上解釋了人類所以
　　　辦教育的旨趣。

方法（呆板）……等等，都得重新調整，否則很難再有「生存」或「發揮」的空間。

　　長期以來，學校就和家庭、軍隊、工廠一樣，一直禁錮著人類的心靈（許多天才必須離開學校才能有所發展，就是明證），而它所賴以維繫不墜的是一套展示一個具有規律和原則的事物圖象的語言。但到了後現代社會，語言功能已經潰散了。原先人類所認定的語言可以描述事物、建構圖象，已經被證明不過是個夢想（因為語言中的「意符」所對應的「意指」，同時又指向另一個「意符」，使語言無法描述事物、建構圖象[17]），而學校還想像過去一樣的運作，勢必辦不到了。表面上，當今學校還維持著一定的架構，不致立即崩潰，但它的內部已經「暗潮洶湧」，即將面臨來自「內外」質疑而無以招架的局勢。這又該怎麼辦？

　　如果人類只期望教育配合社會的律動，追求多元化的價值，那只要稍為調整教育的理念和教育的內容就行了（屆時所有的學校也許會像今人所預料的，變成一個個勉為時代所需的「知識工廠」）。如果人類還期望教育對社會有所批判，直接促成社會的「進步」，那就必須從多元化的價值中找出或創造一個比較符合人類願望的價值，作為未來生活的依據（這好比提倡混沌理論的人，一方面承認宇宙具有多樣性的特點；一方面試圖從多樣性中找尋新的秩序，作為科學和社會的溝通渠道），這在作法上就比較複雜了。

　　根據歷史的經驗，人類對秩序的需求遠比對混亂的需求高，而價值多元化所顯現的就是一種混亂。因此，從混亂中再建立秩序，應該是人類目前所要追求的目標。就教育來說，實際的作法是先打破集權管理和層級組織。集權管理中居上位者，經常會有先入為主

---

[17]　參見蔡源煌（1988：257～261）。

的觀念，下達不切實際的指令；而層級組織不但減緩了資訊的流速，也無法處理數以百計的問題。如果改以分權管理和網絡組織，就比較能有效的解決問題，而且可以培養自助能力、可以交換情報、可以分享資源（特別是知識資源）、可以促進社會變遷以及可以享受真正工作樂趣（在集權管理和層級組織中，「鼓勵」人向上升遷和不斷前進，帶給人壓力、緊張和焦慮；在分權管理和網絡組織中，「賦予」個人力量，人會傾向於彼此扶持，形同一個大家庭）。

其次是擴大參與面和加強自我救助。凡是教育決策，不能再由少數人專斷，必須集合有關人員（包括教育官員、學校行政人員、教師、學生、家長、社會相關人士等）共同討論、協商，形成共識，才能定案。而有關人員也得降低對制度救助的需求（以教師來說，所需要的知識不能再過度仰賴培訓制度的「賜予」；以學生來說，所需要的技能也不能再全部依靠學校教育的「搏成」），轉向強化自我救助的能力。而這一擴大參與面和加強自我救助，也正是分權管理能夠落實和網絡組織能夠強固的保證。換句話說，教育決策不能付諸「公決」，分權管理就會流於虛假；自我所需知識技術不能多由自己求得，網絡組織也很難發揮作用。

眼看現代出版事業，已從傳統的文字印刷擴充到電子媒介，凡是錄音帶（有聲書）、教學錄影帶（錄影書）及植基於電子網路聯線結合數位化科技所形成的資訊網路系統[18]，所提供給人的資訊，將

---

[18]　以臺灣為例，有聲書和錄影書已經相當普及（依性質分，計有「有聲文學書」、「有聲劇場書」、「有聲書摘」、「臺語有聲書」、「兒童教育有聲書」、「成人教育有聲書」、「盲胞服務專書及有聲雜誌」、「有聲電子字典」、「語言教學有聲書及錄影書」、「民族音樂田野紀錄‧」、「兒童教育錄影書」、「輔助教學錄影書」、「工作實用錄影書」、「養生錄影書」、「靈修錄影書」、「休閒生活錄影書」等），而資訊網路系統（如文字圖形系統、加值型電訊網路等）也已問世，還有其他尚在實驗階段的新科技。見甘尚平（1992）。

比學校所提供給人的多而快，直接威脅到學校的「存在」；而磁碟片或光碟片等軟體書的開發[19]，也將使人改變閱讀習慣，不必再「奔競」於學校或圖書館之間，這樣學校的重要性就會越來越小。同時一個相互依存的世界（人類正共同面對人口暴增、糧食不足、能源和原料短缺，以及科技和污染公害等問題，沒有人能袖手旁觀），也在「迫使」教育理念和教育內容重新改變。以上這些在在顯示教育不得不進入「多事之秋」，未來的演變，還難以預料。不過，藉由這裏所提示的分權管理和網絡組織及擴大參與面和加強自我救助兩個途徑，應該比較容易達到找出或創造新價值的目的。至於那個新價值是什麼，就有待將來大家一起費心思考，而不是現在所能預料。

---

[19]　據報載臺灣已有二十多家廠商投入開發 CAI（電腦輔助教學）產品；此外中央研究院也將完成《二十五史》CD 片；故宮博物院和得意傳播公司合作開發了《故宮文物》CD 片。見李翠瑩（1992）。

價值教學的探討

──一個基進的反省

一、問題的提出

　　近來，有學者採用瑞斯（L. E. Raths）的價值澄清法和郭爾堡（L. Kohlberg）的道德認知發展論等學說，融合而成一套新的價值教學法，也稱為價值澄清法，頃刻正在全省小學全面推廣中[1]。這套方法旨在提供兒童討論個人的價值以及跟社會的基本原則有關的價值或價值情境的機會，並經由價值澄清的過程，使兒童決定同意這些價值的程度，並分析何以同意或不同意，而最後則要提升兒童的道德判斷，使他們成為社會中有為有守、堂堂正正的公民。這比起傳統的價值教學（或道德教學）所採取的注入法，顯然要進步得多。不過，提倡這套方法的人，並沒有繼續進行嚴格的方法論的反省[2]，以至有許多環繞這套方法的問題，都被有意無意的掩蓋了。

　　首先，我們會發現價值和道德並不是等值詞。前者泛指「一切價值」，後者只是「一種價值」。今天以道德價值等同於一切價值，

---

[1]　見歐用生（1987：280～290）。至於此套教學法在全省推廣的情況，參見新竹師院編印（1990）。

[2]　一種方法的提出，隨著必須對這種方法的性質、功能和限制進行反省，才能確定是否可行。參見康樂、黃進興主編（1981：23～42）、何秀煌（1988：51～82）。目前，還沒有看到提倡價值澄清法的人，有這種方法論的自覺。

不僅抹煞了道德價值的特殊性，也抹煞了其他價值的特殊性[3]。其次，我們也會發現「澄清」一詞有歧義。它可以指澄清價值本身，也可以指澄清兩種以上不同的價值。如果是指澄清價值本身，就必須先假定價值是可以澄清的，否則空談價值澄清並沒有意義。但價值真的能澄清嗎？有什麼辦法可以保證價值確實能獲得澄清？這些問題不先解決，就談價值澄清是不會有結果的。如果是指澄清兩種以上不同的價值，除了要先解決前面所提出的問題，還要解決澄清兩種以上不同的價值是否可能的問題，這比純粹澄清價值本身要複雜許多。再次，我們還會發現價值澄清法作為一種方法學，並沒有為它的對象（價值）作明確的定義和說明，以至有關價值是什麼，以及價值存在那裏等問題，一概不得而知。可見價值澄清法的理論基礎還相當薄弱，不足以廣為推行。

以人生是一個不斷在追求價值的過程來說[4]，談論價值澄清問題，有它的必要性和迫切性，而我們利用教學機會，引導兒童進入某些價值情境，讓他們體會價值、選擇價值，也有它的可行性和適當性。因此，建立一套完善的價值澄清理論，應該是眾望所歸的。而我所以檢討學者所倡導的價值澄清法，也無非在提供大家思考的機會，盼能重新出發，趨向此一目的。現在要進一步把前面所提出的問題，作一「有機」的繫聯，並讓價值恢復它原有的地位（不侷限在道德這一狹隘的領域），然後試著對每一個問題進行比較深入的探討，以便了解價值教學的難易程度，作為爾後建立價值澄清理論的參考。

---

[3]　道德價值具有別於其他價值（如知識價值、藝術價值）的特殊性，也具有跟其他價值相同的共通性，這在理論上都可以有所分殊。參見阿德勒（M. J. Aaler）（1986：31～139）、成中英（1979：1～28）。

[4]　參見范錡（1987：188～245）、劉述先（1986：111～119）、波謙斯基（1987：59～69）。

二、價值的性質與功能

價值學有兩個基本的問題：一是價值是什麼；一是價值存在那裏。前者涉及價值的性質和功能；後者涉及價值的來源和分類。任何價值理論，都要植基在這兩個問題的解決上。而就我所要討論的主題來說，自然也要以探討這兩個問題為首要任務，現在就先來討論第一個問題。

價值一名，在中西傳統思想中，跟它大體相近的是好或善。西方的價值（value）一名，由經濟上所謂價值引伸而來[5]。中國的好字，由男女好合之義引伸而來；善字，由羊馴良之義引伸而來[6]。這些字原來的意義，跟今天所含有的意義，有廣狹的分別。今天所謂價值或好或善，是指知識上的真、藝術上的美、道德上的善，以及實用上的利等，跟偽、醜、惡、害等相對者的通稱。

不論價值的意義如何演變，都可以肯定價值不是事物（如一自然事件、一種理念、一個命題、一曲音樂、一件事業），也不是事物的元素，而是某些我們稱為價值對象所擁有的獨特屬性[7]。換句話說，價值只是一種性質（一種「寄生式」的存有），而不是具體的事物或理念的事物。這種非實在性，就是價值的第一個特徵。

價值除了具有非實在性，還具有兩極性和層級性[8]。一般說來，事物是怎樣就是怎樣，而價值可以說是以正反兩面來呈現自身[9]。因

---

[5] 見布魯格（1989：561）。

[6] 參見唐君毅（1989：390）。按：中國原有價值一詞，並無好或善義，《說文新附》說「價，物直也。」依《漢書·食貨志》，價就是分別物質上中下等級。《儀禮·喪服記》鄭注：「值，當也。」合併來說，價值就是「舉列其物，高下所當」的意思。參見黃公偉（1987：188）。這跟今天所說價值一義，大不相同。

[7] 見方迪啟（R. Frondizi）（1988：6）。

[8] 見方迪啟（1988：10）、徐道鄰（1980：180～181）。

[9] 此外，還有所謂零價值說。見唐君毅（1989：438～439）。姑且不論實際上是否

此，有真和偽、美和醜、善和惡、利和害等分別。此外，價值還有等級順序，從好到壞排列，這一點對於價值本身和價值對象都同樣為真。

雖然價值同時具有非實在性、兩極性和層級性等三個特徵，但是後面兩個特徵是人在作喜好的比較選擇時，才顯示出來，而前一個特徵不必經人作比較選擇就能顯示出來。因此，價值真正所具有的應該只有一個非實在性，至於兩極性和層級性，都是人所「賦予」的。理論上是這樣說，實際上人在作價值判斷時，價值的非實在性、兩極性和層級性是一起呈現的（反過來說，人不作價值判斷時，無所謂價值，這三種特徵自然也不存在了）。所以這裏就不再刻意去分辨那一種特徵是價值本身所具有，那一種特徵是人所賦予。

價值作為一種「寄生式」存有，除了給價值對象增添「價值」，再也無法對價值對象有任何作用。因此，價值對價值對象來說並沒有意義，而我們也不會要求價值對象對價值要有所反應。但對人來說，正面的價值會引起人的欲求（快樂），負面的價值會引起人的拒斥（不快樂）；而在正常情況下，人都會希冀正面的價值，排棄負面的價值[10]。這樣價值就顯出它特殊的功能了。換句話說，價值的存在，只對人有意義；而人是否過得快樂和幸福，也要視擁有多少正面價值來決定。

三、價值的存在方式

知道了價值的性質和功能，要繼續追問價值存在那裏？這個問題等於在問價值從什麼地方來，以及價值依什麼方式存在。就我所

有絕對不具價值的事物，就語義來說，零價值是「無」，而正價值和負價值是「有」，彼此並不在同一層次上。因此，價值具有兩極性是可以確定的。

[10]　後面所提到的價值，如果不涉及相對立論，都指正面價值。

知，從來沒有一種價值不須經人「確認」就能存在，也從來沒有一種價值不須經人「安置」就能發揮作用[11]。我們把這一點跟前面所說價值是一種「寄生式」存有合看，應該不難了解從那裏入手，才能找到答案。

如果暫時不管價值的兩極性和層級性，只就價值的非實在性來說，可以確定價值對象本身不會自動顯示它擁有某種特殊屬性，它所以被認定擁有如此特性，完全出自人的判斷；離開人的判斷，價值對象的一切特性都無從呈現。雖然如此，價值對象也要具有相當的潛能，可以在人從事價值判斷時，適時的被發掘而評定為有價值。有這一點認識，就可以開始談價值的來源。

前面說過，價值是指價值對象所擁有的特殊屬性，但此一特殊屬性必須經過人的判斷，才能顯示出來，這樣我們可以很明顯的看出：價值正是人對價值對象施以判斷所得有關價值對象的特殊屬性。也就是說，價值來自人對價值對象的評價，沒有價值對象和評價活動的存在，就沒有價值的存在。

既然價值存在人對價值對象的評價中，我們只要掌握價值對象，並施以評價，就能獲得價值，這應該是輕而易舉的事。但我們不要忘了，價值對象並不以同一種形態出現，我們想給予評價，還得先了解它的性質才行。而了解價值對象的性質，也等於在了解價值是以什麼方式存在。這是探討價值存在那裏這個問題最後所要解決的。

我們知道，價值對象可以是具體的事物（如食物、風景、藝術品、文學作品、科學論文），也可以是抽象的關係（如倫理道德、禮法制度），還可以是主觀的創意和想像（如和平、民主、巫術、宗教）。

---

[11] 這是說沒有經過人肯定價值在什麼地方，就無從知道價值的存在；而沒有經過人辨析是什麼價值，價值也難以在人身上發生作用。

當價值對象是具體的事物時，價值自然指人對該事物施以判斷所得
有關該事物的特殊屬性。但當價值對象是抽象的關係或主觀的創意
和想像時，價值就不純粹是該抽象的關係或主觀的創意和想像初次
所擁有的特殊屬性，而要經過一番轉折，抽象的關係或主觀的創意
和想像才能擁有類似具體事物所擁有的特殊屬性。也就是說，抽象
的關係是由多數人共同賦予的，而主觀的創意和想像是由個人的精
神作用所致，它們的價值是在多數人共同賦予或個人的精神作用所
致時已定，後來的評價活動，不過是讓已定的價值呈顯出來而已。
一旦這類價值成為人欲求或拒斥的對象，它們的存在就如同事物價
值的存在，而難以強為分別了。

　　從上面的敘述，可以看出價值存在的方式，大略有三種情況：
（一）是依附在具體的事物上；（二）是依附在抽象的關係上；（三）
是依附在主觀的創意和想像上。第一種價值是由人的認定而來，屬
於事物價值；第二種價值是由人的賦予產生，屬於倫理價值；第三
種價值是由人的創意和想像所致，屬於精神價值[12]。在我們從事價
值判斷前，必然要先明白價值存在的方式，才能找到適當的依據，
而使價值判斷圓滿達成；否則，只有終止此一活動。

---

[12]　參見陳秉璋等（1990：321〜322）（按：該書把事物價值稱為物質價值，而無法
　　安置諸如藝術品、文學作品和科學論文等價值。現在改稱事物價值，就可以容納
　　上述這些價值，而避免該書所遇到的困難）。舊式的價值分類，多據形式和實質
　　兩分。前者有本身價值和工具價值的區別；後者有真、善、美三種根本價值的分
　　野。見溫公頤（1983：250〜253）、唐君毅（1989：438〜445）。這種分類法問題
　　甚多，不足為據（因為本身價值和工具價值有時很難區分，而真、善、美三種價
　　值也常混淆不清）。

四、價值判斷所要具備的條件

　　所以探討價值是什麼，以及價值存在那裏，主要是為了便利價值判斷的進行。換句話說，價值判斷要在確定價值的性質和功能，以及價值的來源和存在方式，才有可能。就理論來說，我們只要知道價值是什麼和價值存在那裏，就可以從事價值判斷，而獲得價值。但在實際上我們還必須考慮價值判斷是否可能；如果可能，還得考慮怎樣去作價值判斷。因為價值對象能被判定為有價值，是源於價值對象所具有的特殊屬性，而人是否能認識該特殊屬性，以及用什麼方式來肯定該特殊屬性，卻不是不證自明的，而要預先妥為解決。

　　首先，我們看看人是否能認識價值對象所具有的特殊屬性，進而判斷它有價值。這個問題要成立，必須人有無法認識價值對象所具有特殊屬性的情況。事實上，有些人的確無法認識價值對象所具有的特殊屬性，如心智不正常的人就是如此。還有些人只能認識少數價值對象所具有的特殊屬性，對於其他價值對象所具有的特殊屬性，不是懵懂無知，就是礙難體會，如缺乏特殊訓練的人就是如此。為什麼會這樣？這要從價值對象談起。

　　當價值對象是一份甜食或一件器皿或一處山水時，除了心智不正常的人，其他人應該不難認識它的特殊屬性。但當價值對象是一幅裸體油畫或一篇化學論文或一本推理小說時，沒有經過特殊訓練的人，恐怕就不容易認識它的特殊屬性了。這還只說到事物價值，如果是倫理或精神價值，我們會發現這對一個欠缺相當經驗或相當知識的人來說，無論如何也很難體會得到。這樣說來，人在認識價值對象所具有的特殊屬性時，確實有了困難。如果這個問題不先解決，就奢談價值判斷（或價值澄清），可以想見不會有什麼具體結果。

　　也許有人會說，除非先天或後天喪失感官知覺，不然人應該都能認識價值對象所具有的特殊屬性。這是簡化問題的想決。因為人的感官知覺有差異，彼此所形成的偏愛和嗜好，在在會影響各自在面對價值對象時，是否能認識到該價值對象所具有的特殊屬性。還有受風俗、習慣、傳統思想、教育訓練和社會情境等因素的影響，也會使人能認識或不能認識某些價值對象所具有的特殊屬性。因此，只分辨價值是什麼，以及價值存在那裏，並不能解決價值判斷的問題，還要分辨人是否有認識價值的能力才行。

　　根據上面所述，除了少數心智不正常的人，無法加以論列，其他人都可以放在這裏一併討論。雖然如此，還是不得不有所聲明：這裏只討論人在從事價值判斷時所要具備的條件，而不詳細討論該條件本身，以及該條件形成的過程（後面兩點，跟本論題沒有直接的關聯，也不是現在所能討論）。此外，還要限定在普遍性的說明，而不涉及個別的差異（如彼此具備相同的條件，卻作出不同的判斷）。否則，無法進行對人從事價值判斷是否可能這個問題的討論。

　　現在就從價值對象這一端談起。價值對象具有特殊屬性，可以在人的評價中呈顯出來，這是我們已經知道而不容懷疑的。問題是這價值對象所具有的特殊屬性，人要怎麼去掌握它？如果人掌握不到價值對象所具有的特殊屬性，或誤解了價值對象所具有的特殊屬性，是不是還能從事價值判斷？我們不妨作個大膽的假設，凡是誤解或無法掌握價值對象所具有特殊屬性的人，就不能從事價值判斷。如果有人還是要從事價值判斷，我們只能視為兒戲，而不能當真。因此，掌握價值對象所具有的特殊屬性，就是人從事價值判斷必備的條件。而這一點又要看人是否能了解價值對象的性質和功能

而定。因為價值對象是否有價值，必須從它的性質和功能來判斷[13]。如一首詩有美的價值，是由於它含有作者精心設計安排的意義和形式，能激發讀者的情感和聯想；又如一個救人行為有善的價值，是由於救人者展現了人性的光輝（惻隱之心），感動了受害者以及其他的觀眾（甚至起而仿效）。如果人無法了解價值對象的性質和功能，自然也無法掌握價值對象所具有的特殊屬性。此外，有些價值對象所具有的特殊屬性，會隨著時空的轉移而產生變化，如非洲某些部落所公認的美女（粗壯黝黑闊嘴肥臀），到了歐美人所辦的選美會上，永遠沒有入選的希望；又如傳到中土的各種宗教儀式，對不信仰宗教的人來說，絲毫沒有意義。這就透露了人還要認清社會環境，才能進行價值判斷[14]。不然，難免會流於「假判斷」或「空判斷」。這一認清社會環境，也是人從事價值判斷必備的條件。如果還有其他的條件，應該都可以把它歸在上面所列兩項下[15]，這裏就不再多費筆墨來論述了。

---

[13] 這不是說價值對象的性質和功能等於它的價值，而是說價值對象的價值要從它的性質和功能來判定（因為價值對象的價值只有一個，如菜刀有幫助人切斷東西的好處；而價值對象的功能可以無限，如菜刀可以用來切菜，也可以用來砍肉，還可以用來殺人）。

[14] 我們所說的社會環境，包括歷史和文化環境，以及人為的環境。方迪啟說：「我們所屬社會團體的價值觀在我們判斷別人的行為、欣賞一件藝術作品，或用餐的時候，對我們施加影響。而且，只要我們生活的團體從家庭向外擴展到範圍最廣闊的文化圈，那麼我們所作的評價乃是我們同代人以及融入了我們自己時代文化的古代文化作者同時影響的結果⋯⋯除了所有的歷史和文化環境外，還需要考慮人為的環境：我們是人，我們的評價是人類作的評價⋯⋯因此，我們都是以個人、團體成員、某一特定文化或歷史階段成員，以及人類的身分來評價。」（方迪啟，1988：121～122）

[15] 如個體對價值有需求的意願，也是人從事價值判斷的一個重要條件。然而，個體對價值的需求，無法在離開他所處的社會環境，而還能獲得滿足。因此，我們可以把這個條件歸入前面所列的後一項條件中。

其次，要看看人到底要用什麼方式去作價值判斷，才能獲得價值。從上面的討論，我們知道人所以能從事價值判斷，是因為他備有掌握價值對象所具有的特殊屬性和認清社會環境等能力，這就明顯的告訴我們，價值判斷的可靠與否，端賴從事價值判斷的人是否能衡量社會環境，而以價值對象所具有的特殊屬性為依據[16]。如果從事價值判斷的人，不先行衡量社會環境，就去作價值判斷；而在作價值判斷時，又不以價值對象所具有的特殊屬性為依據，我們實在不敢確定他真的獲得了價值（更不必說能取信於人了）。這樣看來，價值判斷的方法，就是把價值對象放在社會環境中考量，而以價值對象所具有的特殊屬性為依據。以這種方法去從事價值判斷，所獲得的價值就有可靠性。

如果想使價值判斷更為有效，還得透過調查統計價值對象在社會環境中所發揮的功效，來作比較精密的判斷，而不僅僅考慮價值對象在社會環境中的地位，然後推測它可能發揮的功效而已。不過，這已經超出此處的討論範圍，只好把它擱置一旁，而繼續探討本論題的最後一個問題。

五、價值教學的諸多變數

本論題的最後一個問題是：價值教學是否可能？要理解這個問題，必須把前面所談的問題再作一點回顧。我們知道價值判斷所以可能，是因為有價值的存在和人能認識價值作為保證；即使為釐清價值的特性和存在方式，不免要遭遇許多考驗，但價值終究會獲得

---

[16]　前面說過，價值對象是否有價值，必須由它的性質和功能來判定，而價值對象的性質和功能（尤其是功能）又要放在社會環境中，才能作判斷。因此，從事價值判斷的人，必然要衡量社會環境，而以價值對象所具有的特殊屬性為依據。

澄清，這是可以肯定的。然而，我們只能擔保某些單一的價值判斷，而無法擔保多重的價值判斷；更無法擔保經驗的轉移。因為多重的價值判斷要先假定人有多方面的能力，而經驗的轉移也要假定人能接受他人的影響，這不論在理論上或實際上，都很難證明。因此，談價值教學，自然蘊涵了許多變數：

第一，人從事價值判斷，是為了追求價值，而追求價值必須先有追求價值的意願，並能找到價值對象。如果兒童沒有追求價值的意願，也找不到價值對象，價值教學又要怎麼進行？

第二，價值的性質和功能以及價值的來源和存在方式，可以透過講授，但掌握價值的能力以及認識社會環境的能力，卻無法透過講授讓兒童知道。如果兒童已經具備這些能力，就不必有價值教學；如果兒童不具備這些能力，價值教學又有什麼意義？

第三，多重價值的比較，預設了人有獲取較好價值的願望。如果價值教學也以多重價值的比較一項為重心，依兒童的能力，是否也能認識價值的優劣？如果不能，還要從事價值教學，豈不是白費心機？

第四，價值教學所以可能，除了要肯定以上三個問題，還要肯定教師具有價值教學的能力。如果教師缺乏價值教學的能力，價值教學又會變成什麼模樣？

第五，價值判斷的依據並不是一成不變（常視其在社會環境所發揮的功效而定），價值教學當然也得「與時推移」。但在課堂上只能作理論推演，無法進行實際操作，以至實際的價值經常存在講授之外。如果是這樣，是否還需要價值教學？

依照我的推斷，如果教師不要求太多，只要有部分兒童有追求價值的意願，並能找到價值對象，就可以進行價值教學。如果教師不冀望兒童立刻學以致用（只要日後能「生效」就行），也可以告訴

他們有關價值判斷的種種問題。如果教師知道價值教學的艱難，時時以它為念，並勤讀相關書籍，充實自己的知能，也可以勉力一試，去從事價值教學。反過來說，當兒童的意願很低，又要他學以致用，而教師自己也不肯上進，只好宣告價值教學的死刑！

　　雖然理論上有後面一種情況，但實際上不會糟糕到這個地步，我對教師從事價值教學還是抱有很大的信心。畢竟人活著不能不追求價值，而一旦在追求價值，就會有心得；把這一點心得搬出來跟兒童討論，就算不能獲得贊同，也會開展他們的眼界。如果再求精進，傳授兒童更多的「法寶」，那就功德無量了。

參考文獻

丁旭輝（2000），《臺灣現代詩圖象技巧研究》，高雄：春暉。

巴克等（2006），《預見五種未來科技：掌握未來二十五年的新商機》（高子梅譯），臺北：臉譜。

巴特（1992），《零度的寫作──結構主義文學理論文選》，（李幼蒸譯），臺北：時報。

巴特（2004），《S／Z》（屠友祥譯），臺北：桂冠。

巴舍拉（2003），《空間詩學》（龔卓軍等譯），臺北：張老師。

方遒（1998），《寫作思辨》，合肥：安徽大學。

方炳林（1984），《普通教學法》，臺北：三民。

方啟迪（1988），《價值是什麼──價值學導論》（黃藿譯），臺北：聯經。

孔繁（1987），《魏晉玄學與文學》，北京：中國社會科學。

孔穎達（1982a），《禮記正義》，十三經注疏本，臺北：藝文。

孔穎達（1982b），《毛詩正義》，十三經注疏本，臺北：藝文。

王麗編（1998），《中國語文教育憂思錄》，北京：教育科學。

王一川（1998），《中國形象詩學》，上海：三聯。

王文科（1991），《課程論》，臺北；五南。

王先謙（1978a），《荀子集解》，新編諸子集成本，臺北：世界。

王先謙（1978b），《莊子集解》，新編諸子集成本，臺北：世界。

王谷岩（2000），《了解生命》，新竹：凡異。

王岳川（1993），《後現代主義文化研究》，臺北：淑馨。

王治河主編（2004），《後現代主義辭典》，北京：中央編譯。

王其敏（1997），《視覺創意——思考與方法》，臺北：正中。

王為國（2006），《多元智能教育理論與實務》，臺北：淑馨。

王海山主編（1998），《科學方法百科》，臺北：恩楷。

王國維（1981），《人間詞話》，臺南：大夏。

王夢鷗（1976a），《文藝美學》，臺北：遠行。

王夢鷗（1976b），《文學概論》，臺北：藝文。

尤西林（1996），《人文學科及其現代意義》，西安：陝西人民教育。

毛禮銳等（1994），《中國教育史》，臺北：五南。

中國教育學會主編（1985），《迎接二十一世紀的教育改革》，臺北：
　　臺灣書店。

中國教育學會主編（1999），《關鍵年代的教育》，臺北：揚智。

中國教育學會主編（2000），《跨世紀教育的回顧與前瞻》，臺北：揚智。

中華民國比較教育學會主編（1996），《教育：傳統、現代化與後現
　　代化》，臺北：師大書苑。

中華民國課程與教學學會主編（1999），《九年一貫課程之展望》，臺
　　北：揚智。

中華民國教材研究發展學會編（1999），《九年一貫課程理論與理
　　念》，臺北：中華民國教材研究發展學會。

中央大學文學院暨共同學科編（1995），《全國大學通識教育研討會
　　論文集》，桃園：中央大學文學院暨共同學科。

包曼（1997），《生與死的雙重變奏——人類生命策略的社會學詮釋》
　　（陳正國譯），臺北：東大。

包曼（2007），《液態之愛》（何定照等譯），臺北：商周。

田運（1985），《思維科學簡論》，北京：北京工業學院。

白靈主編（2003），《中國現代文學大系（貳）：詩卷（一）》，臺北：
　　九歌。

白秀雄（1995），《現代社會學》，臺北：五南。

甘尚平（1992.4.30），〈有聲書錄影書閱讀指南〉，於《聯合報》第23版。

司馬遷（1979），《史記》，臺北：鼎文。

布洛克（1996），《西方人文主義傳統》（董樂山譯），臺北：究竟。

布裕民等（1997），《寫作思維技巧》，臺北：書林。

布瑞格（1994），《混沌魔鏡》（王彥文譯），臺北：牛頓。

布魯克（2003），《文化理論詞彙》（王志弘等譯），臺北：巨流。

布魯格（1989），《西洋哲學辭典》（項退結編譯），臺北：華香園。

布羅德等（1990），《科學的騙局》（張馳譯），臺北：久大。

布萊德貝里（2007），《文學地圖》（趙閔文譯），臺北：胡桃木。

史美舍（1991），《社會學》（陳光中等譯），臺北：桂冠。

史密士（2000），《超越後現代心靈》（梁永安譯），臺北：立緒。

史蒂芬斯（2006），《大夢兩千年》（薛絢譯），臺北：立緒。

弗格森（2004），《寶瓶同謀》（廖世德譯），臺北：方智。

向明主編（2006），《曖·情詩：情趣小詩選》，臺北：聯經。

休斯（1992），《文學結構主義》（劉豫譯），臺北：桂冠。

成中英（1979），《科學真理與人類價值》，臺北：三民。

托佛勒（1991），《大未來》（吳迎春譯），臺北：時報。

托多洛夫（2004），《象徵理論》（王國卿譯），北京：商務。

艾克曼（2004），《氣味、記憶與愛欲——艾克曼的大腦詩篇》（莊安祺譯），臺北：時報。

艾坡比等（1996），《歷史的真相》（蘇絢譯），臺北：正中。

牟宗三（1987），《中國哲學的特質》，臺北：學生。

江亮演等（1997），《社會科學概論》，臺北：商鼎。

伊格頓（1987），《當代文學理論導論》（聶振雄等譯），香港：旭日。

伊格頓（2005），《理論之後──文化理論的當下與未來》（李尚遠
　　譯），臺北：商周。

伊希朵瑞（2006），《愛情地圖》（汪芸譯），臺北：天下。

伊茲拉萊維奇（2006），《當中國改變世界》（姚海星等譯），臺北：
　　高寶國際。

吉普森（1988），《批判理論與教育》（吳根明譯），臺北：師大書苑。

米爾頓（1999），《失樂園》（楊耐冬譯），臺北：志文。

米羅諾夫（1988），《歷史學家和社會學》（王清和譯），臺北：華夏。

朱艷英主編（1994），《文章寫作學》，高雄：麗文。

安傑利斯（2001），《哲學辭典》（段德智等譯），臺北：貓頭鷹。

列維—布留爾（2001），《原始思維》（丁由譯），臺北：商務。

行政院教育改革審議委員會（1996），《教育改革總諮議報告書》，臺
　　北：行政院。

貝克（1999），《全球化危機：全球化的形成、風險與機會》（孫治本
　　譯），臺北：商務。

貝爾（2004），《未來學導論──歷史、目的與知識》（陳國華等譯），
　　臺北：學富。

貝厄恩（2000），《課程統整》（單文經等譯），臺北：學富。

貝斯特等（1994），《後現代理論：批判的質疑》（朱元鴻等譯），臺
　　北：巨流。

坎伯等（1998），《多元智慧的教與學》（郭俊賢等譯），臺北：遠流。

坎納沃（2003），《贏家的邏輯思維》（王迅等譯），臺北：究竟。

邢昺（1982），《論語正義》，十三經注疏本，臺北：藝文。

李岫等主編（2001），《二十世紀中外文學交流》，臺北：商務。

李元洛（1990），《詩美學》，臺北：東大。

李亦園等（1994），《人文學概論》，臺北：空中大學。

李咏吟（1987），《教學原理──最新教學理論與策略》，臺北：遠流。

李明燦（1986），《社會科學方法論》，臺北：黎明。

李英明（1989），《科學社會學》，臺北：桂冠。

李英明，（2003）《全球化下的後殖民省思》，臺北：生智。

李茂政（1986），《大眾傳播新論》，臺北：三民。

李達三等主編（1990）：《中外比較文學研究（第一冊下）》，臺北：學生。

李翠瑩（1992.5.22），〈星期專刊採訪〉，於《中國時報》星期專刊。

李錫津（1997），《課程與教學改革實務》，臺北：師大書苑。

李維—史特勞斯（1998），《野性的思維》（李幼蒸譯），臺北：聯經。

沈奇編（1996），《詩是什麼：20世紀中國詩人如是說》，臺北：爾雅。

沈兼士（1986），《中國考試制度史》，臺北：商務。

沈清松（1986），《解除世界魔咒──科技對文化的衝擊與展望》，臺北：時報。

沈清松（1987），《物理之後──形上學的發展》，臺北：牛頓。

佛思等（1996），《當代語藝觀點》（林靜伶譯），臺北：五南。

佛克馬等編（1992），《走向後現代主義》（王寧等譯），臺北：淑馨。

辛格（1996），《生命價值的創造》（郜元寶譯），臺北：業強。

沙特（1990），《存在與虛無》（陳宣良等譯），臺北：桂冠。

門羅（1987），《走向科學的美學》（安宗昇譯），臺北：五洲。

余成教（1983），《石園詩話》，清詩話續編本，臺北：木鐸。

余承濱（1995），《寫作概論》，武昌：華中師範大學。

余書麟（1978），《教學原理》，臺北：文景。

何秀煌（1988），《文化、哲學與方法》，臺北：東大。

何秀煌（1987），《思想方法導論》，臺北：三民。

何秀煌（1998），《從通識教育的觀點看——文明教育和人性教育的
　　反思》，臺北：東大。

何權峰（2004），《都是你的錯》，臺北：高寶國際。

汪信硯（1994），《科學美學》，臺北：淑馨。

杜普瑞（1996），《人的宗教向度》（傅佩榮譯），臺北：幼獅。

吳靖國（1987），《生命教育：視域交融的自覺與實踐》，臺北：五南。

伽達瑪（2007），《真理與方法》（洪漢鼎譯），北京：商務。

克里斯托（2000），《英語帝國》（鄭佳美譯），臺北：貓頭鷹。

克里斯欽森（2006），《發燒地球 200 年》（達娃譯），臺北：野人。

克莉絲蒂娃（2005），《（納瓦羅訪談）思考之危境：克莉絲蒂娃訪談
　　錄》（吳錫德譯），臺北：麥田。

沃德羅普（1995），《複雜——走在秩序與混沌邊緣》（齊若蘭譯），
　　臺北：天下。

肯吉（2007），《中國撼動世界：飢餓之國崛起》（陳怡傑等譯），臺
　　北：高寶國際。

拉維（1999），《只有一年》（宋偉航譯），臺北：立緒。

拉德納等（1991），《科學與偽科學》（安寶明等譯），臺北：久大。

孟樊等編（1990），《世紀末偏航——八〇年代臺灣文學論》，臺北：
　　時報。

孟樊（1995），《當代臺灣新詩理論》，臺北：揚智。

孟樊等編（1997），《後現代學科與理論》，臺北：生智。

孟樊（2003），《臺灣後現代詩的理論與實際》，臺北：揚智。

林水福等（1999），《中外文學交流》，臺北：臺灣書店。

林生傳（1995），《新教學理論與策略——自由開放社會中的個別化
　　教學與後個別化教學》，臺北：五南。

林信華（2003），《超國家社會學》，臺北：韋伯。

林淇瀁（2001），《書寫與拼圖——臺灣文學傳播現象研究》，臺北：麥田。

林達森（1999），〈論析統整性課程及其對九年一貫課程的啟示〉，於《教育研究資訊》第 7 卷第 4 期（102～107）。

林綺雲主編（2006），《實用生死學》，臺北：華格那。

林慶彰（1998），《學術論文寫作指引》，臺北：萬卷樓。

奈思比（1989），《大趨勢》（詹宏志譯），臺北：長河。

奈思比（2006），《奈思比 11 個未來定見》（潘東傑譯），臺北：天下。

帕帕司等（2003），《統整式語文教學的理論與實務：行動研究取向》（林佩蓉等譯），臺北：心理。

亞德烈（1987），《藝術哲學》（周浩中譯），臺北：水牛。

亞里斯多德（1986），《詩學》（姚一葦譯註），臺北：中華。

阿德勒（1986），《六大觀念》（劉遐齡譯），臺北：國立編譯館。

阿姆斯壯（1999），《神的歷史》（蔡昌雄譯），臺北：立緒。

阿皮格納內西（1996），《後現代主義》（黃訓慶譯），臺北：立緒。

周慶華（1994），《秩序的探索——當代文學論述的省察》，臺北：東大。

周慶華（1996a），《文學圖繪》，臺北：東大。

周慶華（1996b），《臺灣當代文學理論》，臺北：揚智。

周慶華（1997a），《語言文化學》，臺北：生智。

周慶華（1997b），《佛學新視野》，臺北：東大。

周慶華（1997c），《臺灣文學與「臺灣文學」》，臺北：生智。

周慶華（1998），《兒童文學新論》，臺北：生智。

周慶華（1999a），《佛教與文學的系譜》，臺北：里仁。

周慶華（1999b），《新時代的宗教》，臺北：揚智。

周慶華（1999c），《思維與寫作》，臺北：五南。

周慶華（2000a），《中國符號學》，臺北：揚智。

周慶華（2000b），《文苑馳走》，臺北：文史哲。

周慶華（2001a），《後宗教學》，臺北：五南。

周慶華（2001b），《作文指導》，臺北：五南。

周慶華（2002a），《死亡學》，臺北：五南。

周慶華（2002b），《故事學》，臺北：五南。

周慶華（2002c），《未來世界》，臺北：文史哲。

周慶華（2003），《閱讀社會學》，臺北：揚智。

周慶華（2004a），《文學理論》，臺北：五南。

周慶華（2004b），《創造性寫作教學》，臺北：萬卷樓。

周慶華（2004c），《後臺灣文學》，臺北：秀威。

周慶華（2004d），《後佛學》，臺北：里仁。

周慶華（2005），《身體權力學》，臺北：弘智。

周慶華（2006a），《靈異學》，臺北：洪葉。

周慶華（2006b），《語用符號學》，臺北：唐山。

周慶華（2007a），《語文教學方法》，臺北：里仁。

周慶華（2007b），《走訪哲學後花園》，臺北：三民。

周慶華（2007c），《紅樓搖夢》，臺北：里仁。

周慶華（2008a），《轉傳統為開新——另眼看待漢文化》，臺北：秀威。

周慶華（2008b），《剪出一段旅程》，臺北：秀威。

金耀基（1989），《大學之理念》，臺北：時報。

金觀濤（1988），《人的哲學——論「科學與理性」的基礎》，臺北：
　　商務。

波謙斯基（1987），《哲學講話》（王弘五譯），臺北：鵝湖。

芥川龍之介（1995），《芥川龍之介的世界》（賴祥雲譯），臺北：志文。

哈山（1993），《後現代的轉向——後現代理論與文化論文集》（劉象
　　愚譯），臺北：時報。

哈維爾（2002），《反符碼──哈維爾圖像詩集》（貝嶺等譯），臺北：唐山。

韋伯（1991），《支配的類型──韋伯選集（Ⅲ）》（康樂等譯），臺北：遠流。

韋政通編（1987），《中國思想史方法論文選集》，臺北：水牛。

韋勒克等（1979），《文學論──文學研究方法論》（王夢鷗等譯），臺北：志文。

科恩主編（1993），《文學理論的未來》（程錫麟等譯），北京：中國社會科學。

姜普（1986），《模擬嘲諷》（胡聲朴譯），臺北：黎明。

胡適編選（1990），《中國新文學大系‧建設理論集》，臺北：業強。

胡壯麟（2004），《認知隱喻學》，北京：北京大學。

范錡（1987），《哲學概論》，臺北：商務。

南方朔（2001），《給自己一首詩》，臺北：大田。

南方朔（2005），《回到詩》，臺北：大田。

姚一葦（1985a），《藝術的奧秘》，臺北：開明。

姚一葦（1985b），《美的範疇論》，臺北：開明。

查普曼（1989），《語言學與文學》（王晶培審譯），臺北：結構羣。

威爾伯（2000），《靈性復興──科學與宗教的整合道路》（龔卓君譯），臺北：張老師。

柯德威等（2006），《四的法則》（劉泗翰譯），臺北：皇冠。

柯依瑟爾等（2007），《愛、欲望、出軌的哲學》（張存華譯），臺北：商周。

昆德拉（2000），《生命中不能承受之輕》（韓少功等譯），臺北：時報。

段德智（1994），《死亡哲學》，臺北：洪葉。

郁慕鏞（1994），《科學定律的發現》，臺北：淑馨。

香港聖經公會（1996），《聖經》（新標點和合本），香港：香港聖經
　　公會。

夏普（1997），《體會死亡》（林宏濤譯），臺北：知書房。

翁澤（2000），《因為，你聽見了我》（吳美惠譯），臺北：張老師。

殷鼎（1990），《理解的命運》，臺北：東大。

殷海光（1989），《思想與方法》，臺北：水牛。

唐圭璋編（1973），《全宋詞》，臺北：文光。

唐君毅（1989），《哲學概論（下冊）》，臺北：學生。

板坂元（1993），《思考與寫作技巧》（林慧玲譯），臺北：書泉。

徐志嘯（2000），《中外文學比較》，臺北：文津。

徐道鄰（1980），《語意學概要》，香港：友聯。

徐南號（1985），《教學原理》，臺北：張風真。

徐復觀（1980），《中國文學論集》，臺北：學生。

高瑞卿主編（1995），《文章寫作概要》，高雄：麗文。

高廣孚（1998），《教學原理》，臺北：五南。

高德里耶（2004），《全球新趨勢》（黃馨慧譯），臺北：麥田。

海德格（1993），《存在與時間》（王慶節等譯），臺北：桂冠。

索羅斯（2001），《開放社會：全球資本主義大革新》（柯雷校譯），
　　臺北：聯經。

格列高里（1987），《視覺心理學》（羅德望譯），臺北：五洲。

特萊西德（2003），《愛情的文法》（李桐豪譯），臺北：米娜貝爾。

納博科夫（2006），《幽冥的火》（廖月娟譯），臺北：大塊。

渥厄（1995），《後設小說──自我意識小說的理論與實踐》（錢競等
　　譯），臺北：駱駝。

張法（2004），《美學導論》，臺北：五南。

張容（1992），《法國新小說派》，臺北：遠流。

張默編（2007），《小詩，牀頭書》，臺北：爾雅。

張灝（1989），《幽暗意識與民主傳統》，臺北：聯經。

張文軍（1998），《後現代教育》，臺北：揚智。

張巨青等（1994），《邏輯與歷史──現代科學方法論的嬗變》，臺北：淑馨。

張永聲等主編（1991），《思維方法大全》，海門：江蘇科學技術。

張世忠（2001），《教學原理──統整與應用》，臺北：五南。

張汝倫（1988），《意義的探究──當代西方釋義學》，臺北：谷風。

張忠江選（1971），《世界情詩選》，臺北：世界文物。

張新仁（1992），《寫作教學研究》，高雄：復文。

張漢良編（1988），《七十六年詩選》，臺北：爾雅。

張霄亭等（1997），《教學原理》，臺北：空大。

康納（1999），《後現代文化導論》（唐維敏譯），臺北：五南。

康樂等主編（1981），《歷史學與社會科學》，臺北：華世。

康斯勒（2007），《沒有石油的明天：能源枯竭的全球化衝擊》（郭恆祺譯），臺北：商周。

莫渝（2007），《波光瀲灩：20世紀法國文學》，臺北：秀威。

梭爾（2006），《數學家是怎麼思考的──純粹帶來力量》（胡守仁譯），臺北：天下。

陳黎等譯著（2000），《世界情詩100首》，臺北：九歌。

陳黎等譯著（2005），《致羞怯的情人：400年英語情詩名作選》，臺北：九歌。

陳伯璋（1987），《課程研究與教育革新》，臺北：師大書苑。

陳伯璋編著（1988），《意識形態與教育》，臺北：師大書苑。

陳伯璋等（2002），〈大學理念的知識觀反思與大學實體的社會建構：一種對「大學」的知識社會學反省〉，於《思與言》第 40 卷第 4 期（51~111）。

陳東原（1980），《中國教育史》，臺北：商務。

陳秉璋等（1990），《價值社會學》，臺北：桂冠。

陳佳禧（2001），《生命教育之體認》，臺北：水牛。

陳義芝主編・賞讀（2006），《為了測量愛：當代情詩選》，臺北：聯合文學。

陳鵬翔等編（1992），《從影響研究到中國文學》，臺北：書林。

教育部（1998），《國民教育階段九年一貫課程總綱綱要》，臺北：教育部。

教育部編（1999），《邁向教育新世紀：全國教育改革檢討會議》，臺北：教育部。

教育部（2000），《國民中小學九年一貫課程暫行綱要草案》，臺北：教育部。

郭茂倩編撰（1984），《樂府詩集》，臺北：里仁。

郭紹虞（1982），《中國文學批評史》，臺北：文史哲。

郭慶藩（1978），《莊子集釋》，新編諸子集成本，臺北：世界。

梁美靈（1996），《童心與發現──混沌與均衡縱橫談》，北京：三聯。

曹順慶等（2003），《比較文學論》，臺北：揚智。

清聖祖編（1974），《全唐詩》，臺北：復興。

麥魁爾等（1996），《傳播模式》（楊志宏等譯），臺北：正中。

麥克魯漢（2006），《認識媒體：人的延伸》（鄭明萱譯），臺北：貓頭鷹。

尉遲淦主編（2000），《生死學概論》，臺北：五南。

國立編譯館主編（1989），《科學與科技》，臺北：國立編譯館。

國立高雄師範大學國文系主編（1997），《第三屆臺灣地區國語文教
　　學學術研討會論文集》，高雄：國立高雄師範大學國文系。

國立臺灣師範大學國文系等主編（1992），《第一屆臺灣地區國語文
　　教學學術研討會論文集》，臺北：國立臺灣師範大學中等教育輔
　　導委員會。

荻原朔太朗（1989），《詩的原理》（徐復觀譯），臺北：學生。

清華大學人文社會學院編（1987），《大學通識教育研討會論文集》，
　　新竹：清華大學人文社會學院。

淡江大學通識與核心課程組編（1996），《大學院校通識與核心課程
　　教學研討會論文彙編》，臺北：淡江大學通識與核心課程組。

淡江大學「中國語文能力表達」研究室編（1999），《創意與非創意
　　表達》，臺北：里仁。

傅柯（1993），《知識的考掘》（王德威譯），臺北：麥田。

傅大為（1991），《知識與權力的空間——對文化、學術、教育的基
　　進反省》，臺北：桂冠。

傅大為（1994），《基進筆記》，臺北：桂冠，。

傅偉勳（1993），《死亡的尊嚴與生命的尊嚴——從臨終精神醫學到
　　現代生死學》，臺北：正中。

寒哲（2001），《西方思想抒寫》（胡亞非譯），臺北：立緒。

焦桐（1998），《臺灣文學的街頭運動（1977～世紀末）》，臺北：時報。

須文蔚（2003），《臺灣數位文學論》，臺北：二魚。

萊特（2007），《失控的進步》（達娃譯），臺北：野人。

黃乃熒主編（2007），《後現代思潮與教育發展》，臺北：心理。

黃公偉（1987），《哲學概論》，臺北：帕米爾。

黃光雄（1999），《課程與教學》，臺北：師大書苑。

黃政傑（1993），《課程設計》，臺北：東華。

黃政傑（1994a），《課程教學之變革》，臺北：師大書苑。

黃政傑等主編（1994b），《大學教育的革新》，臺北：師大書苑。

黃政傑等（1996），《合作學習》，臺北：五南。

黃政傑主編（1997），《教學原理》，臺北：師大書苑。

黃俊傑（1995），〈當前大學通識教育的實踐及其展望〉，於《通識教育季刊》第 2 卷第 2 期（29）。

黃俊傑主編（1997），《大學理念與校長遴選》，臺北：中華民國通識教育委員會。

黃培鈺（2002），《生命教育通論》，臺北：新文京。

黃漢耀（1991），《文明也是災難》，臺北：張老師。

黃慶萱（2004），《修辭學》，臺北：三民。

黃譯瑩（1999），〈九年一貫課程中課程統整相關問題探究〉，於《教育研究資訊》第 7 卷第 5 期（61、65～75）。

湯林森（2003），《文化全球化》（鄭棨元等譯），臺北：韋伯。

曾祖蔭（1987），《中國古代美學範疇》，臺北：丹青。

普里戈金（1990），《混沌中的秩序》（沈力譯），臺北：結構羣。

喬姆斯基（2003），《恐怖主義文化》（林祐聖等譯），臺北：弘智。

堺屋太一（1996），《世紀末啟示》（王彥花等譯），臺北：宏觀。

菲利普斯（2005），《蘇格拉底咖啡館──哲學新口味》（林雨蒨譯），臺北：麥田。

統一夢公園編輯小組企劃（2003），《愛情二十四節氣》，臺南：統一夢公園。

費南德茲─阿梅斯托（2007），《我們人類》（賴盈滿譯），臺北：左岸。

聖吉等（2006），《修練的軌跡：引動潛能的 U 型理論》（汪芸譯），臺北：天下。

瘂弦主編（1987），《如何測量水溝的寬度》，臺北：聯合文學。

路況（1990），《後／現代及其不滿》，臺北：唐山。

葉朗主編（1993），《現代美學體系》，臺北：書林。

葉啟政（1995），《臺灣社會的人文迷思》，臺北：東大。

葉頌壽（1987），《面對生死智慧》，臺北：久大。

葉維廉（1983），《比較詩學》，臺北：東大。

葉維廉（1988），《歷史、傳釋與美學》，臺北：東大。

董浩等編（1974），《欽定全唐文》，臺北：文友。

董仲舒（1988），《春秋繁露》，增訂漢魏叢書本，臺北：大化。

賈許（2006），《佛教一本通》（方怡蓉譯），臺北：橡樹林。

塞斯（2007），《印度：下一個經濟強權》（蕭美惠等譯），臺北：財訊。

詹鍈（1984），《文心雕龍的風格學》，臺北：木鐸。

詹明信（1990），《後現代主義與文化理論》（唐小兵譯），臺北：合志。

詹京斯（1996），《歷史的再思考》（賈士蘅譯），臺北：麥田。

雷夫金（1988），《能趨疲：新世界觀──二十一世紀人類文明的新曙光》（蔡伸章譯），臺北：志文。

雷可夫等（2006），《我們賴以生存的譬喻》（周世箴譯註），臺北：聯經。

溫公頤（1983），《哲學概論》，臺北：商務。

葛永光（1993），《文化多元主義與國家整合──兼論中國認同的形成與挑戰》，臺北：正中。

葛賢寧等（1976），《五十年來的中國詩歌》，臺北：正中。

葛雷易克（1991），《混沌──不測風雲的背後》（林和譯），臺北：天下。

奧伯丁（2005），《2010 大趨勢：自覺資本主義的興起》（徐愛婷譯），臺北：智庫。

奧本海姆等（2008），《知識的 365 堂課》（蔡承志譯），臺北：木馬。

鄔昆如（1981），《存在主義論文集》，臺北：黎明。

福斯特主編（1998），《反美學》（呂健忠譯），臺北：立緒。

楊慕慈編著（2003），《生命教育》，臺北：禾楓。

新竹師院編（1990），《國民小學六年級生活與倫理科價值教學單元設計》，新竹：新竹師院。

達達基茲（1989），《西洋六大美學理念史》（劉文潭譯），臺北：聯經。

碧果（1988），《碧果人生》，臺北：采風。

維柯（1997），《新科學》（朱光潛譯），北京：商務。

嘉納（2007），《心智解構：發現你的天才》（莊安祺譯），臺北：時報。

赫基斯（1999），《佛教的世界》（陳乃綺譯），臺北：貓頭鷹。

裴傑斯（1991），《理性之夢》（牟中原等譯），臺北：天下。

臺灣大學文學院編（1994），《大學通識教育的理論與實際研討會論文集》，臺北：臺灣大學文學院。

臺灣省立臺北師範學院編（1991），《博雅教育論文集》，臺北：臺灣省立臺北師範學院。

劉昶（1994），《西方大眾傳播學——從經驗學派到批判學派》，臺北：遠流。

劉勰（1988），《文心雕龍》，增訂漢魏叢書本，臺北：大化。

劉元亮等（1990），《科學認識論與方法論》，臺北：曉園。

劉昌元（1987），《西方美學導論》，臺北：聯經。

劉述先（1986），《新時代哲學的信念與方法》，臺北：商務。

劉華傑（1996），《混沌之旅》，濟南：山東教育。

潘永祥等編（1994），《自然科學概論》，臺北：五南。

潘宗堯（1970），《課程教材教學法》，香港：華商書報社。

潘德榮（1999），《詮釋學導論》，臺北：五南。

黎波諾（1989），《水平思考法》（余阿勳譯），臺北：水牛。

德希達（2005），《論文字學》（汪堂家譯），上海：上海譯文。

魯易斯（1998），《四種愛》（梁永安譯），臺北：立緒。

蔡英俊（2001），《中國古典詩論中「語言」與「意義」的論題——「意在言外」的用言方式與「含蓄」的美典》，臺北：學生。

蔡源煌（1988），《從浪漫主義到後現代主義》，臺北：雅典。

鄭燕祥（2006），《教育範式轉變：效能保證》，臺北：高等教育。

廚川白村（1989），《苦悶的象徵》（林文瑞譯），臺北：志文。

噶林（1992），《存在主義導論》（何欣譯），臺北：水牛。

默頓（1990），《論理論社會學》（何凡興等譯），北京：華夏。

歐用生（1985），《課程發展的基本原理》，高雄：復文。

歐用生（1987），《初等教育的問題與改革》，臺北：南宏。

歐用生（1999），〈從「課程統整」的概念評九年一貫課程〉，於《教育研究資訊》第 7 卷第 1 期（25～26）。

歐蘇利文等（1997），《傳播及文化研究主要概念》（楊祖珺譯），臺北：遠流。

賴金男（1989），《未來學續論》，臺北：淡江大學。

賴金男（1990），《未來學導論》，臺北：淡江大學。

戴蒙（2006），《大崩壞：人類社會的明天？》（廖月娟譯），臺北：時報。

戴維斯等編（1992），《沒門》（馬曉光譯），北京：中國社會科學。

戴曉霞（2000），《高等教育的大眾化與市場化》，臺北：揚智。

戴司帕德等（2006），《生命教育——生死學取向》（黃雅文等譯），臺北：五南。

謝天振（1994），《比較文學與翻譯研究》，臺北：業強。

謝錫金主編（1998），《優質教育：中文教育新趨勢》，香港：香港大學課程學系。

韓愈（1983），《韓昌黎文集》，臺北：漢京。

鍾嶸（1988），《詩品》，增訂漢魏叢書本，臺北：大化。

蕭燁（1996），《知識的雙刃劍──後現代主義與當代理論》，北京：中國社會。

蕭蕭（1998），《現代詩學》，臺北：東大。

魏施德（2004），《通往哲學的後門階梯──34位哲學大師的生活與思想》（鄭志成譯），臺北：究竟。

豐華瞻（1993），《中西詩歌比較》，臺北：新學識。

羅青（1989），《什麼是後現代主義》，臺北：五四書店。

羅森堡（1997），《「新」的傳統》（陳香君譯），臺北：遠流。

顏澤賢（1993），《現代系統理論》，臺北：遠流。

蘇利（2005），《希臘愛愛》（黃芳田譯），臺北：遠流。

蘇煒（2006），《站在耶魯講臺上》，臺北：九歌。

懷特（2003），《後現代歷史敘事學》（陳永國等譯），北京：中國社會科學。

譚獻（1988），《復堂詞話》，詞話叢編本，臺北：新文豐。

饒見維（1994），《知識場論──認知、思考與教育的統合理論》，臺北：五南。

嚴祥鸞主編（1998），《危險與祕密──研究倫理》，臺北：三民。

蘭特利奇等編（1994），《文學批評術語》（張京媛等譯），香港：牛津大學。

國家圖書館出版品預行編目

從通識教育到語文教育 / 周慶華著. -- 一版.
　--臺北市：秀威資訊科技 , 2008.06
　　面 ；　　 公分. --(社會科學類 ; AF0084)
　參考書目：面
　ISBN 978-986-221-029-1(平裝)

　1.通識教育　2.語文教學

525.33　　　　　　　　　　　　　97010762

 社會科學類　AF0084

從通識教育到語文教育

作　　者 / 周慶華
發 行 人 / 宋政坤
執行編輯 / 詹靚秋
圖文排版 / 黃莉珊
封面設計 / 莊芯媚
數位轉譯 / 徐真玉　沈裕閔
圖書銷售 / 林怡君
法律顧問 / 毛國樑　律師
出版印製 / 秀威資訊科技股份有限公司
　　　　　　台北市內湖區瑞光路 583 巷 25 號 1 樓
　　　　　　電話：02-2657-9211　　　傳真：02-2657-9106
　　　　　　E-mail：service@showwe.com.tw
經 銷 商 / 紅螞蟻圖書有限公司
　　　　　　台北市內湖區舊宗路二段 121 巷 28、32 號 4 樓
　　　　　　電話：02-2795-3656　　　傳真：02-2795-4100
　　　　　　http://www.e-redant.com

2008 年 6 月 BOD 一版
定價：330 元

讀 者 回 函 卡

感謝您購買本書，為提升服務品質，煩請填寫以下問卷，收到您的寶貴意見後，我們會仔細收藏記錄並回贈紀念品，謝謝！

1.您購買的書名：_____

2.您從何得知本書的消息？

　　□網路書店　□部落格　□資料庫搜尋　□書訊　□電子報　□書店

　　□平面媒體　□ 朋友推薦　□網站推薦 □其他_____

3.您對本書的評價：(請填代號　1.非常滿意 2.滿意 3.尚可 4.再改進)

　　封面設計____　版面編排____　內容____　文/譯筆____　價格____

4.讀完書後您覺得：

　　□很有收獲　□有收獲　□收獲不多　□沒收獲

5.您會推薦本書給朋友嗎？

　　□會　□不會，為什麼？_____

6.其他寶貴的意見：_____

_____

_____

_____

讀者基本資料

姓名：_____　年齡：_____　性別：□女 □男

聯絡電話：_____ E-mail：_____

地址：_____

學歷：□高中(含)以下　　□高中　　□專科學校　　□大學

　　　□研究所(含)以上 □其他_____

職業：□製造業 □金融業 □資訊業 □軍警 □傳播業 □自由業

　　　□服務業 □公務員 □教職　□學生 □其他_____

To：114

　台北市內湖區瑞光路 583 巷 25 號 1 樓

　秀威資訊科技股份有限公司　　　收

寄件人姓名：

寄件人地址：□□□

(請沿線對摺寄回,謝謝!)

秀威與 BOD

BOD（Books On Demand）是數位出版的大趨勢，秀威資訊率先運用 POD 數位印刷設備來生產書籍，並提供作者全程數位出版服務，致使書籍產銷零庫存，知識傳承不絕版，目前已開闢以下書系：

一、BOD 學術著作—專業論述的閱讀延伸
二、BOD 個人著作—分享生命的心路歷程
三、BOD 旅遊著作—個人深度旅遊文學創作
四、BOD 大陸學者—大陸專業學者學術出版
五、POD 獨家經銷—數位產製的代發行書籍

BOD 秀威網路書店：www.showwe.com.tw
政府出版品網路書店：www.govbooks.com.tw

　　永不絕版的故事・自己寫・永不休止的音符・自己唱